思想

REFLEXION 42

解讀川普現象

編輯委員會

總 編 輯：錢永祥

編輯委員：王智明、白永瑞、汪宏倫、林載爵
　　　　　周保松、陳正國、陳宜中、陳冠中

聯絡信箱：reflexion.linking@gmail.com

網址：www.linkingbooks.com.tw/reflexion/

目　次

華人世界的川普論爭

我們能和解共生嗎？：

反思台灣的轉型正義與集體記憶[*]

汪宏倫

[I]t must be recalled, first, that among all the virtues, the virtue of justice is the one that, par excellence and by its very constitution, is turned towards others. … The duty of memory is the duty to do justice, through memories, to an other than the self.[1]

—— Paul Ricoeur

現階段有關轉型正義的討論者，並未優先釐清歷史真相，就性急地追究過去威權時代的政治責任。以遮蔽歷史的方式，把自己裝扮成正義使者，這種做法並不符合正義的原則。[2]

—— 陳芳明

---

[*] 本文初稿發表於「歷史記憶的倫理」學術研討會，中研院法律所，2020年11月26-27日。筆者感謝當時的評論人陳宜中、主持人吳乃德、以及在場眾多與會朋友所提供的寶貴意見，幫助筆者改善初稿中的疏漏之處。助理林政在寫作過程中提供諸多協助，在此一併誌謝。

[1] Ricoeur, Paul, *Memory, History, Forgetting*（Chicago: University of Chicago Press, 2004），p. 89. 斜體強調為筆者所加。

[2] 陳芳明，〈轉型正義與台灣歷史〉，《思想》第5期（2007年4月），頁87。

一、導言：從「中華民國建國時間」談起

2020年10月10日的國慶日剛過，就有人發現在Google網頁上輸入「中華民國建國時間」，會自動跳出「1949年12月7日」的結果。這個搜尋結果的截圖很快在網路上瘋傳，也上了新聞媒體，一時成了網友茶餘飯後的話題。但是，就像台灣大部分的新聞一樣，過了兩天熱度隨即消失，被人們逐漸淡忘。

為何Google的搜尋網頁會出現這個結果，Google並沒有提出正式說明，外人不得而知。不過，1949年12月7日，正是中華民國政府自大陸播遷來台的日子，也可以說是台灣事實上與中國大陸脫離政治連帶的起始點，把這個日子當成是「中華民國建國日」，似乎也頗符合蔡英文政府的史觀——儘管當時並沒有「建國」的事實（有些人則認為是「流亡」），而且社會對此並無共識。蔡英文總統在2019與2020年的國慶日談話，分別強調「中華民國在台灣已經屹立超過七十年」與「過去七十一年來」，著眼的也只局限於1949年之後的歷史，因此，把中華民國的建國時間推定為1949年，似乎是在呼應民進黨政府的官方說法。

在台灣的政治脈絡中，國民黨及藍營支持者經常批評民進黨政府與綠營的政治人物向來不願正視中華民國，卻又「借殼上市」，把國號偷偷改成「中華民國台灣」，宣稱台灣已經是個主權獨立的國家。這似乎已經是個老生常談，每隔一陣子就會被拿出來議論一番。本文無意涉入這些政治爭辯，倒是想藉著這個話題，檢視另一個與此相關且具有高度爭議性的議題——轉型正義。乍看之下，轉型正義與「中華民國建國時間」似乎沒有直接關聯，但筆者將在下面指出，這兩個看似不相干的問題，背後卻有著千絲萬縷的複雜糾

葛，值得進一步釐清。

　　轉型正義這個概念，在1990年代由西方學者提出，當時主要針對的是蘇聯與東歐共產集團的解體，以及第三波民主化（包括拉丁美洲、非洲、亞洲等地區的新興民主國家），在政體轉型之後必須處理的種種問題。這個概念被提出之後，相關的論述如雨後春筍般出現，蔚為一股風潮。台灣也在2000年代、第一次政黨輪替之後搭上這股風潮。陳水扁上台之後，並未積極推動轉型正義的工作，因此飽受民進黨支持者的批評。2006年，政治學者吳乃德撰文指稱轉型正義乃台灣民主化的「未竟之業」[3]，並在翌年與一群志同道合的朋友創立了「台灣民間真相與和解促進會」（簡稱「真促會」），從民間的力量致力推動轉型正義的工作。馬英九執政的2008至2016年間，雖然表面上配合真促會等民間人權團體做了一些推廣人權理念的工作，但實質上並未積極正視轉型正義的問題。2016年蔡英文代表民進黨競選總統時，將轉型正義列為她的重要政見之一，當選上台之後更先後成立了「不當黨產處理委員會」（簡稱「黨產會」）與「促進轉型正義委員會」（簡稱「促轉會」），積極推動轉型正義的工作。

　　然而，不可諱言的是，轉型正義這個概念本身，並非毫無問題，而它在世界各地的實踐與推動經驗，也不乏爭議。台灣自不例外。尤其2018年，剛成立不久的促轉會便爆發「東廠事件」，時任副主委的張天欽在內部討論時倡議促轉會要扮演「東廠」的角色，協助民進黨政府在當年的選舉中打擊政治對手。促轉會內部人員因為無法認同此種做法，自行向媒體爆料，一時群情嘩然，引發軒然大波。

---

3 吳乃德，〈轉型正義與歷史記憶：台灣民主化的未竟之業〉，《思想》第2期（2006年7月），頁1-34。

促轉會的主委與副主委相繼下台，不但造成促轉會的業務無法正常推動，也使得「轉型正義」一詞遭到嚴重的污名化，反對者抓住機會大做文章，認為轉型正義只是民進黨政治鬥爭的工具，完全缺乏正當性，更毫無正義可言。

拋開黨派鬥爭與政治操作暫且不提，我們可以暫先假設，轉型正義的出發點可能是好的、用意良善的，否則這個概念不會在提出之後，在全世界各地獲得廣泛迴響，並得到包括聯合國在內的許多跨國機構、人權團體與各國政府/非政府組織的支持。我們很少看到一個新的概念，在提出之後，馬上被學界與實務界大量採用，它說明了這個問題在當前世界的急迫性與普遍性。作為「第三波民主化」的代表個案之一，台灣要努力跟上這股潮流，或許無可厚非。然而，橘逾淮為枳，同樣一件事物，搬到不同的地方可能產生不同的結果，甚至完全變了樣。

儘管各國經驗不一，大部分的人都會同意，轉型正義的終極目標，是要讓一個民主轉型中、或轉型後的社會，能盡快穩定下來，促進社會整合，達成和解共生。但這個目的是否可以透過轉型正義的手段達成，經驗上並不一致，學理上也未必有共識。在台灣，轉型正義其實也面臨不少批評與反對的聲音，而這些聲音，多半來自國民黨的支持者或民進黨的反對者[4]。由於台灣的轉型正義直接處理

4　這些批評的聲音大致上可以分成兩種類型，一種是直接透過媒體投書嚴詞抨擊（如楊渡，〈轉型正義？放屁〉，《中國時報》，2006年7月21日；陳宜中，〈吳乃德沒說清楚的問題〉，《中國時報》，A15版，2007年2月25日；徐宗懋，〈轉型正義 空忙一場〉。《中國時報》，A11版，2016年5月9日。），一種則是以論文的形式表達不同看法（例如江宜樺，〈台灣的轉型正義及其省思〉，《思想》第5期（2007年4月），頁65-81；李鎨澂，〈論「轉型正義」之荒謬與政黨經營事業之正當權利〉，《人權會訊》第128期（2018年5

的是國民黨在威權統治時期的作為，因此轉型正義的贊成與反對的聲音，與政黨傾向頗有重合，涇渭分明，不難理解。然而，面對這些批評的聲音，民進黨政府以及轉型正義的倡議者鮮少正面回應對話，僅是將這些反對的聲音當成是「保守勢力的反撲」、「威權體制的殘餘」、或是「對進步力量的抗拒」，彷彿只要大刀闊斧實行，就可以達到正義目標，實現進步價值。

然而，如果轉型正義只是政黨之間的理念或路線鬥爭，或許還比較容易理解，但如果轉型正義也遭到國民黨的反對者、或是「泛綠」支持者的批評，問題似乎顯得更為複雜了。2020年6月1日，也就是在促轉會兩年階段性任務屆滿的翌日[5]，長期致力推動轉型正義的學者吳乃德在《自由時報》投書，題為〈轉型正義的台灣想像〉。這篇投書非常值得玩味，因為文章開門見山第一句話是：「想像台灣終於有了致力轉型正義的正式組織，然後想像這個組織的工作。」[6]台灣並不是沒有致力轉型正義的正式組織，那就是促轉會，完全不需要想像。吳乃德必須「想像」台灣「終於」有了致力轉型正義的正式組織，意味著促轉會的存在被根本否定。顯然，促轉會不僅遭到政治對手的批評，即使是向來力挺轉型正義的倡議者也不買帳。這篇篇幅簡短卻意味深長的文章，暗示著台灣的轉型正義面臨了非常嚴重的問題，幾乎非「打掉重練」不可。在投書中，吳乃德重新

(續)

月），頁30-40；廖元豪，〈民主憲政2.0，抑或改朝換代算舊帳？──轉型正義概念的反思〉，《台灣法學雜誌》第314期（2017年2月），頁124-144。）。

5 促轉會成立之初，原本預訂在2020年5月底屆滿結束，後來經行政院通過延長任期一年。

6 吳乃德，〈轉型正義的台灣想像〉，《自由時報》，A15版，2020年6月1日。

論述了他對轉型正義的想像，並指出：

> 轉型正義是眾多新民主國家共同面對的課題，可是每一個國家
> 有其獨特的歷史背景和政治情境。想像中的轉型正義組織，充
> 分了解台灣和其他國家的共同性及獨特性。共同性值得借鏡，
> 獨特性則讓他們謹慎地尋求建立民主文化的獨特方式。[7]

　　的確，和世界其他國家相比，台灣的轉型正義問題有共同性、
也有獨特性。轉型正義在台灣的推廣與施行，充滿這麼多糾結、扭
曲與爭議，是屬於共同性、還是獨特性？究竟這些共同性、獨特性
是什麼？台灣的轉型正義的推行經驗充滿扭曲爭議，是否是台灣的
「獨特性」所造成？還是說，歸根究柢，轉型正義這個概念，本身
就有問題？

　　為了解開上述疑惑，本文將重新檢視轉型正義這個概念，並進
一步探討台灣轉型正義問題的共通性與特殊性。本文論證將以下面
順序次第展開。第二節將先考察轉型正義一詞如何在西方及台灣學
界出現，並檢視其界定內涵的轉變；第三節指出轉型正義所涉及的，
其實是一個更大、更複雜的「如何處理歷史、如何面對過去」的問
題，進而檢視轉型正義與歷史認識、集體記憶與和解之間的關係。
第四節將以戰爭記憶為例，指出台灣目前存在著「藍色」與「綠色」
兩種集體記憶典範；第五節援引呂克爾（Paul Ricoeur）等學者的概
念，以「銅像政治」為例，闡明這兩種典範何以不可共量也難以共
存。第六節轉而探討台灣的戰爭遺緒與共同體起源問題，指出台灣
作為一個政治共同體，其實缺乏一個眾所接受的明確起源或奠基時

7　吳乃德，〈轉型正義的台灣想像〉。

刻；在對於「這個政治共同體究竟從哪裡來、將來要往哪裡去」此一問題缺乏明確共識的情形下，強行推動轉型正義，恐怕是在侵蝕、而非鞏固共同體的道德基礎。第七節分析「政治的道德基礎」與「道德的政治基礎」，指出台灣這個共同體的形塑，其實深刻受到外部因素與地緣政治的制約，主流的轉型正義論述卻未充分納入考量。台灣作為一個政治共同體，其最根本的政治轉化（political transformation）[8]之「關鍵時刻」其實尚未到來，但當前的轉型正義論述卻企圖以新的國族後設敘事來取代舊的，恐將造成新的扭曲與不正義，累積新的怨恨。尤有甚者，台灣正面臨著深刻的「存在危機」，現行的轉型正義是否有助於台灣面對這個存在危機，需要納入考慮。本文最後一節，則以概念地圖的方式，呈現「狹義」與「廣義」兩種不同的轉型正義概念，並指出，台灣的轉型正義以「新國族敘事」來取代「舊國族敘事」的做法，甚至已經超出了廣義的轉型正義的範圍；這不但凸顯了台灣轉型正義問題的特殊性，也曝露出當前在台灣推動轉型正義所面臨的根本問題所在。在最根本的政治轉化尚未完成之前，以現行方式推動轉型正義的工程，對於台灣這個政治共同體的未來，究竟是利是弊，是值得深思慎酌的問題。

二、概念源流考：什麼是轉型正義？

在學者的大力提倡、民間團體的呼籲奔走與政府的積極推動之下，「轉型正義」在當今台灣社會似乎是個耳熟能詳的名詞，但究

8　由於「*transitional* justice」一詞已經被翻譯為「轉型正義」，因此本文將「transformation」翻為「轉化」，以區分 transition 與 transformation 的差異。

竟轉型正義指的是什麼、如何界定、具體內容與範圍為何,恐怕很
少人能說得清楚。在民進黨政府頒布施行的《促進轉型正義條例》
(簡稱《促轉條例》)中,開門見山第一條就明載:「為促進轉型
正義及落實自由民主憲政秩序,特制定本條例」,但「轉型正義」
指的是什麼,法案中並沒有具體言明,彷彿轉型正義是一件人盡皆
知、不證自明的事情。政府法案本來就不是界定抽象概念的地方,
可以不必苛責,但如果對於這個概念所指涉的事物缺乏約定俗成的
一般性理解,就制定法案來推動它,難免引人疑慮。根據《促轉條
例》而成立的促轉會,在其官方網站及2020年出版的《兩年階段性
任務成果報告》中[9],都沒有對「轉型正義」做任何界定,彷彿大家
都知道轉型正義是什麼,無需多做解釋。諷刺的是,在促轉會接連
爆發爭議、新聞媒體大幅報導之後,轉型正義這個詞彙似乎曝光率
更高了,但人們對它並不見得有更多了解,反而可能產生許多誤解,
而對轉型正義這件事情的評價,也顯得更加紛亂。

　　對某些倡議者來說,要說清楚轉型正義其實一點也不難。例如
吳乃德在前述的〈轉型正義的台灣想像〉投書中,便是這樣理解轉
型正義的:

　　轉型正義的理念很簡單:如何補償受害者、如何對待加害者、
　　如何以真相為基礎保存歷史記憶。可是三項工作都涉及複雜的
　　倫理和政治議題。[10]

9　促進轉型正義委員會,《兩年階段性任務成果報告》(台北:促進
　　轉型正義委員會,2020)。
10　吳乃德,〈轉型正義的台灣想像〉。

　　這種三分法的表述：「如何補償受害者」、「如何對待加害者」、「如何以真相為基礎保存歷史記憶」，大概是目前最簡便的理解轉型正義的模式；但為什麼這三件事合起來要叫做「轉型正義」，恐怕大部分的人也說不清楚。事實上，如果稍加考察，我們將會發現，「轉型正義」的理念一點都不簡單，而且更令人驚訝的是，「轉型正義」一詞，無論在台灣或是在國外，出現的時間都相當晚，而背後所涉及的議題面向及實務範疇，其實都相當龐雜，即使在西方學界，迄今也還缺乏一致的定論。

　　如果從詞源來考察，轉型正義這個詞彙最早出現在1995年，位於美國華府的聯邦機構美國和平研究所出版了三卷 *Transitional Justice: How Emerging Democracies Reckon with Former Regimes*[11]，可說是這個名詞的濫觴。在這部合計三卷、厚達八百餘頁的書裡，收錄了超過130篇論文與各國相關法規文獻，涵蓋了亞洲、非洲、拉丁美洲與歐洲三十多個國家的案例，主要的焦點集中在二戰之後的新興民主國家如何處理過去政權的問題。但有趣的是，在這部「轉型正義」的開山祖師鉅著裡面，居然找不到一篇文章嘗試界定「transitional justice」這個的新造詞彙指的到底是什麼。全書唯一一個提及比較接近定義的地方，是編者克立茨（Neil Kritz）在序言中提到：「斷然積極地處置那些參與壓迫或從中獲益的人」及「堅持新政府對民主與法治原則的公開承諾」[12]，是轉型正義的兩個組成要素（components），彼此之間存在著持續的緊張關係。然而，指

11　Kritz, Neil J., ed., *Transitional Justice: How Emerging Democracies Reckon with Former Regimes*（Washington, D.C.: United States Institute of Peace Press, 1995）.

12　Kritz, ed., *Transitional Justice: How Emerging Democracies Reckon with Former Regimes*, p. 16.

出一個新創詞彙的組成要素與彼此之間的緊張關係，並不代表對它下了定義，更何況transitional justice的字面意義並不明確，書中論文的立場與內容也彼此不一致，有些談論的是「轉型後的正義」(justice after transitions)[13]，有些則是處理「過渡時期的正義」(justice in times of transition)[14]。我們從這裡可以看出，「轉型正義」這個新詞彙，從一開始被創造出來的時候，就缺乏明確的界定，但這個界定不清的新詞彙，就這麼被學界接受了。它指的可能是「轉型後的正義」，但也可能是「過渡時期的正義」。這個曖昧性，其實影響了人們對它的理解與實作，而它界定不清、指涉混淆的問題，也持續出現在後續相關的文獻討論中[15]。

這個問題，同樣也反映在「轉型正義」這個詞彙的引介與翻譯上。台灣目前能夠查到最早使用「轉型正義」一詞的文獻記錄是2002年[16]。2001年，商周出版社出版了紐約法學院教授璐蒂‧泰鐸（Ruti

---

13 Benomar, Jamal, "Justice after Transitions," in *Transitional Justice*, vol.1 edited by Neil J. Kritz, pp. 32-41.

14 Albon, Mary, "Project on Justice in Times of Transition: Report of the Project's Inaugural Meeting," in *Transitional Justice*, vol.1 edited by Neil J. Kritz, pp. 42-54.

15 參見 Boraine, Alexander L., "Transitional Justice: A Holistic Interpretation." *Journal of International Affairs* vol. 60, no. 1, Fall/Winter 2006, pp. 17-27；Arthur, Paige, "How Transitions Reshaped Human Rights: A Conceptual History of Transitional Justice," *Human Rights Quarterly* vol. 31, no.2, May 2009, pp. 321-367；Buckley-Zistel, Susanne, et al., eds., *Transitional justice theories* (New York: Routledge, 2014) 等。

16 這是針對下面資料庫檢索所得的的結果：華藝線上圖書館、臺灣期刊論文索引系統、臺灣博碩士論文知識加值系統、台灣HyRead臺灣全文資料庫、博碩士論文資料庫、中文報紙論文索引資料庫（1962-2007）、中央社中文新聞資料庫（1991-2020）、臺灣新聞

G. Teitel）在此一領域的重要著作 *Transitional Justice* 中譯本，當時所用的譯名是《變遷中的正義》，顯見「轉型正義」在當時的台灣還是個陌生的詞彙；直到2017年中譯本再版時，才為了順應潮流而將標題改成了《轉型正義》[17]。但事實上，將 transitional justice 翻譯為「變遷中的正義」，其實比較符合這個概念在字面與學理上的含意；將它翻成「轉型正義」，反而產生了諸多問題。顧名思義，transitional justice 是一種「過渡期的」（transitional）正義。在台灣，無論官方或民間，大都將 transitional justice 翻譯為「轉型正義」，這多少產生了一些誤導的作用。根據泰鐸的說法，transitional justice 只是暫時的、過渡時期的一種處理正義的方式，而不是轉型（transformation）之後的終極處理手法，這點至關重要。然而，由於台灣已經將 transitional justice 的翻譯定型化為「轉型正義」，本文為了便於討論，仍舊依循這個約定俗成的翻譯，而將英文裡比較符合「轉型」意義的 transformation，翻譯為「轉化」。這個關於翻譯名詞的辨明並非瑣碎，而且十分關鍵，必須謹記在心。筆者將在下文指出，由於「轉型正義」這個譯名的誤導，人們往往忽略了它作為「過渡時期」的重要性，而更重要的是，台灣最根本、最重要的政治轉型／轉化

（續）——
　　　智慧網（1950-2012）、聯合知識庫（1950-2020）、競業知識網（2002-2020）等。根據檢索結果，最早的媒體討論見於蘇永欽，〈這樣的轉型正義 不只是粗糙而已〉，《中國時報》，15版，2002年9月12日；最早的學術論著則見葉俊榮，〈從「轉型法院」到「常態法院」：論大法官釋字第二六一號與第四九九號解釋的解釋風格與轉型脈絡〉，《臺大法學論叢》第31卷2期（2002年3月），頁59-96。

17　Teitel, Ruti G., *Transitional Justice*（New York, Oxford: Oxford University Press, 2000）。中譯本初版：璐蒂・泰鐸著，鄭純宜譯，《變遷中的正義》（台北：商周出版，2001）；二版：《轉型正義》（2017）。

（political transformation），恐怕根本還沒完成。此點留待下文詳論。

在克立茨之後，西方學界與實務界已經有不少人嘗試給轉型定義下定義，但每個人所給出的定義都不太一樣，包含的內容也未盡相同。我們可以說，自從1995年「轉型正義」一詞被正式提出以來，它的內涵與界定就不斷改變，甚至逐漸擴大，往垂直與水平方向延伸，從原本的第三波民主化擴大到二戰以來所有對人權侵犯的案例，甚至包括非民主轉型或無政治轉型的狀況[18]，時間上則上溯到人類歷史上其他時段（例如法國大革命、或是古希臘時期的雅典），幾乎可以拿來概括所有政體轉變時、對舊政權如何處置的問題[19]。由於本文關注的焦點在台灣的轉型正義論述，因此國外這部分並非本文所要考察的重點。值得留意的是，幾個知名學者的著作中，都十分謹慎地避免（或是無法）給轉型正義給出一個能夠「一言以蔽之」的簡明定義。例如知名的政治學者艾爾斯特（Jon Elster）在他的專著中，花了一整章的篇幅來分析「轉型正義的結構」，終究沒有給出一個言簡意賅、能夠被明確概念化或操作化的定義[20]。泰鐸在她的《轉型正義》一書導論，來回反復地從現象學的角度考察「轉型」與「正義」的相互構成，小心翼翼地指出：「政治變遷中的正義是非比尋常（extraordinary）也是建構主義式的（constructivist）：它一下子由轉型所構成、一下子又構成了轉型的一部分」[21]。這種

---

18 Hansen, Thomas Obel, "The Vertical and Horizontal Expansion of Transitional Justice: Explanations and Implications for a Contested Field," in *Transitional Justice Theories* edited by Susanne Buckley-Zistel, et al（New York: Routledge, 2014）, pp. 105-124.

19 Elster, Jon, *Closing the Books: Transitional Justice in Historical Perspective*（New York: Cambridge University Press, 2004）.

20 Elster, *Closing the Books,* pp. 79-135.

21 Teitel, *Transitional Justice,* p. 6.

充滿建構主義式的界定方式，在台灣幾乎是看不到的。泰鐸曾於2019年受邀造訪台灣，很可惜她的建構主義式論點並未受到台灣學界與實務界的理解與關注。相較之下，台灣對轉型正義的概念與論述，經常是過分簡化的，不但不符泰鐸所強調的建構主義原則，也走上了迥異於泰鐸論點的方向[22]。

　　撇開翻譯的問題暫且不談，在當前的台灣社會，轉型正義大致上被籠統地理解為「民主轉型之後，如何面對過去威權體制」的問題。目前能查到最早討論轉型正義的學術論文是葉俊榮的作品：

> 轉型國家所面對的問題，乃是歐美西方憲政先進國家百年來社會整體演化過程中所遭遇的問題總合。因此，轉型國家憲法及其釋憲機制所扮演的功能，也就與憲政先進國家不盡相同。然而，此種對於憲法制度定位的差異，所反映的乃是背後不同的規範理念，本文將轉型國家此種異於歐美憲政先進國家的基本規範理念稱之為轉型正義（transitional justice）。[23]

　　葉俊榮對轉型正義的討論主要集中在憲政與法律層次，但往後在其他人的討論中，這個概念就逐漸被擴大，焦點也不同。例如吳乃德在2004年一篇評論蔣經國的論文中，提到：

---

22 對泰鐸來說，「轉型」與「正義」是相互建構的，因此轉型正義也只能是過渡性的（這才符合transitional的本意），而不是永久性或奠基性的。台灣的轉型正義卻正好相反，可說是背道而馳：只堅持一個正義的判準（是否侵犯人權），用這個正義來裁斷歷史，並且嘗試建構一套奠基性的國族敘事。詳見下文討論。

23 葉俊榮，〈從「轉型法院」到「常態法院」〉，頁66。

在「第三波的民主化」中，「轉型正義」的難題是所有新興民
主國家所共同面臨的問題。所謂轉型正義就是如何處理威權體
制的遺產：如何對待壓迫者、以及其共謀者／協力者；如何處
理政治壓迫的受難者。[24]

在這裡，如何對待與處理「壓迫者／協力者／共謀者」以及「受
難者」，是兩個主要的關注焦點。兩年之後，吳乃德在他另一篇被
廣為引用的文章裡，對此有了更進一步的闡述：

民主轉型之後，新的民主政府應如何處理過去威權政府對人權
的眾多侵犯，對無辜生命的凌虐、甚至屠殺？具體地說，對威
權政府中發號施令的高階層人士，我們應如何加以處置？對主
動從事或被動服從指令而侵犯人權的情治、司法人員，我們應
該如何對待？甚至，對於許許多多在威權政體中工作、也因此
而得利的政府官員、媒體負責人、學術領導人，我們應該用何
種道德態度來對待他們：譴責、輕視、或同理心的寬容？這些
問題經常成為新民主政府和民主社會的政治和道德難題。而另
一方面，對眾多遭受生命、自由和財產損失的人，我們又應當
如何補償？這些問題一般稱為「回溯正義」，或「轉型正義」。
[25]

由於不滿當時陳水扁領導的民進黨政府並未積極推動轉型正義

24　吳乃德，〈回憶蔣經國，懷念蔣經國〉，收入胡健國編，《二十世
　　紀臺灣民主發展：第七屆中華民國史專題論文集》（台北：國史館，
　　2004），頁474-475。

25　吳乃德，〈轉型正義與歷史記憶〉，頁2。

的工作，吳乃德遂與其他志同道合的朋友們在2007年共同創立了「真促會」，並擔任第一屆與第二屆的理事長。在2016年蔡英文上台之前，真促會憑著民間的力量，大力推動轉型正義的工作，可說為轉型正義在台灣的推廣，付出了大量心力，同時也獲得許多具體的成果。根據真促會的說法，轉型正義是這樣界定的：

> 轉型正義是一個社會在民主轉型之後，對過去威權獨裁體制的政治壓迫、以及因壓迫而導致的社會（政治的、族群的、或種族的）分裂，所做的善後工作。
>
> 這些工作包括：1.對遭受政治迫害的人給予正義。被沒收的財產必須歸還；遭受肉體、自由和生命損失的人或其家屬，必須加以賠償。2.對從事政治迫害的人，必須在法律上或道德上予以追究。3.對過去政治迫害的真相和歷史，必須完整地加以呈現。[26]

在歷經八年的努力之後，真促會出版了《記憶與遺忘的鬥爭：台灣轉型正義階段報告》[27]，書名則是直接來自捷克小說家米蘭昆德拉的名言：「人類對抗權力的鬥爭，就是記憶與遺忘的鬥爭。」在這部三卷本的階段報告中，吳乃德重新為轉型正義給了一個簡潔的定義：

---

26 台灣民間真相與和解促進會，〈什麼是轉型正義〉，台灣民間真相與和解促進會（https://taiwantrc.org/transitional-justice/，取用日期：2020年11月10日）。

27 台灣民間真相與和解促進會編，《記憶與遺忘的鬥爭：臺灣轉型正義階段報告》（新北：衛城出版，2015）。

「轉型正義」指的是一個國家在民主「轉型」之後，處理「正義」的工程，包括處置加害者的正義，回復受害者的正義，以及歷史與真相的正義。[28]

　　類似地，時任真促會理事長的黃長玲，在她所撰寫的導言中也開門見山地指出，「轉型正義包含三個主要任務：第一是處置加害者……第二是賠償受害者……第三是歷史記憶的保存」[29]。這個「加害者／受害者／歷史真相（或歷史記憶）」三分法的框架，很大程度影響了台灣社會對於轉型正義的想像與討論。

　　除了吳乃德及真促會之外，學界也逐漸開始有學者加入轉型正義的討論。例如徐永明所編的論文集，重點放在不當黨產的議題上[30]。這是轉型正義的另一個戰場，而且直接牽涉到政黨之間的角力鬥爭。這部分雖非本文關注的重點，但也提醒我們「轉型正義」的複雜性，無法單純地以吳乃德所提的三分法模式來加以概括。

　　2017年民進黨政府通過《促轉條例》，並於翌年成立促轉會，雖然並未受限於上述的三分框架，但基本上未脫離其範圍。根據《促轉條例》的規定，促轉會必須規劃、推動的事項包括：「一、開放政治檔案。二、清除威權象徵、保存不義遺址。三、平復司法不法、還原歷史真相，並促進社會和解。四、不當黨產之處理及運用。五、

---

28 吳乃德，〈民主時代的威權遺產〉，收入台灣民間真相與和解促進會編，《記憶與遺忘的鬥爭 卷一 清理威權遺緒》，頁29。
29 黃長玲，〈真相與和解的可能〉，收入台灣民間真相與和解促進會編，《記憶與遺忘的鬥爭 卷一 清理威權遺緒》，頁19。
30 徐永明編，《轉型，要不要正義？－新興民主國家與台灣的經驗對話》（台北：台灣智庫，2008）。

其他轉型正義事項。」[31]除了第四項與第五項，前面三項工作基本上還是與「追究／處置加害者」、「賠償受害者」以及「歷史真相／歷史記憶」有關，而「促進社會和解」，則被明文載入轉型正義的工作當中。

必須花費這麼多力氣考察轉型正義的概念指涉與內容演變，原因無他：在討論與評價一件事物之前，我們必須先搞清楚這個事物指的是什麼。如果我們無法確定討論的對象，那麼討論起來可能雞同鴨講，因為彼此對同一事物的理解不一樣。

從上面的考察我們可以發現，轉型正義一詞一開始被提出的時候，並沒有被明確界定，它指的可能是「轉型後的正義」，也可能是「過渡時期的正義」。當這個概念被引入台灣的時候，原本僅限於憲政與法律的討論，其後擴大到「如何對待壓迫者／共謀者／協力者，如何處理受難者」，之後觸及「還原歷史真相，保存歷史記憶」，最後則是把「促進社會和解」涵括進來，在法律中明列為轉型正義必須推動的工作。儘管真促會從一開始就把「和解」標舉在組織的名稱裡（真相與和解促進會），但是我們的考察發現，和解並未包含在真促會對轉型正義的三分法的界定中。也許有人會認為，和解是轉型正義的終極目標，不是工作內容，不需要出現在概念界定中，但即使如此，轉型正義中關於和解的論述，其實是相當模糊的。此點將於下文詳論。

這個「不斷演變、不斷擴大」的過程，在台灣或國外其實都可以觀察到。那麼，接下來的問題是：如果轉型正義的範圍涵蓋這麼

---

31 促進轉型正義委員會，《促進轉型正義條例》，促進轉型正義委員會，（https://www.tjc.gov.tw/regulations/1，取用日期：2020年11月20日）。

廣泛，把所有這些事物全部用一個「轉型正義」的詞彙來概括，恰
當嗎？

三、歷史認識、集體記憶與和解

　　轉型正義這個概念剛被提出的時候，學界並非一片叫好、全盤
接受，也有不少質疑與批評的聲音。例如牛津大學知名的歷史學者
艾許（Timothy Garton Ash）在《紐約書評》撰寫長文評論克立茨所
編的三冊巨書，開門見山便指出：「轉型正義」這個新創概念的標
題委實太狹隘了（too narrowly entitled）[32]。艾許認為，這本書裡面
所處理的種種問題，其實遠遠不僅限於正義，而是一連串涵蓋範圍
更廣、更複雜的問題，他用兩個相當長的德文詞彙來概括：
Geschichtsaufarbeitung 與 Vergangenheitsbewältigung，也就是
「如何處理歷史」，以及「如何面對（艱難的）過去、克服過去」
的問題。的確，艾許的批評其來有自，並非無的放矢。當初參與克
立茨的《轉型正義》這部書的學者與運動者，主要集中在三個領域：
人權、法律與政治學，其中完全沒有歷史學者的參與。而德國在1980
年代由哈伯馬斯發難引起的歷史學大辯論，在《轉型正義》三巨冊
書中僅有一兩篇文章簡略述及。這使得「轉型正義」這個概念，從
一開始提出的時候，就遠遠低估了「如何處理過去歷史」這件事情
的複雜性[33]。儘管日後陸續有歷史學者加入轉型正義的討論（在台
灣尤其如此），但從歷史社會學者的角度來看，由於「轉型正義」

32　Ash, Timothy Garton, "The Truth about Dictatorship," *The New York Review of Books*, vol. 45, no. 3, Feb. 1998, pp. 35-40.

33　Arthur, "How Transitions Reshaped Human Rights," p. 333.

此一概念典範的歷史視域過分狹隘,彷彿歷史僅從昨天之前才開始,因此被批評為「歷史性地膚淺」(historically shallow)[34]。此外,由於轉型正義有「以今非古」的傾向(用現在流行的話來說,就是「拿清朝的劍斬明朝的官」,以眼前當下的價值標準來衡量過去發生的事情),因此也有非歷史的(ahistorical)乃至「時代錯置」(anachronism)的問題[35]。同樣的問題其實也出現在「轉型正義」這個概念本身,因為這個詞彙分明是1995年才被創造出來的,後來卻被拿來廣泛應用,延伸到所有人類歷史時期,甚至涵蓋了法國大革命乃至古希臘時期,也可說是一種「時代錯置」[36]。——弔詭的是,轉型正義所要達成的目標之一,正是要「還原歷史真相」。

艾許提到用兩個德文詞彙來概括「轉型正義」的問題,其實還有一個時代背景,也就是德國在1980年代出現的歷史學論爭(Historikerstreit)[37]。在東亞,其實也有一個相對應的論爭,也就是所謂的「歷史認識問題」。「歷史認識問題」是在東亞的教科書

34　Torpey, John C., *Making Whole What Has Been Smashed: On Reparation Politics* (Cambridge, Mass.: Harvard University Press, 2006), pp. 52-53.

35　Olick, Jeffrey K., *The Politics of Regret: On Collective Memory and Historical Responsibility* (New York: Routledge, 2007), pp.121-138. 這些批判與質疑,某種程度上說明了為何轉型正義的文獻中很少見到社會學者的著作。一方面,社會學比較少參與到規範性(normative)的論述;另一方面,從歷史社會學的角度來看,「轉型正義」這個概念毋寧是充滿疑義的。

36　Arthur, "How Transitions Reshaped Human Right," p. 328.

37　關於此一爭論的相關文獻,可參見Knowlton and Cates的英譯。Knowlton, James and Truett Cates, trans., *Forever in the Shadow of Hitler?: Original Documents of the Historikerstreit, the Controversy Concerning the Singularity of the Holocaust* (Atlantic Highland, N.J.: Humanities Press, 1993).

問題上常見的一個詞彙，主要指涉的是日本的右派／保守派與左派
／進步派之間，對過去歷史（尤其是涉及戰爭的近現代史）如何詮
釋的問題，而這也牽涉到中、日、韓三國之間對歷史的不同的詮釋
與認識問題[38]。在台灣，「歷史認識」並不是一個常見的概念或詞
彙，大多數的爭辯與討論，仍是以「集體記憶」或「歷史記憶」為
名而進行的[39]。但我們仍需謹記，無論集體記憶或歷史記憶，歸根
究柢，其實仍是個歷史認識的問題。我們被要求「記憶」某些事情
（例如二二八與白色恐怖），但那些其實是歷史，而不是我們個人
生命經驗所留下的記憶。台灣所面臨的，其實是一個典型的「歷史
認識問題」，也就是「如何認識歷史、理解過去」的問題。

　　的確，如艾許所指出的，「轉型正義」所涉及的，其實是一個
更大、更複雜的「如何處理歷史」、「如何克服過去」的「歷史認
識問題」。這麼龐大複雜的問題，用「轉型正義」這個字義曖昧的
詞彙來概括，不但過於狹隘單薄，而且還帶有誤導的危險，因為這
個詞彙隱含著要以「正義」之名來裁斷歷史——而歷史，只要稍有
歷史素養的人都知道，不但極為複雜，詮釋也可以相當多元。也許，

38　關於日本與東亞的歷史認識問題的進一步討論，可參見汪宏倫，〈從
　　《戰爭論》到《新歷史教科書》：試論日本當代民族主義的怨恨心
　　態及其制度成因〉，《台灣社會學》第19期（2010年6月），頁147-202；
　　Wang, Horng-luen, "Reconciliation through the Transnational Civil
　　Sphere?" in *The Civil Sphere in East Asia* edited by Jeffrey Alexander,
　　David Palmer, Sunwoong Park and Agnes Ku（Cambridge: Cambridge
　　University Press, 2019），pp. 256-277。日文則可參見高橋哲哉編，
　　《「歷史認識」論爭》（東京都：作品社，2002）。
39　台灣的教科書改革與課綱爭議，其實也是個歷史認識問題。參見汪
　　宏倫，〈台灣的「歷史認識問題」初探：史觀、戰爭、框架〉，《21
　　世紀東アジア社会学》第6號（2014年3月），頁72-94。

對於某些轉型正義的倡議者來說，「以正義之名來裁斷歷史」一點都沒有誤導，而是恰恰是轉型正義所要達成的目標之一[40]。但是，歷史果真能以正義裁斷嗎？若果真如此，這恐怕是轉型正義工作中，最困難也最具爭議的地方。我們下面將會看到，這也是台灣的轉型正義目前面臨的根本問題。

　　台灣的轉型正義概念與論述，深受南非的「真相與和解委員會」（Truth and Reconciliation Commission, TRC）的啟發與影響，真促會的成立就是一例。而在《促轉條例》中，也將「還原歷史真相，促進社會和解」明訂為促轉會必須規劃推行的工作之一。然而，對一部分人來說，和解並非轉型正義必然要追求的目標，有些人也不願意和解。在轉型正義的討論中，經常指出真相與和解之間存在著緊張關係，因為揭露更多真相，往往帶來更多仇恨、而不是和解；而為了達成和解的目的，有時必須犧牲真相（例如「遺忘」或不去揭露某些事情）。真相一般指的是「歷史真相」，也就是歷史中發生什麼事情（在轉型正義的脈絡中，指的大多是獨裁者及其協力者的暴行、或是其他被認為是侵犯人權的事項），必須加以揭露；而和解，在大部分的情況，是所謂「加害者」與「被害者」之間的和解。這些加害者與被害者雖然是以可以辨識的個人面貌出現，但他們往往代表著背後的某個群體，而和解也代表著群體之間的和解，而不是（或者不能僅僅是）兩個具體個人之間的和解。——固然，和解必須透過人的施為（agency）才能夠達成，但和解的重點應該是放在群體，而不是個人。

40　例如吳乃德便認為，台灣對民主化的解釋缺乏「歷史正義」。他對「歷史正義」的理解，與泰鐸的建構主義觀點也是大異其趣。見吳乃德，〈轉型正義與歷史記憶〉，頁13-24。

用一種簡化的方式來說,「真相」是「面對過去」,釐清過去
發生了什麼事;「和解」則是「面向未來」,因為所有人都生活在
同一個政治共同體當中,為了讓這個共同體可以延續下去,最小限
度的和解是有必要的,否則社會將陷入長期紛爭對立、甚至分崩離
析,使得共同體難以為繼。那麼,在台灣的脈絡中,轉型正義所提
倡的和解,是誰與誰之間的和解呢?需要和解的群體,又是什麼樣
的群體呢?如果根據吳乃德知名的說法,台灣的轉型正義有「一萬
多名受害者、卻沒有任何加害者」[41],因此轉型正義的一個重要工
作,是還原真相、找出加害者(或協力者)——否則,即使想要和
解,也不知道要跟誰和解。然而,轉型正義所談的和解,應該不是
(或不僅限於)個別的受害者與加害者,而是背後所代表的群體。
依論述的脈絡推斷,和解指的大概就是所謂「本省人」與「外省人」
兩個族群之間的和解。在〈轉型正義與歷史記憶:台灣民主化的未
竟之業〉一文中,吳乃德便指出:「由於不同的歷史經驗,台灣的
不同族群,對國民黨的威權體制也有不同評價與感情反應。外省籍
的民眾由於抗日戰爭、中國內戰、以及移居台灣的經驗,對國民黨
有深厚的歷史感情。而本省籍的民眾對國民黨統治經驗的記憶,則
是二二八事件的屠殺和白色恐怖。兩個族群對威權統治的記憶,似
乎很難相容。」[42]但吳乃德也認為,這種社會記憶的分裂並非難以
避免、甚至是可以克服的,因為「欲重塑一個所有族群都能共同接
受的歷史記憶,讓它成為未來世代的民主教材,並非不可能。畢竟,
兩個族群都曾經勇敢地反抗國民黨的獨裁統治。而兩個族群也都有

41 吳乃德,〈轉型正義與歷史記憶〉,頁15。
42 吳乃德,〈轉型正義與歷史記憶〉,頁30。

成員，在白色恐怖中受難。」[43]換言之，吳乃德的言下之意是認為，儘管兩個族群的歷史記憶存在分裂，但是因為他們曾經「勇敢地反抗國民黨（的獨裁統治）」，所以可以創造共同的歷史記憶，成為往後的民主教材。

上面這段論述，其實有不少值得商榷之處。首先，台灣的歷史記憶的確存在分歧，但這種分歧恐怕不完全是根據省籍族群來劃分，而是根據政黨支持乃至國族認同來區別。過去許多研究（包括吳乃德自己的研究）已經指出，政黨認同、國族認同與族群身份之間雖然彼此高度相關，但並不存在一致的對應關係，否則我們無法解釋國民黨過去為何能夠得到眾多本省籍民眾的支持，或是許多本省族群也有中國認同[44]。許多本省籍民眾即使未曾經歷抗日戰爭或國共內戰，但對於國民黨所建構的中華民國歷史敘事，是接受贊同的。反之，外省籍的民眾，也可能同情本省人的二二八或白色恐怖遭遇——更不要說，外省人在這兩起事件中也有眾多受害者。再者，

---

43 吳乃德，〈轉型正義與歷史記憶〉，頁31。
44 這方面的相關研究非常多，彼此的發現也不太一致，而且隨著時間推移進展，認同的趨勢也有所變化。參見王甫昌，〈族群同化與動員 台灣民眾政黨支持之分析〉，《中央研究院民族學研究所集刊》第77期（1994年6月），頁1-34；王甫昌，1998，〈族群意識、民族主義與政黨支持：一九九〇年代台灣的族群政治〉，《台灣社會學研究》第二期（1998年7月），頁26-52；吳乃德，〈國家認同與政黨支持〉，《中央研究院民族學研究所集刊》第74期（1993年11月），頁33-61；吳乃德，〈狂飆的年代？一般民眾的認同趨勢，1992-2005〉，收入張茂桂、羅文輝、徐火炎等編，《台灣社會變遷1985~2005：傳播與政治行為》（台北：中央研究院社會學研究所，2013），頁93-128；徐永明、范雲，〈「學作」台灣人：政治學習與台灣認同的變遷軌跡，1986-1996〉，《台灣政治學刊》第5期（2001年12月），頁3-63。

隨著時間的進展，真正經歷過那段歷史的人們已逐漸凋零，許多外省第二代、乃至第三代以降，並未經歷過抗日戰爭與國共內戰；同樣的情形也發生在本省籍民眾身上。這些新生世代對於同樣的歷史事件，是否還有同樣的「記憶」與感受，不無疑問。因此，上述因為歷史經驗不同而造成的記憶分歧，是否仍舊反映在族群身份（而非政黨支持或國族認同）的差異上，恐怕值得存疑。

再者，上面這段論述似乎也暗示，轉型正義只想處理1949以後的歷史，而不想處理1949（或是1945）年之前的歷史。然而，台灣的歷史記憶的分歧，關鍵之處恰恰就在1945年之前，而這段歷史，是轉型正義不願碰觸、甚至無法處理的。吳乃德認為因為「本省與外省兩個族群」都曾經反抗國民黨的威權統治，都曾經是受害者，所以可以建構共同的歷史記憶，這恐怕是過於一廂情願的想法。如前所述，台灣的歷史記憶的分歧，並不完全與族群身份對應，而在歷史觀點的差異；而不同的史觀，對於國民黨政權的理解與評價，相去不可以道里計。冀望不同史觀的人因為共同反抗國民黨就可以建構共同的歷史記憶，未免過於樂觀。更進一步說，就算同樣遭到國民黨威權體制的迫害，左派與統派對轉型正義的追求與反應，就與獨派大不相同，有些甚至嗤之以鼻。例如陳水扁政府曾以「轉型正義」為名，在2004年公布台灣戒嚴時期十大代表性政治冤案，其中包括了年輕時曾與陳映真同案入獄、後來成為人類學者的丘延亮。當時在香港執教的丘延亮發現自己被選為「冤案受難者」，反應卻是「聞之實在情難以堪」。丘延亮認為自己並不「冤」，因為他的確想推翻國民黨，「將我點名為十大冤奇案之一，除了對我是侮辱和（污）蔑，無疑更是對其他受害者的貶抑，對他們進行二次

傷害。」[45]同樣地，以統派立場聞名的已故學者王曉波，本身是台大哲學系事件的受害者，而他具有共產黨背景的母親更在白色恐怖期間遭到國民黨政權槍決，但他並沒有積極尋求補償，反而經常透過各種媒體管道為文發聲，強力抨擊民進黨的轉型正義。對他來說，反抗權力當局會遭受迫害，也可能遇到難以預料的後果，這些都是必須付出的代價[46]。

上述的例子是我們認識到，轉型正義所談的「正義」，其實背後牽涉到更多複雜的歷史與政治因素需要考慮，評價歷史中發生的事件，不能單單以「是否侵犯人權」為唯一的標準，即使遭受迫害的當事人也不見得認為自己有「冤」[47]。更重要的是，要建構共同的歷史記憶，必須要有一個共享的後設敘事（meta-narrative）。不考慮後設敘事的因素，只憑藉「曾經遭受國民黨政權迫害」或是「曾經反抗威權體制」的共同經驗，就想建立共同的歷史記憶，這樣的想法恐怕過於單純，也過分樂觀。

事實上，這樣的思考傾向，不止見於吳乃德，也存在於民進黨政府及許多支持轉型正義的論述中。為了指出這個思考傾向背後所隱含的問題，我們有必要考察不同的記憶典範所形成的歷史認識衝突。下面，筆者將從戰爭記憶來說明，台灣存在著兩種不同的集體

45 丘延亮，〈轉型正義：肯定人民抗爭，平反人格迫害〉，公共論壇，2007年3月6日（https://www.coolloud.org.tw/node/61611，取用日期：2020年11月4日）。

46 黃榮村，〈我所認識的青年王曉波〉，《聯合報》，A13版，2020年8月12日。

47 受迫害的人是否認為自己有「冤」、乃至於「被害者意識」的強弱有無，多少又與統獨左右等政治立場有關。因此，即使同樣是遭受威權體制迫害的被害者，對轉型正義可能也存在著相當不同的立場與看法。

記憶典範，這兩種集體記憶典範形塑了兩種截然迥異的歷史認識，彼此之間不可共量，也無法共存。之所以著眼於戰爭記憶，在於它凸顯了戰爭暴力與政治共同體的形成（也就是國族打造）、以及集體記憶（包含集體遺忘）之間的關聯。只有解開這些關聯性，我們才能清楚看出當前轉型正義論述的盲點所在。

在進一步討論之前，有必要針對幾個名詞與概念稍作釐清。關於「集體記憶」這個概念，嚴格來說，可以分成「狹義」與「廣義」兩種。狹義的集體記憶，根據阿布瓦許（Maurice Halbwachs）的界定，指的是社會中某個特定群體的記憶，例如家族、教會、村落等[48]。廣義的集體記憶，則類似於涂爾幹的「集體意識」（conscience collective），泛指一個大型社群（例如族群與國族）中成員共享的記憶架構（mnemonic framework），透過紀念儀式、公共論述等記憶過程（mnemonic process），成員個人的與生命經驗得到安排，產生意義，而認同則在這個過程中逐漸形塑[49]。本文所稱的集體記憶，大部分屬於後者。

另外，關於歷史記憶，目前大部分的討論對這個詞彙的理解與用法也與阿布瓦許的界定有所不同。根據阿布瓦許，歷史記憶是人們根據歷史學者考證之後書寫的歷史，對過去所產生的記憶[50]。換言之，歷史記憶比起集體記憶是更可靠的，因為它以史學家經過考證之後的書寫的歷史為依據。然而，在當前的台灣，歷史記憶被拿來泛稱所有對過去歷史的「記憶」——但除非親身經歷，否則大部分的人對歷史是不會有「記憶」的，因為那些歷史存在於人們的生

---

48 Halbwachs, Maurice, *On Collective Memory*（Chicago: University of Chicago Press, 1992）.

49 Olick, *The Politics of Regret*, pp. 17-35.

50 Halbwachs, *On Collective Memory*.

命經驗之外，例如當前大部分的人沒有經歷過日本殖民統治，但還是會有關於日本殖民經驗的「歷史記憶」。這些「記憶」，可能是透過書寫下來的歷史（例如教科書、傳記等）、也可能是透過上述的集體記憶的傳承（家族、群體、紀念儀式等）而「被記住」。因此，在本文的脈絡中，歷史記憶則是泛指人們根據不同的集體記憶架構或知識典範，對過去歷史所產生的記憶。

四、台灣的兩種集體記憶典範

自從1990年代以來，台灣的集體記憶地景（mnemonic landscape）發生了很大的變化。許多在過去威權時期被壓抑、或是被視為禁忌的記憶——例如二二八、白色恐怖、二戰記憶、以及日本殖民時期的生活經驗等——如雨後春筍般紛紛冒出，掀起一波接一波的記憶風潮（memory booms）[51]。在這一連串的記憶風潮中，最值得矚目的變化當屬集體記憶的典範變遷：一種新的典範出現，取代舊的典範，而許多原本「被遺忘」的事物被重新「記憶」，並有了新的意義。以二二八事件為例，二二八原本是一個不能公開談論的禁忌話題，但在反對黨與眾多社會團體的龐大壓力下，國民黨政府成立調查委員會出版了官方報告書[52]，李登輝總統在1995年二二八和平紀

51 關於記憶地景的概念、以及對1990年代以來一連串記憶風潮的進一步描述與分析，見 Wang, Horng-luen, "Can We Live Together? Conflicting Memories and the Irreconcilable Past in Taiwan and Beyond," paper presented at *Memory Studies Association 2019 Annual Conference*, Madrid, Spain: Memory Studies Association, June 25-June 28, 2019。

52 行政院研究二二八事件小組，《二二八事件研究報告》（台北：時報出版，1994）。

念碑落成儀式代表政府正式道歉,並於次年將二二八明訂為國定假日。如今,在全台許多縣市都有二二八的紀念場所,每年也都有各種團體舉辦不同規模的公開的紀念儀式。與1990年之前相較,關於二二八的集體記憶,可說完全不可同日而語。

記憶風潮的出現與記憶地景的變遷,某種意義下可以說是「轉型正義」所導致的結果──儘管在1990年代的台灣,還沒有「轉型正義」這個概念。雖說是典範變遷,但事實上這個變遷並不完全。毋寧說,台灣目前存在著兩種記憶典範,兩種典範之間彼此對立,相互競逐集體記憶的話語權。為了更具體地描述這兩種典範如何對立競逐,筆者在此以2015年的戰爭紀念儀式來加以說明。

2015年是二次大戰結束的七十週年,全世界許多國家都舉行了規模盛大的紀念儀式或相關活動,以銘記這個人類近代史上重大的歷史事件。台灣也不例外。該年的7月7日,當時由國民黨主政的中華民國政府由國史館出面,在台北圓山大飯店主辦了一場規模盛大的國際學術研討會,主題是「戰爭的歷史與記憶」。這場研討會規模盛大,網羅了許多台灣與海外重量級的學者與會,可謂猗歟盛哉。為了表示對這場研討會的重視,馬英九總統親自到場開幕致辭,強調中華民國政府領導對日抗戰的歷史,不容忽視與抹滅。在會場一隅,主辦單位另闢一室舉行特展,主題是「蔣中正與抗戰」,除了展出蔣介石的個人衣物、用品、照片之外,也展示了幾件極少對外展出的歷史文件,例如日本代表岡村寧次遞交給中國代表何應欽的降書原件。現場的說明牌上寫著,這些珍貴歷史文物平常不對外展示,暗示這是極為難得的見證歷史的機會,也說明中華民國政府對本次紀念活動的重視。

選在「七七」這個日子當然不是偶然,因為這是盧溝橋事變的

日子，也是引發中日兩國全面爆發戰爭的開端[53]。八年抗戰的歷史
與記憶，對於國民黨及其支持者來說，具有不可抹滅的重要地位。
而特別凸顯「蔣中正領導中國對日抗戰」的歷史，也非毫無意義，
因為中國共產黨向來強調自己才是抗日戰爭的「中流砥柱」，貶抑
國民黨（尤其是蔣介石）的領導角色與地位，而中華人民共和國又
是當今被承認的中國政府，因此取得了詮釋抗日戰爭歷史的主導地
位。由於各種因素，中國在二戰中的角色在戰後不被西方重視、甚
至被逐漸遺忘，以致於牛津大學歷史學者阮納‧米特（Rana Mitter）
甚至要撰寫《被遺忘的盟友》一書來提醒西方學界，不要忘了當時
的中國──包括蔣介石與中華民國政府──在抗日戰爭中的角色；
而米特本人，也正是本次研討會重要的座上賓。[54]

　　同年的8月15日，位在台南的台灣歷史博物館也舉行了一場學術
研討會，主題是「戰爭與台灣社會」。這場研討會由中研院台史所
主辦，規模遠遠比不上國史館在台北圓山飯店舉辦的來得盛大，但
也邀請到不少國內外的重量級學者參與。無獨有偶的是，研討會所
在的台灣歷史博物館一樓，也正在舉辦一個特展，主題是「戰爭下
的台灣人」。這個特展呈現的是台灣人的戰時生活，其中無可避免
地要觸及台灣人如何被日本政府動員參戰的過程。除了提到台灣民
眾如何透過皇民化運動「成為日本人」（引自展示牌的標語）外，

53　根據國史館內部工作人員事後向筆者表示，國史館原來建議總統府
　　在8月15日舉辦研討會，但據說府方聽聞大陸方面將在同日舉辦研
　　討會，擔心國外學者將捨台灣而就大陸，因此要求國史館將舉辦日
　　期改到7月7日。因此，即使7月7日並非一開始的首選，但這背後仍
　　舊顯示明顯的政治考量：除了凸顯七七抗戰的歷史意義之外，還有
　　與對岸爭奪抗戰話語權的意涵。

54　Mitter, Rana, *Forgotten Ally: China's World War II, 1937-1945*
　　（Boston: Houghton Mifflin Harcourt, 2013）.

現場展示的還有一幅巨大醒目的日本帝國太陽旗,上面書有「武運長久」及當時台人宣示效忠的血書簽名。同一個櫥窗展示的還有後方婦女為了慰勞前方戰士所準備的「慰問袋」等物品,以及象徵神風特攻隊的「櫻花墜落」字樣。這些文字、物品與象徵,正是蔣介石所領導的國軍所要誓死抵禦的侵略者形象,而這些記憶,也都是國民政府接手台灣之後所要極力抹除、消去的記憶。由於國民黨過去教育只強調中國抗日戰爭的史觀,使得許多人「忘記」台灣當年是日本帝國的一部分,曾經與日本並肩作戰[55]。因此,這樣的特展並非毫無意義,它的主要用意或許並不是要緬懷殖民過去,而是要恢復那些被壓抑的記憶,避免錯亂的歷史認知。

　　同一天在台北的二二八和平紀念公園,還有一場「台灣815終戰和平宣言暨紀念儀式活動」,發起的團體包括台灣教授協會、台獨聯盟、台灣基督長老教會總會等二十多個本土派社團。這個紀念儀式選在中午12點開始,先是播放當年日本天皇宣布戰敗的「玉音放送」,隨後以台語、客語、華語、原住民語、英語、日語等不同語

55　這裡將「忘記」加上引號,是因為嚴格來說這並不是忘記,而是「不知道」或「沒有意識到」。集體記憶要求成員有義務「記得」某些事情,如果不記得就是「遺忘」,但這些事情並不是成員們實際經驗過的,並不存在於他們的生命記憶當中。網路上有評論指出,國民黨的抗日史觀深入人心,以致於有些學生在被問及「台灣在二戰期間遭受何國轟炸」時,回答竟是「日本」而非「美國」;但也有人認為,這樣的軼事純屬虛構。參見陳怡宏,〈戰火中的日常:臺灣人如何經歷第二次世界大戰〉,故事,2015年8月30日(https://storystudio.tw/article/gushi/taiwanese-under-wwii-1/,取用日期:2020年11月20日);廖英雁,〈被虛構的「虛構歷史」?黨國教育曾灌輸「日本在二戰轟炸臺灣」?〉,聯合鳴人堂,2020年8月7日(https://opinion.udn.com/opinion/story/120998/4763105,取用日期:2020年11月20日)。

言，宣讀和平宣言，希望亞洲地區能維持和平穩定，不要再有戰爭。之所以要在正午12點聆聽「玉音放送」，用意是為了要重現當年台灣人所活過、卻被遺忘的歷史經驗，但這樣的紀念方式，卻也給了對手「甘做日本皇民」的攻擊口實。

　　從上面的例子我們可以明顯看到，台灣社會內部，存在兩種集體記憶的典範，他們在同一個時間、對同一個歷史事件，彼此的理解與紀念方式是完全相反的：一邊要紀念勝利的榮光與得來不易的抗戰成果、鞏固蔣中正領導抗戰勝利的歷史地位，另一邊則是要紀念戰敗，記憶曾經被日本動員參與戰爭、乃至聆聽天皇「玉音放送」的歷史經驗。我們可以想像，這兩種典範要彼此共存，建構出一個雙方都能接受的集體記憶，將會有何等困難。

　　為了方便起見，筆者將第一種以中國為中心的典範稱為「藍色典範」，將第二種以台灣為中心的典範稱為「綠色典範」。以藍色及綠色來命名，對應到的是藍（國民黨）與綠（民進黨）兩個政黨。也許有人擔心，以政黨顏色來稱呼集體記憶的典範，會不會太過「泛政治化」，但這恰恰正是本文所要凸顯的重點：集體記憶在台灣是高度政治化、被政治團體所動員的，而且在背後大力動員這兩種集體記憶典範的，不是什麼族群或省籍的群體，而是藍綠兩大陣營。當然，筆者這裡的意思也不是說，採取某一種典範的，就必然與某一政黨有關，或是必然支持特定政黨。這裡所要強調的是，這兩種集體記憶典範背後各有政黨勢力在支持推動，使得台灣的集體記憶無法與政治脫鉤。

　　台灣內部存在許多不同的歷史記憶，這幾乎是眾所周知的事情，似乎不值得特別拿來大做文章。筆者在此要挑出這兩場不同的二戰記憶典範，主要是為了論證兩件事。第一，必須特別凸顯戰爭記憶，是因為戰爭攸關群體及個體的生死存亡，通常能夠動員起全

國一致的同仇敵愾之心，而戰爭帶來的苦難與創傷，也能凝聚全民
意志，形塑集體的認同。在國族的記憶中，「共患難」比「同歡樂」
更有價值，因為苦難能夠召喚起人們的責任感，凝聚共同的努力[56]。
因此，在當前大部分的民族國家之中，戰爭與革命經常是極為重要
的共同記憶的一部分，紀念戰爭與革命的博物館與紀念儀式，也是
凝聚生命共同體意識的重要場域——即法國歷史學者皮耶・諾哈
（Pierre Nora）所稱的「記憶所繫之處」（les lieux de mémoire）[57]。
然而，在台灣，戰爭卻恰恰是記憶的對立與認同的分歧之所在。這
也是筆者所要論證的第二點：這兩種記憶典範，是無法共量、也難
以共存的。為了更進一步闡明這兩種典範如何無法共量、互不相容，
我們有必要借助呂克爾對記憶的現象學分析來加以闡釋。

五、記憶的利用與濫用：不可共量與不可共存的兩種典範

以詮釋學及現象學知名於世的法國哲學家呂克爾，在他生前最
後一部長篇巨著《記憶、歷史、遺忘》中，對記憶的利用與濫用（use
and abuse of memory）有相當精闢的分析。記憶對個人的身份認同
至關重要，因為它讓一個人理解自己從哪裡來、自己是什麼、以及

56 Renan, Ernest, "What Is a Nation?" in *Becoming National: A Reader* edited by Geoff Eley and Ronald Grigor Suny（New York, Oxford: Oxford University Press, 1996）, p. 53.

57 Nora, Pierre, *Les Lieux de Mémoire, Tome 3: Les France*（Paris: Gallimard, 1992）. *Les Lieux de Mémoire*直譯是「記憶的場域」，此處採取中譯本譯者戴麗娟的譯法。這個譯法很傳神地表達出，記憶並非存在與真空之中，它必定與某個場所、地點、事件、人物或物品發生聯繫。

未來將往何處去。呂克爾借鑒佛洛伊德的精神分析理論，將記憶的利用與濫用區分成三種：在病理-治療的層次（pathological-therapeutic level），我們發現被阻斷的記憶（blocked memory），在實作的層次（practical level），是被操弄的記憶（manipulated memory），在倫理─政治的層次（ethico-political level），則是義務化的記憶（obligated memory）。在記憶的「利用」與「濫用」之間，其實僅有模糊的界線，隨時都有可能跨越過去，無論是有意或是無意。換言之，對記憶的利用，很容易變成濫用[58]。事實上，在國族打造的過程中，記憶的利用與濫用無所不在，因為國族神話的建構者，總是希望人們記得某些事情、遮蔽或遺忘某些事情，因此每個國族都會有其阻斷的記憶、被操弄的記憶以及義務化的記憶。也正是在這個意義下，我們才能夠理解為什麼法國思想家賀南（Ernest Renan）在他知名的《何謂國族？》演說中，會認為「把歷史搞錯」是國族建構的關鍵要素：

> 遺忘──我甚至要斗膽地說，把歷史搞錯──是創建國族的關鍵要素。這是為什麼歷史研究的進展對國族（的原則）經常是一種危害。的確，歷史探究把所有政治體制形成起源的暴行都曝光了，甚至包括那些後果整體來說是有益的暴行。一統江山總是透過殘酷的手段達成；北法蘭西與法南（the Midi）的統一是持續了將近一個世紀的屠殺與恐怖所造成的結果。[59]

賀南這段經常被引用的段落，涉及了兩種暴力，這兩種暴力都

---

58 Ricoeur, Paul, *Memory, History, Forgetting*, pp. 68-92.
59 Renan, "What Is a Nation?," p. 45.

是國族建構過程中所必需的。一種是實質的暴力,透過這種「殘酷
的手段」,國族才能結合為一;另一種暴力,用社會學者布迪厄(Pierre
Bourdieu)的概念來說,則是「象徵暴力」(symbolic violence),
這種暴力是看不見也不容易察覺的,並非作用在人的肉身之上,而
是透過象徵符號(包含語言文字)作用於人們的認知,「讓人對現
實產生錯覺」[60]。無論是遺忘過去、或是將歷史搞錯,基本上都可
說是象徵暴力作用的結果。

從這個觀點來看,我們毫不意外地可以發現,無論是藍色典範
或綠色典範,都有自己的被阻斷、被操弄與被義務化的記憶。事實
上,在台灣當前國族問題的脈絡中,最關鍵的問題不在於記憶的利
用與濫用、不在於誰記得什麼而遺忘了什麼,而在於兩種集體記憶
的典範是完全無法共量(incommensurable)、同時也無法共存
(incompatible)的。無法共量,是因為一個典範中對真理/真相/
事實(truth)——乃至於道德——的評價規則與尺度,完全無法適
用在另一個典範中。無法共存,則是因為這兩個典範都嘗試提供某
種關於集體社群的後設敘事,而這兩種後設敘事是無法同時存在同
一個集體社群中的[61]。一種典範想要記憶的事情,是另外一個典範

---

60 Bourdieu, Pierre, *In Other Words* (Stanford: Stanford University Press,
   1990).
61 關於不可共量的概念,這裡完全是在科學哲學家湯瑪斯・孔恩
   (Thomas Kuhn)的名著《科學革命的結構》的意義下說的,參見
   Kuhn, Thomas S., *The Structure of Scientific Revolutions*. (Chicago:
   University of Chicago Press, 1962)。此處必須另外強調不可共存,
   則是因為不可共量的典範不見得不可共存。例如在物理學的領域
   中,牛頓力學與量子力學是兩個不可共量的知識典範,但這兩個典
   範並不為物理學社群提供後設敘事,也都存在於物理學的知識社群
   中,彼此承認對方存在而不必互斥。但在這裡所討論的集體記憶典

所想要忘卻的。反之，一個典範想要阻斷的記憶，卻又是另一個典範視為義務必須記起的。一個典範所珍惜的事物，卻是另一個典範極力貶抑輕賤的。為了具象化地理解這兩種記憶典範如何相互阻斷、相互輕賤、不可共存，我們可以近年來公共空間常見的「銅像政治」來加以說明。

　　近年來，每逢2月28日或4月5日（2007年之前曾被明訂為「先總統蔣公逝世紀念日」）前後，經常有人破壞公共場所的蔣介石銅像、或是到特定的紀念場所（如中正紀念堂或慈湖陵寢），透過潑漆、噴字等方式，表達抗議不滿。蔡英文上台之後曾發生過兩次知名事件，一次是在2017年4月，陽明山公園內的蔣介石銅像遭人斬首並潑灑象徵血液的紅漆，銅像底座則被噴上「殺人魔」等字樣。另一次則是2019年2月，政大校園的蔣介石騎馬銅像遭到台大學生鋸斷馬腳，其理由則是為了「落實轉型正義」。在這些人的眼中，蔣介石是個殺人魔、獨裁者，而從推動轉型正義者的角度來看，蔣介石是威權統治的政治象徵，台灣既然已經民主化，就不應該紀念他，而必須從台灣社會的公共空間中移除。促轉會基本上也採取相同的立場，而「清除威權象徵」也是法有明訂的轉型正義工作項目之一。

　　然而，在台灣遭到斬首的銅像，不僅只是蔣介石，還包括另一位殖民時代的代表人物——八田與一。八田與一是被日本政府派遣到台灣來的水利工程師，協助殖民政府設計建造多項工程，其中最

（續）────────────────────
　　範中，兩者是無法共存的。其中一者的存在，意味著對另外一種典範的否定或排除。再者，這兩種典範除了在真理（歷史觀與世界觀）上不可共量之外，在道德上也不可共量（此點將於下文詳論），這又近乎政治哲學家以撒·柏林（Isaiah Berlin）所談的價值不可共量，參見Isaiah Berlin, *Four Essays on Liberty*.（Oxford: Oxford University Press, 1969）。感謝葉浩提醒筆者柏林有關不可共量的討論。

為知名的是嘉南大圳與烏山頭水庫。嘉南大圳完成後,當地民眾在
烏山頭水庫旁製作了一個八田與一的坐姿塑像,感念他的貢獻。2014
年,描寫嘉農棒球隊故事的電影《KANO》特別安排八田與一的角
色入鏡,並在電影上映時在塑像前舉辦造勢活動,民進黨籍的市長
賴清德也前去參加。2017年4月,中華統一促進黨成員李承龍夥同友
人將八田與一銅像的頭鋸下,並在網路上展示照片,一方面是要表
達綠營美化日本殖民的不滿,一方面可說是為了報復不久前蔣介石
的銅像被斬首的一箭之仇。對於像李承龍這樣的人來說,他們也可
以宣稱自己是在實現另一種「轉型正義」,因為台灣早已經不是日
本的殖民地;如果民主化的台灣不該紀念威權統治者,那麼去殖民
化的台灣,也不該再紀念日本的殖民者——這也是當前的轉型正義
經常遭到詬病之處,因為主流的轉型正義論述,幾乎不處理日本殖
民時期的遺緒問題。相反地,日本殖民遺緒經常被正面看待(例如
此處討論的八田與一),拿來作為建構台灣本土意識、對抗中國認
同的基礎。

　　上述的兩起斬首事件都曾登上新聞,也都引發一時熱議。斬首
其實是一件具有高度象徵意義的行動,它象徵著以極度暴力血腥的
手法置人於死,即使只是銅像,在視覺上也足以引起觀者的驚悚不
快。透過這麼激烈的手法來表達不滿,非常具體而生動地描繪了上
述兩種典範如何不相容。

　　儘管兩起斬首事件是基於兩種完全不相容的記憶典範,它們倒
是有一個共同點——暴力。這裡牽涉到的暴力至少有兩種,一種是
實質性的暴力,一種則是象徵性的暴力。它們也都涉及過去的暴力,
以及現在的暴力。事實上,暴力與集體記憶的關係,遠遠超乎一般
人的預期與想像。關於象徵暴力,我們容後再談。這裡先談集體記
憶與實質暴力的關係——而且是集體暴力的極端形式,也就是戰爭。

六、台灣的戰爭遺緒與共同體的起源問題

在分析記憶與暴力的關係時，呂克爾一針見血地指出，歷史上的共同體，其起源無一不與戰爭有關[62]。它們要麼是透過戰爭凝聚成共同體，或是作為戰爭的結果成為新的共同體。這牽涉到另一個根本的問題，也就是歷史／記憶與暴力的關係。「對有些人來說的光榮，對其他人來說卻是羞辱。一方的慶祝，恰恰是另一方的毒咒。」[63]這幾句話，正好可以拿來描述台灣當前的集體記憶的現況。藍色典範與綠色典範，恰好是站在彼此的對立面。當一方慶祝頌揚勝利的榮光時，對另一方來說卻是敗戰的陰影（如果不是「恥辱」的話）。綠色典範想要凸顯的「義務記憶」（二二八、白色恐怖），正好是另一方想要遮掩或忘卻的；而藍色典範的「義務記憶」（辛亥革命、抗日戰爭、國共內戰），也正好是另一方努力試圖阻斷或隱蔽的。

台灣的國族問題，本身即是一個戰爭的產物，可以說是東亞的戰爭遺緒之一[64]。如何解釋、評價與紀念過去與台灣相關的這些戰爭——包含中日甲午戰爭、二次大戰（抗日戰爭／大東亞戰爭）乃至國共內戰，是台灣的集體記憶無法迴避的課題。事實上，當前轉

---

62 Ricoeur, *Memory, History, Forgetting*, p. 82. 也許有人認為呂克爾此說過於誇大，但如果放在他所處的歐洲脈絡來看，此說可是一點不假，有其歷史依據。參見 Tilly 的經典研究：Tilly, Charles, *Coercion, capital and European states, A.D. 990-1992*（Oxford: Blackwell, 1992）.

63 Ricoeur, *Memory, History, Forgetting*, p. 79.

64 參見汪宏倫，〈東亞的戰爭之框與國族問題：對日本、中國、台灣的考察〉，收入汪宏倫編，《戰爭與社會：理論、歷史、主體經驗》（台北：聯經出版公司，2014），頁157-225。

型正義最常被提起的兩大議題：二二八與白色恐怖，都與這些戰爭遺緒有關。二二八與日本殖民（甲午戰爭遺緒）以及二戰（抗日戰爭 vs. 大東亞戰爭）的遺緒有關，而白色恐怖則與國共內戰遺緒（更精確地說是包括韓戰之後的冷戰結構）有關。然而，當前的轉型正義論述，幾乎完全不處理（其實也無法處理）這些戰爭遺緒。前面的分析已經指出，藍色典範與綠色典範，對於二次大戰有著完全無法共量的紀念與詮釋方式。那麼，對於國共內戰，這兩種典範又如何面對處理呢？或者，我們可以這麼問：國共內戰，是否該包含在台灣的集體記憶裡面，被當成集體記憶的一部分呢？

對於綠色典範來說，一個最簡便的答案是：非也。國共內戰是國民黨與共產黨在中國進行的內戰，與台灣社會及台灣人民無關。這是非常典型的綠色典範的說辭，經常見於民進黨的政治人物的公共發言中。例如2000年民進黨首度執政，時任副總統的呂秀蓮便多次在國內與國際的公開場合強調，國共內戰是國民黨與共產黨之間的鬥爭，與台灣無關。

> ……台灣人民只要讓國民黨下台，那麼，在轉瞬間，國民黨與共產黨之間的鬥爭就應告一段落，政黨輪替將使台灣內部統獨之爭劃上句點。長期以來，這個問題是國民黨與共產黨敵對的產物……[65]

除了在台灣內部之外，呂秀蓮也積極在國外不同場合為台灣發聲，發表類似的看法：

---

65 呂秀蓮，《台灣良心話：呂副總統的第一年》（台北：天下遠見，2001），頁230。

所謂「獨立vs. 統一」的紛爭或其他任何形式的衝突，不過是國
共鬥爭下的歷史產物。我們應該向前看並忘掉它。從陳水扁總
統就任總統、民進黨成為執政黨的那一刻起，這個紛爭就已經
沒有意義了。[66]
首先，在台灣與中國的關係上，由民進黨來領導完全沒有什麼
好擔心的。事實上，我相信民進黨反而能在國民黨做不到的地
方推進與中國的關係。國民黨從中國內戰以來，就長久與共產
黨互相衝突，現在中國與台灣的敵對和軍事上的緊張，很大程
度便是這段歷史的產物；而這跟民進黨一點關係都沒有。國民
黨失去政權後，中國與台灣應該可以創造一個新的開始。既然
現在的台灣總統是由她的人民所選出，而且政府也早已放棄了
對中國的主權，兩邊便沒有必要繼續敵對了。[67]

　　呂秀蓮認為國共內戰是國民黨與共產黨之間的戰爭，因此民進
黨上台之後就可以把國共內戰拋諸腦後，甚至終結統獨問題，因為
此事與民進黨及台灣人民無關。先不要說這樣的看法邏輯上有何問
題，僅僅是「不再與中國為敵」的宣稱也過分一廂情願，因為一場
戰爭要結束，並不是其中一方說結束就結束，而必須雙方都同意結

66　Lu, Hsiu-lien, *Soft Power: Vision for a New Era*（Taipei: Office of the
　　President, 2006），p. 73. 本段與下一段引文，原文均為英文，此處中
　　文由林政協助譯出初稿，粗體強調為筆者所加。也許是因為在國際
　　場合使用英文發聲，可以不必顧慮國內可能出現的反彈聲音，呂秀
　　蓮這兩段文字的表述都比國內場合的類似談話來得直接露骨，也更
　　能反映出她對國共內戰歷史的看法。

67　Lu, *Soft Power,* p. 41.

束,否則戰爭仍可以持續下去。中華民國雖然在1991年終止「動員
戡亂時期」,只是代表中華民國不再將共產黨視為「叛亂團體」,
無意再與中共政權交戰,但中共政權仍將兩岸問題放在國共內戰的
脈絡中來理解,因此從來不放棄以武力解決台灣問題。換言之,綠
色典範如果要把國共內戰排除在台灣的集體記憶之外,宣稱中國內
戰與台灣(或是「在台灣的中華民國」)無關,不僅對內要能發展
出一套足以說服人的論述,獲得全民共識,更重要的是,這套論述
要能說服對岸與國際社會,讓戰爭不再成為兩岸關係中的選項
(option)與變項(variable)。這牽涉到討論台灣的轉型正義時不
能不考慮的另一個非常重要的面向,也就是地緣政治與外部因素,
這點我們將在下一節討論。

　　回過頭來說,像呂秀蓮這種「把國共內戰視為國民黨與共產黨
之間的戰爭,與民進黨及台灣人民無關」或甚至於「台灣是被國民
黨拖下水,才捲入國共內戰」的看法,普遍存在綠營的政治人物、
乃至於綠色媒體中。例如2018年8月,時任民進黨副秘書長的徐佳青
在電視談話節目評論八二三砲戰時,曾有如下的發言:

　　說到八二三難道是民進黨跟共產黨打仗嗎?八二三不就是國民
　　黨跟共產黨打仗嗎?如果這些今天去打仗的人,是以犧牲台灣
　　人民的性命,來換取國民黨的性命,這樣子的紀念有意義嗎?[68]

　　這段發言立刻引發軒然大波,儘管徐佳青事後辯解稱,她的言

68　陳弘美,〈徐佳青一句「八二三是民進黨打仗嗎」?打臉小英的團
　　結〉,《中時新聞網》,2018年8月24日(https://www.chinatimes.com/
　　realtimenews/20180824002531-260407?chdtv,取用日期:2021年2
　　月9日)。

論被斷章取義，但這樣的觀點普遍見於綠營的支持者、乃至支持綠營的媒體中。例如2013年，馬英九總統出席世界自由日大會活動，發表了一席關於兩岸和平的談話，卻引來獨派陣營的強力抨擊。當時《自由時報》的社論如此評論：

> 馬英九為了強調和平的重要性，又指「兩岸有相當長時間處於內戰狀態，死亡人數可說破百萬人」，這就更讓人不解馬在不知所云什麼了。中國國民黨與中國共產黨打內戰，死了超過百萬人是有的，但「兩岸」之間何時打過內戰？一九四五年之前的八年，發生的是國與國之間的中日戰爭，台灣當時是日本殖民地；一九四五到一九四九年國共爆發內戰時，戰場在中國，因此，馬英九的「兩岸內戰說」可以休矣！兩岸之間若爆發任何軍事衝突，就是侵略，毫無模糊地帶，更不容主政者懷抱大中國情結危及台灣的安全。[69]

戰爭對於形塑共同體的影響，除了凝聚向心力之外，還創造了一套區辨敵我的認知框架，筆者將之稱為「戰爭之框」（frames of war）。和社會中其他的認知框架一樣，戰爭之框可以被挪用、轉化，在台灣尤其是如此：「國共內戰」的「反共」戰爭之框，被巧妙地挪用轉化成為主權國家之間的「反侵略／反併吞」的「反中」戰爭之框[70]。這篇社論便是藉由「遺忘」來巧妙挪用戰爭之框的典型案

---

69 自由時報社論，〈請馬英九總統聽一堂課〉，《自由時報》，2013年1月24日。

70 「認知框架」是社會學分析中的一個基本概念，參見Goffman, Erving, *Frame analysis: An essay on the organization of experience*（Harvard University Press, 1974）。關於「戰爭之框」的概念及台

例。1945到1949年的國共內戰,戰場的確發生在「中國」,但當時的「中國」版圖其實也包含了台灣,這個歷史事實卻被巧妙地掩蓋(或「遺忘」)了。蔡英文上台之後,基本上也是採取類似的策略。她上任之後幾次發表關於八二三砲戰與古寧頭戰役的談話,透過戰爭紀念儀式來鞏固敵我意識、凝聚內部團結,但絕口不提這兩場戰役的歷史脈絡──(中國的)國共內戰。

對於某些綠色典範的支持者來說,1945年日本戰敗後,中華民國政府接收台灣的正當性是有問題的,因此1945-1949年間,台灣未必「屬於」中國,台灣被牽連捲入中國內戰純粹是無妄之災。這牽涉到政權承繼與合法性來源的問題,我們將在下文討論。此處僅先指出:把國共內戰排除在台灣的集體記憶之外,等於就是排除了所謂「外省人」的集體記憶。國共內戰所造成的顛沛流離,渡海流亡的過程,對外省族群來說是何等刻骨銘心的生命經驗,排除這些人的集體記憶,等於是抹殺他們的生命經驗。另一方面,如果我們對「國共內戰是否是台灣集體記憶的一部分?」這個問題的回答是「是」的話,那麼,兩岸關係,是否應該放在國共內戰的歷史脈絡中來理解?國共內戰終結了嗎?台灣從國共內戰的泥淖中解脫了嗎?台灣要如何處理國共內戰的遺緒?集體記憶涉及「我們從哪裡來」、「我們是誰」的問題,在回答上述問題之前,我們或許可以思索:台灣目前是什麼?(What is Taiwan now?)

根據民進黨政府的官方說法,台灣是個主權獨立的國家,它的國號叫「中華民國」。這是個妥協之後的答案,似乎是藍綠雙方都可以各取所需、勉強接受的「最大公約數」──儘管藍營經常抨擊

(續)─────────────────
　　灣「戰爭之框」演變的分析討論,見汪宏倫,〈東亞的戰爭之框與
　　國族問題〉。

民進黨政府偷天換日，把「中華民國」與「台灣」等同起來，但一般民眾似乎也都能接受「中華民國＝台灣」這樣的政治現實，成為日常生活的一部分。然而，即使是這樣的宣稱也需要遺忘許多事情——包括國共內戰、以及1949年之前的中華民國。

為了讓問題更明確，讓我們思考一個民族主義研究中經常被提起的問題：國族始於何時？[71]更具體一點，我們可以問：台灣何時成為一個獨立的國家？如果有人認為這樣的提問太過「政治化」，那麼請容筆者換一個方式提問：台灣作為一個政治共同體，起源於何時？它的奠基時刻（founding moment）是什麼時候？下面是幾個可能列入考慮的候選年份：1895（台灣被割讓給日本，與大清帝國分離）；1911（中華民國建立，但此時台灣為日本殖民地，非屬中華民國管轄）；1945（日本戰敗，中華民國政府接收台灣）；1947（二二八事件爆發）；1949（國民黨政權內戰失利退守台灣，與中共政權隔海對峙，但在國際上仍被認為代表中國）；1971（中華民國失去中國代表席位，被逐出聯合國）。上述幾個年份都標識着某個重大的歷史事件，對台灣／中華民國的命運產生關鍵影響。然而，其中沒有任何一個年份被公認是台灣作為政治共同體的「奠基時刻」。

有些人可能主張，台灣是經過一連串的民主改革，透過「寧靜革命」逐漸蛻變成一個主權獨立的國家。若是如此，那麼我們可以說，「中華民國台灣」成立於1992年（國會全面改選）、或是1996年（第一次總統直接民選），或是2000年（第一次政黨輪替，民進

---

71 Ichijo, Atsuko and Gordana Uzelac, eds., *When is the Nation?: Towards an Understanding of Theories of Nationalism*（London: Routledge, 2005）.

黨結束國民黨55年的統治）嗎？再一次地，沒有一個年份可以被認
為是台灣作為一個政治共同體的奠基時刻——就算有人這麼主張，
在台灣社會内部也缺乏共識。舉例來說，有些人可能主張1996年總
統直接選舉，展現了完整的人民主權，是一個新的政治起點，可視
為「中華民國第二共和」，但李登輝當時畢竟沒有宣布中華民國進
入「第二共和」（儘管日後曾經提出「兩國論」），至今也鮮少有
人同意1996年是「中華民國台灣」的建國時刻。令人尷尬的是，直
到今天，民進黨政府仍舊以象徵辛亥革命的雙十節作為其國慶日，
而1911年的辛亥革命發生之時，台灣仍非中華民國的一部分。

　　這裡牽涉到另一個關鍵而根本的問題，就是統治者的合法性來
源。無論是國民黨或是民進黨，都是藉由中華民國憲法所奠定的體
制，依靠民主選舉來取得執政權。所謂「寧靜革命」，終究不是一
場足以劃分時代的革命。即使是長期反國民黨的本土派學者陳芳
明，也曾經提倡以「共業史觀」處理轉型正義問題。他指出，台灣
的民主轉型並非透過革命來完成，而是透過曾經實施威權統治的國
民黨透過民主改革措施完成（無論是主動或被動），因此構成了「相
當嘲弄的一個歷史事實，因為加害者與解放者的角色，都同時由一
個政黨來扮演」[72]。換言之，民進黨並非經過革命獲致政權，而是
透過民主選舉取得執政機會，而這個民主選舉體制的確立，國民黨
並非毫無貢獻，因此「今天民進黨否定國民黨在過去為民主改革的
努力，幾乎也就是在抹消泛藍支持者的改革記憶」[73]。然而，陳芳
明的「共業史觀」恐怕只說了一半的故事，另一個更大的背景並沒
有說出來，就是民進黨其實是在中華民國這個憲政體制之下取得統

72　陳芳明，〈轉型正義與台灣歷史〉，頁85。
73　陳芳明，〈轉型正義與台灣歷史〉，頁88。

治正當性的，這個「共業」其實是中華民國，而不是（或不單純只是）「國民黨在過去為民主改革的努力」。民進黨承繼了中華民國這個共業，卻又不願面對1949年之前中華民國所留下來的「業」（也就是包括國共內戰、抗日戰爭等各種戰爭遺緒），這才是當前轉型正義最大、最根本的問題。

也許有人認為，轉型正義是針對民主轉型，而不是國族建構，而因為台灣已經民主化，因此國外的轉型正義也可以適用在台灣，畢竟台灣也可算是第三波民主化的代表案例之一。但這恰恰是台灣轉型正義論述的盲點所在。台灣作為一個政治共同體，無論要稱之為「中華民國台灣」或「台灣（共和國）」，它的起源與國族敘事，沒有人能夠說得清楚，就算有些人自認為可以說得清楚、邏輯通暢無礙，目前社會上也缺乏共識，遑論獲得國際承認。政治共同體也是一個道德共同體，在對於「這個共同體究竟從哪裡來、將來要往哪裡去」這個根本問題缺乏共識的狀況下，強行推動「轉型正義」的道德工程，造成的實質效果恐怕是在侵蝕、而非鞏固，這個共同體的道德基礎。台灣無分藍綠，在很多事情上都是雙重標準，最根本的原因，恐怕在於這個共同體的道德基礎，本身就是雙重標準。

對於「不願承擔中華民國共業、誠實面對1949年之前的中華民國」的質疑，綠色典範所採取的策略之一，是利用「台灣地位未定論」來否定國民黨政權接收台灣的合法性，從而否定中華民國的正當性。但就算此說成立、而且為大眾所普遍接受，那麼轉型正義，不就應該先推翻缺乏正當性的中華民國，等到台灣地位確定、政治轉型完成之後再來談，更為妥當嗎？一方面繼承了中華民國、卻不願面對1949年前的「共業」，一方面又擺出道德姿態、高調侈談轉型正義，這是最大的弔詭。「現階段的綠色執政把正義據為己有，

這種傲慢態度本身就是不正義」[74]。陳芳明這句評論寫在陳水扁執政時期的2007年，但放在民進黨二次執政的今天來看，依然有效。如果過去的威權統治充滿了許多不義，那麼現在的政府（無論哪一黨執政）都不應該再藉轉型正義（或任何名目）製造更多不義出來。

七、政治的道德基礎與道德的政治基礎：關鍵時刻、外部因素與地緣政治

　　了解到這些盤根錯節的複雜情況之後，再回頭來看轉型正義，問題就更清楚了。政治共同體其實也是一個道德共同體。轉型正義的目標，原來是想藉由政治手段來重建一個轉型之中或轉型之後的道德共同體。然而，如果推行的方法不當、心態欠妥、考慮不夠周延、甚至欠缺必要的內在與外在條件，轉型正義非但無法達到追求正義的目標，反而可能造成更多的價值扭曲與不正義。

　　在比較南非與台灣的轉型正義模式時，政治學者吳叡人非常敏銳地提醒我們：轉型正義不僅涉及政治的道德基礎，同時也必須考慮道德的政治基礎[75]。誠哉斯言。說到底，台灣作為一個政治共同體，目前還缺乏一個歷史上的關鍵時刻（critical moment）──這個關鍵時刻，可能是凝聚全民意志、正名制憲宣布獨立，並且獲得強權支持與國際承認，確保和平而不發生戰爭；但是，宣布獨立也有可能引發北京對台動武，因此，關鍵時刻到來的第二種可能性，是與中共決戰（可能是被迫，可能是主動），透過戰爭勝利取得獨立

74　陳芳明，〈轉型正義與台灣歷史〉，頁91。
75　吳叡人，《受困的思想：臺灣重返世界》（新北：衛城出版，2016），頁199。

地位──而其風險就是戰敗，併入中華人民共和國的版圖而失去成為獨立政治共同體的自主地位。這個關鍵時刻的可能性可以有很多種，結局也難以預料，端賴政治領導者的智慧與想像，上面所舉的只是其中兩種（或許也是相當缺乏想像力的兩種）[76]。但總而言之，這個關鍵時刻其實尚未到來。

在成為一個新的政治共同體的「關鍵時刻」到來之前，台灣的政治轉化其實尚未完成，在這個狀況之下執意要談轉型正義，恐怕只會累積更多怨念，造成更多扭曲，而製造這些怨念與扭曲的群體或個人，未來恐怕還會被對手以「轉型正義」之名（或是其他的名目形式）再被清算一次。

也許有人主張，轉型正義本來就是一個典範鬥爭或典範取代的過程，在這個過程中，人們以一個新的、正義的典範（自由民主或種族平等）來取代舊的、不義的典範（共產極權或種族隔離制度）。但是這種典範取代的模式，卻恰恰不能應用在台灣。泰鐸在她的論證中，的確也認為「轉型」意味著正義的典範移轉[77]，這也許對很多人產生誤導作用。泰鐸這裡的分析強調的是「正義」與「轉型」之間的相互建構作用（千萬別忘了她的建構主義立場），而不是歷史敘事的典範移轉（這點將在下面討論）。集體記憶的綠色典範與藍色典範，是個人的選擇權利（對有些人來說可能是無從選擇），很難給予價值評斷，也很難說何者比較正義、何者比較不正義。綠色典範的支持者可能認為，藍色典範曾經給台灣人民帶來屠殺與壓

---

76 2007年，曾任民進黨青年部主任的周奕成籌組「第三社會黨」，對台灣的國族論述及國際地位提出第三種可能性的想像，但這樣的想像缺乏國內外的政治支持，第三社會黨在2008年選舉之後便煙消雲散。

77 Teitel, *Transitional Justice*, p. 6.

迫，因此不正義；但藍色典範的支持者也可以主張，綠色典範承繼
了中華民國卻又否認1949年之前的中華民國，同樣也不正義。以一
種典範來取代另一種典範，並不是真正的和解，社會也不會變得比
較正義。——而更糟的是，強行以一種典範來取代另一種典範，恐
怕造成新的、更多的不正義。

誠然，對歷史的詮釋沒有標準答案，也無法定於一尊，但任何
共同體的建立，都需要有一個能被大多數人接受的後設敘事，而共
享的集體記憶也是達成和解的一個重要手段[78]。台灣所需要的共享
記憶，是一個能夠同時包容兩種典範的更大的後設敘事，而不是以
一個典範來取代另一個典範。當年國民黨以藍色典範來形塑台灣的
歷史認識與集體記憶，壓抑台灣人民自己親身生活過的殖民與被壓
迫的記憶，是造成今日綠色典範反撲的主要原因。綠色典範想要用
同樣的方法來壓抑藍色典範的記憶，遺忘1949年之前的中華民國歷
史，未來也很有可能造成同樣的反撲。

呂克爾對記憶的現象學解析提醒我們，每一種典範都有它想要
記起與遺忘的事物，指責一方刻意遺忘，其實並沒有取得任何道德
高度，到最後可能只是五十步與百步的相互譏嘲而已。更重要的是，
呂克爾非常明確地點出，一旦記憶與正義產生關聯的時候，我們首
先必須謹記的第一件事是：在所有美德當中，正義，就其自身的構
成、而且也最卓越超群之處，在於它是他者導向、而非自我導向的。
因此，「記憶的義務乃是要透過記憶對他者行公義，而不是對自己
行公義」[79]。這句話雖然簡短卻極其有力，發人深省，值得所有涉
入轉型正義與記憶政治的人銘記在心。從這個角度看，台灣的轉型

Boraine, "Transitional Justice: A Holistic Interpretation," pp. 17-27.
Ricoeur, *Memory, History, Forgetting*, p. 89.

正義，所做的經常是相反的事。無論藍色典範或綠色典範，都只想對自己行公義，而不願對別人行公義：自己想記住的，對方不可忘卻；而對方想記住的，自己卻想拋諸腦後。

當年國民黨來到台灣，為了「去日本化」與「再中國化」[80]，把藍色典範施加在台灣社會與人民身上，而結合國家暴力與威權統治，造成了許多人對「中國」極大的怨恨；這種怨恨，直到今天仍舊無法消除，甚至隨著中國崛起而有增無減[81]。當今的政府如果只想用綠色典範來取代藍色典範，恐怕也將引發另一種怨恨，到頭來被這股怨恨所反噬。

如吳叡人所指出，轉型正義其實還有一個不可忽略的面向，就是國家整合與國族建構。他以南非為例，說明南非的TRC所推動的轉型正義，其實是一種「建立在民主與進步價值上的自由民族主義計劃」，而為了達到國家整合與最終和解的目標，不得不有所妥協，以致於「犧牲了完整的真相與正義」[82]。這個透過轉型正義來推動「建立在民主與進步價值上的自由民族主義計劃」的模式，似乎也是當前民進黨政府以及一部分轉型正義支持者所想要仿效的。然而，恰恰在這一點上，我們可以看出台灣與其他案例的不同之處，也凸顯出台灣轉型正義的困境。

在討論「歷史正義」問題時，泰鐸指出，轉型正義所涉及的歷史重構只是過渡性的（transitional），而不是奠基性的（foundational），

80　黃英哲，《「去日本化」「再中國化」：戰後台灣文化重建（1945-1947）》（台北：麥田，2017）。

81　汪宏倫，〈走出認同困境，重建共同體論述〉，收入聯經出版公司編，《廿年民主路，台灣向前行》（台北：聯經出版公司，2016），頁85-107。

82　吳叡人，《受困的思想》，頁203。

這意味這些眾多的歷史（histories）僅是不連續且微小的（mini），而不是宏觀的後設敘事（metanarratives）；換言之，它是在「保存（現有的）國家的敘事軸線」下，對過去所發生的事情的重新詮釋[83]。以南非的TRC為例來說，TRC透過「真相與和解」的集體儀式，重新理解過去種族隔離的歷史是「手足相殘」而不是異族的殖民壓迫，換句話說，它並不挑戰南非共和國作為一個政治共同體的正當性，加害與被害和解的共同記憶是在「保存現有國族的後設敘事軸線」中被理解的。在台灣，情況卻完全不是如此。如果從泰鐸所提出的判準來看，台灣當前的轉型正義論述與做法，顯然不符合上述的原則。

台灣當前的轉型正義，其實是以新的後設敘事來取代舊的後設敘事，以一套新的國家敘事軸線來取代舊的國家敘事軸線。假使台灣已經徹底完成政治轉化，脫胎換骨成為一個新而獨立的國家，那麼這樣的做法或許可行、而且也有其必要，畢竟建構一套具有一致性與凝聚力的後設敘事，是打造國族必經的過程——而且這個過程**必然要記憶與遺忘很多事**。然而，台灣目前所面臨的問題恰恰在於，國族的打造並未完成，卻急著以轉型正義之名建構一套新的後設敘事，以新的國族敘事典範取代舊的國族敘事典範，這不但有違轉型正義的原則，也與台灣當前所處的國族政治現實存在著極大的落差。

綠色典範的支持者也許會認為，如果不是中共武力威脅（以及美國老大哥的臉色），台灣早就宣布獨立、成為新的國家了。從藍色典範的觀點來看，如果中共不要處處打壓中華民國的國際生存空間，台獨的勢力不會這麼張狂，台灣也沒有宣布獨立的必要。這兩種說法都有其理據，但這也提醒我們一件非常重要的事情，也就是

---

83 Teitel, *Transitional Justice*, p. 115.

台灣作為一個政治共同體所面臨的外部因素與地緣政治的問題。這
也是台灣與其他轉型正義案例最大的不同之處。除了一部分的例外
（例如解體後的東歐與前蘇聯組成國家），許多台灣喜歡援引仿效
的轉型正義案例，並不涉及領土變更與主權爭議，更沒有一個虎視
眈眈的強鄰從根本否定整個政治共同體的存在。中共對台灣除了武
力威脅之外、也不容許台灣有國際生存空間，這在其他案例是相當
罕見的。東德與南韓與台灣的情形比較接近，都屬於冷戰之後形成
的分裂國族（divided nation）模式。東德與南韓的轉型正義，基本
上並未挑戰這個「分裂國族」的後設敘事，而東德共黨政權垮台之
後，甚至是依據這個「國族分裂之後重新整合」的後設敘事而進行
的。台灣卻正好相反。台灣的轉型正義論述，想要跳脫這個「分裂
國族」的敘事，試圖創造一套新的國族敘事。中共聲稱台灣是中國
領土的一部分，根據的也是「分裂國族」的模式，從國共內戰的歷
史脈絡來理解兩岸關係。然而，當前的轉型正義論述，卻無法（或
不願）處理國共內戰遺緒的問題。如前所述，台灣作為一個政治共
同體的關鍵時刻尚未真正到來，而這個關鍵時刻出現的方式，可能
是暴力與戰爭，也可能是和解與和平。換句話說，如果想要避免戰
爭，台灣除了需要內部和解之外，也需要外部和解，也就是兩岸的
和解[84]。無論是和是戰，台灣都必須要做好準備，而凝聚內部的共

---

84 為了避免誤解，此處必須再三強調：筆者並非鼓吹戰爭，但前面的
分析已經指出，戰爭幾乎是塑造政治共同體的必經之路，古今中外
皆然。儘管有極少數的例外，那也是在地緣政治許可的條件下才可
能獲致。台灣在東亞地緣政治中的地位特殊而且重要，這樣的條件
幾乎不存在。而此處所說的「和解」也不是「妥協」，更不是「投
降」。和解可以有很多種方式，並不意味一定要毫無原則地接受對
方的條件。和解可以是一種藝術，端賴雙方政治領導者的智慧與創
造力。

識與向心力，更顯得無比重要，因為唯有如此，台灣才能團結一致
齊心對外，展現出足夠的集體意志與實力。如果台灣內部無法凝聚
足夠堅強龐大的集體意志，無論是要對抗外在的武力威脅、或是要
與強鄰協商和平共處，都極為不利。當前轉型正義的論述與做法，
究竟是讓台灣更分裂、還是更團結？在政治轉化並未完成、也就是
國族建構的關鍵時刻來臨之前，以當前的方式推動轉型正義，對於
凝聚台灣內部的共識與團結是否有幫助？這些都是非常需要思考的
迫切問題。

在此，我們有必要回頭來探討「和解」的問題。和解究竟是誰
與誰之間的和解？在一般的轉型正義的案例中，和解可能指的是加
害者（威權體制的執行者或協力者）與被害者（被迫害的人民）之
間的和解，或是不同身份群體（例如黑人與白人）之間的和解。在
台灣，最需要和解的，恐怕不只是所謂加害者與被害者之間，也不
是不同的身份群體（例如「本省人」與「外省人」）之間，而是不
同的史觀或記憶典範之間。這兩種記憶典範如果想要共存，必然需
要以一個更大、更超越、更後設、更具有包容性的典範來取代這兩
種典範。但在當前的台灣，這種典範還未出現。目前的情況毋寧是，
藍色典範無法接受綠色典範，因此只要是記憶、保存一切與殖民地
時期相關的事物，都被輕易打成「皇民」；另一方面，綠色典範也
不願正視藍色典範，凡是與1949之前的中華民國相關的事物，都避
之唯恐不及。

藍色典範與綠色典範之間的不可共量，除了在真相／真實／真
理的尺度上不可共量之外，在道德上也不可共量。不同的歷史認識，
其實也導致我們對「被害者」與「加害者」的認定，有雲泥之別的
看法。從綠色典範來看，蔣介石就是威權統治的獨裁者，二二八與
白色恐怖的殺人魔王，不容許當今台灣社會紀念這位屠殺人民、侵

犯人權的獨裁者。對藍色典範來說，蔣中正在中華民國史上北伐、抗戰、反共的功勞，都不應抹滅，必須整體納入評價。再者，即使是同一段歷史，也可以從不同的角度加以評價。作家汪浩透過考證檔案史料，指出由於蔣介石堅持反共立場，力保台灣不被共產黨武力解放，才有今天綠營人士談論「一邊一國」、「台灣已經是獨立國家」的歷史條件，因此甚至戲稱蔣介石是台灣「意外的國父」[85]。然而，把「二二八的殺人魔」與「威權統治的獨裁者」當成「國父」，是綠色典範所萬萬無法接受的。歷史的軌跡，總是充滿了反諷與弔詭，經常是一個接著一個非意圖後果所堆疊累積出來的。這些反諷、弔詭與非意圖後果，卻是當前的轉型正義論述所無法處理的。

　　至於「被害者」，曾經有成千上萬、難以勝數的人民，在威權統治時期遭受殘忍無情的凌虐迫害、甚至被剝奪財產失去生命，帶給家族與台灣社會無比巨大的創傷，這是無可抹滅的事實，必須審慎面對處理。但是另一方面，近年來許多出土檔案及最新研究也顯示，過去認為「國民黨政權在白色恐怖時期迫害無辜善良百姓，製造大量冤假錯案」的說法並不確實（而這樣的認知，正是綠色典範所建構起來的），當時許多遭到殺害的人的確是中共派遣來台的地下黨員，而且人數多達兩千人，其中一部分已經被中共列為「革命烈士」並加以公開紀念。這使得當年提倡轉型正義不遺餘力的吳乃德，也要在2020年的投書中引述國防部代表的話，質疑：「目標在推翻中華民國的共產黨員，加以補償算是『正義』嗎？」吳乃德進一步提問：

85　汪浩，《意外的國父：蔣介石、蔣經國、李登輝與現代臺灣》（新北：八旗文化，2017）。

> 如今我們清楚中共政權的殘暴，有人質疑：欲讓台灣人被這種
> 政權統治的人，是受難者嗎？如果他們都可以被除罪，未來所
> 逮捕的中國間諜可以加以判刑嗎？判刑監禁之後是否也要加以
> 補償？[86]

　　吳乃德在倡議轉型正義十多年之後才發出這樣的質疑，與其說
是「後見之明」，不如說，打從一開始，轉型正義對於歷史與正義
的認識就很值得商榷。「如今我們清楚中共政權的殘暴」一句，讀
來似曾相似，卻格外反諷。事實上，何須等到「如今」，當年國民
黨政府，豈不正是向台灣人民大力宣傳中共政權的殘暴本質，而以
「反共」為理由，透過「動員戡亂體制」來合理化威權統治的嗎？
當年國民黨把「欲讓台灣人被（中共）這種政權統治的人」抓起來，
到底是做對了，還是做錯了？這筆帳，究竟應該怎麼算？轉型正義
的帳本，似乎讓人越來越糊塗了。[87]
　　也許有人認為，藍色典範是屬於「外省人」的歷史記憶，由於
第一代的外省人逐漸凋零，第二代、第三代以降的外省族群並沒有
直接的抗日戰爭或國共內戰的歷史記憶，而且台灣內部的省籍族群
意識逐漸模糊淡化，藍色典範終究會隨著時間逐漸消亡。但前面的
討論已經一再指出，藍色與綠色典範的差異，並不完全以族群作為
區分，許多本省人也接受這種藍色典範及其發展出來的史觀；更重
要的是，承繼這個藍色記憶典範的，還有一個重要的載體——政黨，

86　吳乃德，〈轉型正義的台灣想像〉。
87　台灣轉型正義出現的奇特現象是：有些以實際行動要推翻中華民國
　　的人，最後獲得平反、被認為無罪，而且還獲得中華民國政府的補
　　償。這背後其實還牽涉到另一個至關重要的規範性問題，值得另文
　　處理，此處暫不討論。

也就是中國國民黨。除非這個政黨解散或消失，否則這個藍色典範的記憶，仍將持續以不容忽視的聲量，存在於台灣社會中。

退一萬步說，即使抱持藍色典範的群體逐漸減少凋零、縱使（中國）國民黨在台灣的政黨政治中因為失去選票與民意基礎而逐漸萎縮甚至徹底消失，乃至綠色典範已經取得主流優勢與絕對霸權的地位，綠色典範仍無法避開一個到目前為止仍無法解決的難題，也就是「如何處理與面對中華民國共業（包含國共內戰與1949年之前的中華民國）」的問題。

總結來說，台灣這個政治共同體不但找不到奠基者（founding fathers/mothers），連奠基時刻都找不到。政治共同體也同時是個道德共同體，如果這個政治共同體的奠基時刻都講不清楚，它的道德基礎在哪裡，恐怕也不容易說清楚。如果道德基礎也不穩固，那麼要談轉型正義，猶如流沙上蓋城堡，不但無法成功，而且到頭來反而進一步侵蝕這個共同體的道德基礎。轉型正義的終極目標應該是要達成和解，重建社會信任，但台灣當前強推轉型正義的結果，卻是造成更大的分裂與更多的不信任。如果這只是社會內部分裂不安的問題，或許也就罷了，放眼當前世界，民粹主義當道，兩極分化明顯（看看陷入民主內戰的美國即可明白），台灣的內部更加撕裂對立，似乎也不值得大驚小怪。然而，台灣這個共同體，時時刻刻面臨着深刻的存在危機（existential crisis）——這個存在危機，不僅是在形上學的意義說的，也是在形而下的意義說的——所謂的轉型正義，對這個共同體解決它的存在危機，究竟是有所助益，還是造成損害？這是值得所有關心這個共同體未來前途的人，審慎思考的問題。

八、代結語：「轉化式對話」與和解的價值

任何一個新概念的提出，總會隨著時間的進展而有所演變，而它所指涉的內容也很因此有所變化。因此，轉型正義這個概念一開始出現的時候界定不清、之後內容與指涉也逐漸演變擴張，並不是什麼奇怪的事情，也無需多加非難。然而，如果對一件事情（尤其是一個新誕生的概念）的指涉內容無法釐清、又缺乏共識的情形下，以法律及政治的手段加以推行，恐怕將引發諸多問題。

為了進一步闡明這個問題，讓筆者借用並改編歷史社會學者托皮（John Torpey）對「修復政治」（politics of reparation）的概念地圖來加以說明（參見圖一）[88]。

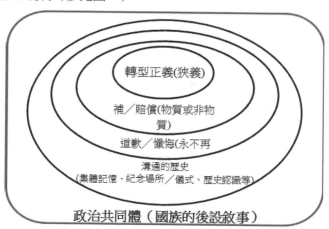

圖一 轉型正義與修復政治的概念地圖

---

88 Torpey, *Making Whole What Has Been Smashed*, p. 50. 本圖經筆者擴大改編，與原圖內容有所不同。

　　在一般所見到補償政治中，狹義的「轉型正義」位在最核心，主要指的是對加害者的司法審判、懲罰、政治清洗（political purge）等——請注意，這裡的「轉型正義」一詞是在最嚴格最狹義的定義下說的，僅指涉及法律與刑罰相關的事物。在轉型正義之外的第二層，則是補償，指的主要是對被害者的賠償、財產返還等，包含經濟的補償與象徵性的補償；第三層則是道歉與懺悔，包含政治人物的公開表態、象徵性的儀式、歷史意識等；第四層則是溝通的歷史（communicative history），包含集體記憶、紀念儀式等。然而，轉型正義後來的概念不斷擴大，跳脫了純粹法律與刑罰的範圍，同時包含了第二層（補／賠償）、有時包含了第三層（道歉與懺悔）、有時更包含了第四層（溝通的歷史），以致於我們對轉型正義的界定與想像，經常不太一樣，因為每一個人可能看到或偏重的層次與重點不同。這一方面造成指涉不清（究竟我們談的是狹義還是廣義的轉型正義），一方面也容易造成誤導（溝通的歷史是無法用正義來裁斷的）。這也是為什麼艾許會批評克立茨的 *Transitional Justice* 一書「標題過於狹隘」（too narrowly entitled），因為克立茨所用的是最內層的概念詞彙（也就是狹義的轉型正義），所談論的卻是涵蓋外面二、三、四層的事物。

　　在這四個層次之外，筆者另外加了一個方形的外框，也就是國族的後設敘事。上述四個層次的修復政治（也就是大家以為的「（廣義的）轉型正義」），都是在這個給定外框（國族後設敘事）之內談的。這也是為什麼泰鐸在討論「歷史正義」時強調，轉型正義（她說的是廣義的轉型正義）所涉及的是微小的歷史而不是宏觀的後設敘事，是在既有的國家敘事軸線下對過去的重新詮釋。然而，台灣的轉型正義所做的，卻是把整個國族的後設敘事重新改寫，把原本藍色典範的方形外框改成綠色典範的方形外框。這是台灣與其他案

例最大的不同之處，也是根本問題之所在。

　　最後，為了避免誤解，筆者有必要把本文的主要論點再釐清一次。

　　本文的意思並不是說，轉型正義這件事情不重要、台灣不必處理轉型正義的問題。本文也無意全盤否定過去轉型正義的提倡者為台灣社會所做的努力。然而，一般所稱（其實是「被誤稱」）的「轉型正義」所要處理的，其實是一個更大、更深刻、更複雜的「如何處理歷史」、「如何克服過去」的問題，這遠遠不是「轉型正義」一詞所內涵蓋的。這個詞彙字面意義過於狹隘、指涉模糊不清，而且產生了諸多誤導。用上面的圖一來說，在理想的狀況下，轉型正義原本應該被限定在第一個層次裡面來談，但現在的轉型正義文獻經常擴大界定，以致於包含了前四個層次（包含補償、道歉、溝通歷史）的問題——然而，台灣的轉型正義卻是更進一步，企圖要處理第五個層次，也就是重建整個國族後設敘事的問題，這已經超出了過去一般所理解的（廣義的）轉型正義的範圍了。的確，台灣所要面對處理的，是「如何重建歷史認識」的問題，然而，台灣的國族打造所面臨的內外困境，使得最根本政治轉化（重建一個嶄新的政治共同體）根本尚未完成，更進一步使得國外的轉型正義的概念與模式，無法被應用在台灣。

　　台灣社會目前存在著「藍色」與「綠色」兩種集體記憶典範，這兩種記憶典範無法共量，也難以共存。當前的民進黨政府所推動的轉型正義，其實是以新的（綠色）集體記憶典範，來取代舊的（藍色）集體記憶典範。然而，這兩個典範都涉及國族的後設敘事，以一個典範取代另一個典範，並不是在實現「轉型正義」，也無法獲致和解。要為一個新的政治共同體創建一個新的後設敘事，並非不可行，然而，將台灣轉化為一個新的政治共同體的關鍵時刻，其實

尚未到來。在目前這種情況下，擺出道德的高姿態、以轉型正義之
名，用綠色典範來建立新的歷史認識，恐將損及這個政治共同體的
道德基礎。尤有甚者，台灣的國族建構工程，其實高度受到外部因
素與地緣政治的制約。要把台灣建設成一個以自由民主為基礎的新
的政治共同體，最大的挑戰並非來自內部，而是來自外部。當前執
政黨強行以政治力推動的轉型正義，恐怕造成更多的怨恨、撕裂與
價值扭曲，不僅對內不利於達成和解、凝聚共識，對外更不利於抵
抗強權、共禦外侮。

　　也許有人會質疑：難道在關鍵時刻到來之前，我們什麼事情都
不能做嗎？過去威權統治所留下的諸多問題，難道不用處理嗎？當
然，我們不可能什麼都不做，而且就算不推動轉型正義，我們還是
必須處理「如何克服／面對過去」這個極為複雜且棘手的問題。在
強權環伺與地緣政治的影響下，台灣的關鍵時刻可能即將來臨、但
也有可能永遠都不會到來。台灣必須要為關鍵時刻做好準備，但也
要為「可能永遠沒有關鍵時刻」做好準備。在此情形下，「轉化式
對話」（transformative dialogue）也許是比「轉型正義」更值得台灣
採取的做法。「轉化式對話」的概念來自Aiken對南非與北愛爾蘭的
研究[89]，關於其內容及具體做法，值得另文申論[90]。筆者在此只想

89　Aiken, Nevin T., *Identity, Reconciliation and Transitional Justice: Overcoming Intractability in Divided Societies*（New York: Routledge, 2013）.

90　筆者關於「轉化式對話」的想法，未必與Aiken完全一致，而且主要是受到社會學者Jeffrey Alexander的「民間領域理論」（The Civil Sphere Theory）的啟發。Alexander, Jeffrey C., *The Civil Sphere*.（New York: Oxford University Press, 2006）. 關於民間領域理論如何應用在和解之上，可參見Wang, "Reconciliation through the Transnational Civil Sphere?" in *The Civil Sphere in East Asia,* edited by Jeffrey

強調：轉化式對話的目標在於共同轉化，而且要先從轉化自己做起。
要改變別人總是困難的，要改變自己其實也很困難，但比起改變他
人終究是容易一些，因為此事操之在我，而非在人。

　　最後，讓筆者藉由另一位推動轉型正義不遺餘力、也是「真促
會」創始成員的政治學者吳叡人的一段話來做總結：

　　……轉型正義本身就是一種政治，它是民主轉型（democratic
　　transition）的一環，目的在處理權力重分配與憲政制度安排之
　　外，涉及價值與規範面的問題。更具體而言，轉型正義是一種
　　依民主、人權原則清算過去的國家作為，以確立政治領域是非
　　對錯標準的政治，因此涉及了「意義」的爭奪——誰來決定是
　　非對錯，又該怎麼處理錯誤的行為，以及如何記憶這段歷史等
　　等。**在這種意義的政治中，道德論述確實不可或缺，然而更根
　　本的決定性因素依然是實力的對決。**[91]

　　這段話說得露骨，某種程度也反映了政治現實；但如果換一個
角度來解讀，竟顯得有幾分悲壯淒涼。正義的原則應該是保護弱者，
以免弱者受到強者的恣意欺凌與傷害；但如果正義最後還是取決於
「實力的對決」，那麼轉型正義到最後恐怕仍舊淪為「強者的正義」
甚或「勝利者的正義」。民進黨及其支持者經過兩次總統大選的勝
利，或許自認為是「強者」與「勝利者」，可以高調強推轉型正義；
然而，台灣作為一個政治共同體在國際中的地位，卻完全不是如此。
如前所述，轉型正義看起來只是台灣內部的民主轉型問題，但其實

（續）————————————
　　Alexander, David Palmer, Sunwoong Park and Agnes Ku, pp. 256-277.
91　吳叡人，《受困的思想》，頁7。粗體強調為筆者所加。

深深受到外部因素、尤其地緣政治的制約。台灣在國際政治現實中畢竟是個弱者，凸顯「實力的對決」對弱者其實不利——雖然弱者無論如何都必須面對這個殘酷的現實。借用吳叡人的話來說，台灣是「飽嘗強權的傲慢與虛偽」、並因此「被迫向善」的「賤民」，如果在轉型正義這些事情上不堅持某些道德與正義的原則，只顧及「實力的對決」卻輕忽和解的價值，到最後恐將再一次被「強者的正義」所反噬。

汪宏倫，中央研究院社會學研究所研究員，研究領域包含歷史社會學、文化社會學、政治與社會理論等。歷年研究涉及台、日、中等地之民族主義與歷史記憶，探討東亞現代性中戰爭、情感與價值觀諸問題。曾任《台灣社會學》主編，並主編《戰爭與社會》，合編《帝國邊緣：台灣現代性的考察》、《族群、民族與現代國家》等書。

解讀
美國大選

前言

　　去年11月的美國大選不是另外一次選舉，而是攸關民主前景榮枯的一場選舉。用誇張一點的修辭來說，這次美國大選的劃時代的意義，堪稱足與疫情並舉的另一個「天啟」（apocalypse）。川普第一任勝選時，其實有論者認為這算是適時給了民主黨一個教訓，可讓他們好好的反省自身的路線。但沒想到川普的影響力竟能動搖整個美國的民主體制。這除了意味著我們高估了美國體制的合理性及美國人民的素養之外，更重要的可能是我們低估了新自由主義全球化所造成的經濟問題。而這個問題並不是美國所獨有。產業跨國對歐美等已開發國家衝擊特別嚴重，因此極右派的興起已是歐美普遍的現象。但極右的力量在美國可以大到讓共和黨投鼠忌器，聽任擺佈，不能不令人覺得時與空皆錯亂。

　　川普現象與新自由主義全球化的關係在於，他是這個現象的關鍵病徵。新自由主義全球化的影響所及，全球形成了一個超級統治階級。表面上的民主國家與非民主國家壁壘分明，但實際上納入了全球迴路的國家（包括中俄）其統治階級的利益與全球化可謂緊密掛鉤。就弱國小國而言，其統治者心態幾乎可謂已成為大國的附庸。此時此刻世界各國的階級差異可能遠比19世紀還嚴重。因此，不論是英國脫歐或川普興起皆抓住了本土藍領絕望的伏流、順勢湧現。

　　但川普現象有趣的地方就在於他的兩面性。他一方面自全球化退縮，與全球的極右派遙相呼應，但另一方面卻又成為許多新自由主義崇奉者（尤其是大陸與台灣）的英雄。這就不能不讓人看到這次大選中的中國因素。甚至某種意義上來說，成也中國，敗也中國；中國是風車，但也是巨人。這次美國大選背後這個巨大的陰影，到

底是躺槍者或影舞者，都必然是美國，乃至全球化的下一步，無法繞過的重大議題。

總之，川普的勝選或敗選其實關係到的不止是美國，而是整個世界的形勢。川普若勝選則全球的極右翼力量將大受鼓舞，敗選則現有體制仍有改革時間。但時間並不站在進步力量的一邊，因為大力支持新自由主義全球化的民主黨其進步動能仍頗待重振。更何況，1月6日暴民對國會的攻擊不啻顯示川普已經決定性的掀開了潘朵拉的盒子……。但值得深究的是，從盒中迸出的會是什麼魔種異形？因此，台大人文社會高等研究院特別邀請到五位學者針對川普主義、極化政治、經濟政策、疫情因素、文化因素等五個面向，就川普現象與此次大選的衝擊進行解析與論辯。

葉慈的詩〈二度降臨〉（1919）曾神奇的預言了「反耶穌」（anti-Christ）希特勒的出現：

是什麼兇暴的野獸，牠的時間終於來到，
正為誕生而朝向伯利恆踽踽而行？

我們關注美國大選，正因為我們希望「反耶穌」不會二度降臨。

廖咸浩

超越川普的川普主義

吳玉山

在2020年的美國總統大選當中，現任的共和黨川普總統敗給了民主黨的挑戰者、前任副總統拜登。然而這些年來席捲美國的川普主義（Trumpism）卻並不會因此而偃旗息鼓。川普主義不是一個人的現象，而是一個國家（或至少是半個國家）的現象。本文將討論川普主義的成因，包括國內部分的主要因素：全球化與快速科技變遷下的分配惡化，與三個輔助因素：制度缺失、歸因心理，與傳媒革命；以及國外部分的美中之間權力轉移（power transition）此一主要的因素。而後將川普主義依照它在四個主要的社會分歧面向上的位置來定性，理解其為右翼民族主義、反建制民粹思想、親資本重商主張，與文化保守主義。最後，本文將根據2020年總統大選的投票結果，以及促成川普主義的各項因素在可見未來將不會大幅改變，判斷川普主義將超越川普總統而持續存在於美國政治，並繼續發揮其影響力。此即「超越川普的川普主義」（Trumpism beyond the Trump Presidency）。

川普主義的成因

在20世紀末的全球化與科技革命之下，生產型態發生重大的改

變，資本進行全球移動，生產鏈不斷延伸擴張。被遺置在新科技、新生產鏈之外的人成為輸家，快速前進與停滯不前的區域形成兩個世界。於是在老工業國家中出現了「新科技與金融的核心」與「以傳統產業與農業為主的舊工業帶及鄉村」的二元對立。其實從1980年代開始，西方國家的所得分配就開始快速惡化，並在進入21世紀後狀況加劇。這就是Thomas Piketty在其名著《二十一世紀資本論》中所描繪與分析的現象。蘇聯集團崩解後，將大片原先由共產主義所統治的領域呈獻給全球資本主義，使得貧富懸殊與社會的兩極對立成為更普遍的景象。無怪乎兩次參選美國總統（2016, 2020）、並獲得眾多年輕選民青睞的參議員桑德斯會說「99%的新所得被1%的人搜刮而去」（99 percent of new income is going to top 1 percent of Americans）。所得的分配不均與發展的兩極化造成極大的社會緊張，帶來了左右兩股激進勢力，要求徹底轉變既有的自由主義體制，這包括國際的自由主義秩序與國內的政經建制。在這兩股勢力當中，右派比左派更具有吸引力，於是右翼的民粹主義大興，對於自由主義構成了巨大的挑戰。因此在全球化與科技革命之下所帶來的分配不均就是川普主義最重要的國內基礎。

在國內方面，另外有三個川普主義興起的輔助性因素：制度缺失、歸因心理，與傳媒革命。在全球資本主義的浪潮下，由於主要的工業國家實行新自由主義與市場放任的政策，以生產效率為圭臬，對一切國家管制與所得重分配的措施懷抱戒慎恐懼之心，因此惡化的所得與財富分配無法從現有的體制中獲得緩解。從2008年開始的世界金融危機又對所得低層的民眾施以巨大打擊，使其生活更加困苦。面對此種分配惡化的現象，左派提出傳統的「資本 vs 勞動」解釋，右派則提出是「外人」（外國與國內的合謀者）的責任。對於普羅大眾而言，右派的論述更具有吸引力，這和兩次大戰之間經

濟大恐慌後的情況非常類似。當時極右派政黨在許多國家壓倒了左派的競爭對手，繼而顛覆了原有的民主或半民主政權，最終導致第二次世界大戰的爆發。不論是在戰間期或是在今日，右派在經濟危機後的崛起，都與人類心理的基本歸因機制有所關連。當人們為自己的經濟困阨找尋罪魁禍首時，右派的族群論述總是比左派的階級理論具有更大的動員能力。最後，當分配惡化無法緩解、而心理歸因機制又指向外人之時，傳媒革命創造了同溫層與回音室，讓此一心理現象加速傳布。社群媒體為個人的情緒傳播提供了前所未有的擴散機制，反建制與排外的火種乃到處點燃。川普主義在國內所反映的就是這個態勢。

　　在國外因素的方面，川普主義與美國和中國大陸之間的權力轉移是大有關連的。權力轉移理論（Power Transition Theory, PTT）是由A. F. K. Organski所創，針對傳統的權力平衡理論（Balance of Power Theory, BOP）提出批評。BOP理論認為當各方權力均衡時，和平才能夠確保，因為此時發動戰爭沒有清楚的勝算。然而PTT理論卻認為，在有清楚的霸權國家主導一切時，才會有穩定與和平；而當出現了對霸權國家的挑戰者時，現有的秩序便可能動搖。霸權國與挑戰者在二者權力接近時很可能會因為競爭劇烈而爆發衝突。冷戰結束後，美國為霸主，但中國大陸逐漸挑戰美國的地位，而這就是今日國際體系不穩的根源。美中之間的一切衝突，無論是在軍事安全、經濟科技，或是意識形態領域，都因為兩國的權力接近而開始急速惡化。由於這個原因，川普對中國大陸發起了貿易戰，並且在任內將其逐步升高到「全社會途徑」的新冷戰。由於有右翼民粹主義作為國內的根砥，因此川普主義的國際主張具有特別強烈的排外色彩，並與國內政治緊密地連結，彼此相互增強。

　　因此，總體而言，川普主義就是因為全球化與科技革命所帶來

的右翼民粹主義，在受到國外挑戰的霸權國所產生的現象：對內民
粹治國、對外全力遏制挑戰者。就國內與國外的這兩個面向而言，
可說各有其先例，但由於這兩組因素同時出現在美國，因此造成了
前所未見的川普主義。

川普主義的內容

　　川普主義的具體內容，可以用它在近代人類社會四個主要的社
會分歧（social cleavage）上的位置來加以確定。根據這四個分歧在
西方歷史上出現的時間，可以將它們區別為工業革命之前的「前物
質分歧」、受工業革命影響而產生的「物質分歧」，與在工業革命
完成後所出現的「後物質分歧」。具體而言，這四大分歧包括在群
體認同面向上的前物質分歧，例如族群、宗教；在政治型態上的另
一個前物質分歧，即威權與菁英主義對抗民主與民粹主義；在經濟
分配上的物質分歧，就是主張自由放任市場的右派對抗主張國家介
入、甚至取代市場進行分配的左派；以及集中於社會文化方面的後
物質分歧，諸如環境與性別等議題。在上個世紀，西方國家大體解
決了第一與第二個分歧，其社會主要是以第三分歧為主，不同政黨
即以國家是否介入市場來進行左右定位，並相互競爭，後來則又加
入了第四分歧（例如綠黨）。在這四大分歧上，可以用「支持國家
管制」與「反對國家管制」分成兩套相對的立場，如下表所示。

四大分歧與相對立場

	支持國家管制	反對國家管制
第一分歧： 群體認同	種族主義、民族主義、國家主義(1A)	超越國家與族群，提倡國際主義、普世主義，或至少區域主義(1B)
第二分歧： 政治型態	威權政治、菁英政治(2A)	政治自由、民主參與(2B)
第三分歧： 經濟分配	國家介入市場、管控產權——左派(3A)	私有財產與市場功能，資本主義——右派(3B)
第四分歧： 社會文化	社會保守主義(4A)	進步主義、容忍多元(4B)

　　川普主義在四大分歧上所採取的立場是1A（民族主義，甚至有白人種族主義的傾向）、2B（民主民粹，善於抨擊建制）、3B（分配右派，減稅重商）和4A（社會文化保守主義）。當代的自由主義所採取的立場則是1B（全球主義，捍衛少數）、2B（民主民粹）、3A（分配左派）和4B（文化多元包容），也就是國際／政治／福利／文化自由主義（1B, 2B, 3A, 4B），此與川普主義幾乎全然站在對立面。就美國的民主黨而言，雖然在政治型態上的基本立場是站在自由主義的一邊，但是由於早已經躋身菁英階層，因此其反建制的民粹主義已經削弱，而菁英主義則大幅增強，成為建制的一部份。此外，適應著全球化與新自由主義的潮流，民主黨捍衛工人利益的傳統也已經減弱，其主力已經轉向倡議都市流行的進步價值，與反

種族主義。這樣的一種發展的方向，使其大大疏離了傳統的勞工階級支持群眾，而提供了川普主義一個發展的機會。

在全球化的受害部門與地區，其經濟弱勢者原本需要國家介入分配（3A），以改善其生活境遇。然而即使當代經濟危機不斷發生，傳統的左派已經擁抱全球化與「新中間」路線，大幅減低了其左的色彩。另一方面，右派則提出論述，指稱全球化、國際化與域外勢力（包括移民與難民），是對中下階層造成經濟困局的禍首。由於族群認同的歸因機制強大，右派經常能夠充分地利用新媒體，成功地散佈其訊息，增加影響力。於是在「鐵鏽帶」的產業工人等經濟弱勢者便對自由主義的國際秩序（1B）產生了高度的敵視，並且激起了排外的高昂情緒，已經消聲匿跡相當時間的認同政治乃被喚回。這樣的劇本在西方的工業國家不斷上演，所有支持右派民粹最力的區域都是失業率最高的地區。於是工人階級放棄了其傳統的左派政治盟友，轉而投向右派民粹領袖。這在美國就催生與固化了川普主義。

川普主義的另外一個特性，是其文化保守主義。全球化、科技發展與都市化帶來了新型態的社會文化觀念，對於傳統價值衝擊最大。而經濟上的弱勢階層，在文化價值上經常較為保守。川普乃與傳統宗教相結合，訴諸基層民眾對於都市價值的疏離，而創造了很大的吸引力。這樣子的現象，同樣也出現在其他國家的右翼民粹主義當中（例如法國勒旁Marine Le Pen的國民陣線）。於是經濟弱勢者支持了打著反全球化與民族主義旗幟的資本家川普。當然，川普的支持者並不只是經濟弱勢者，躲避高賦稅的資產階級、鄉村的宗教保守主義者，與右派的白人種族主義者也都聚集在川普的大旗之下。但是經濟弱勢者形成了關鍵的搖擺選民，他們從民主黨陣營的集體出走使得川普得以在2016年的總統大選中獲得勝利。

　　總體而言，川普主義的內涵便是「民族主義、民粹反建制、親資本重商、文化保守主義」，這是川普主義在群體認同、政治型態、經濟分配，與文化價值等四個主要的社會分歧面向上所採取的立場。這樣的主張吸引了在各個社會分歧上支持其觀點的群眾，形成了一個超越傳統共和黨支持者的選票聯盟。

川普主義的持續

　　在2020年的總統人選當中，雖然民主黨的拜登獲勝，但是川普召喚出比2016年多出一千萬的支持者。民主黨所期待的反川普「藍潮」的確出現，但是衛護川普的「紅潮」也同時湧現，在多州造成極為接近的票數以及選舉爭議。甚至在許多搖擺州中，川普也獲得了比四年前更高的得票率。最令人驚訝的是，川普的選舉，是在其政府完全無法抑制新冠病毒在全美擴散，導致美國的染疫人數（選舉時為974萬）與死亡人數（23萬）都居於全球最高，甚至每百萬人染病率與死亡率也高居於世界第十與十一位的情況下發生的。由於川普的聲望在共和黨陣營仍高，並能夠持續激動人心，因此在選後大勢已定多日後，由於川普仍然不肯接受敗選，因此絕大多數的共和黨菁英也不敢公開接受事實。這是選舉的實際表現展現了川普的影響力。

　　要了解川普主義是否會在川普離任後持續，更為重要的是要觀察促成川普主義出現與固化的結構性因素是否仍然存在。就國內因素而言，由於拜登及其團隊仍然支持自由主義國際秩序，又沒有贊同桑德斯等人所主張的「激進」重分配政策，則在全球化與科技革命之下，美國所得與財富的分配惡化趨勢自然難以緩解。特別是疫情正在進一步惡化美國的分配，也不斷地推升貧窮人口的比率，一

如過去所有疫病與經濟危機所帶來的結果。在分配問題持續惡化的
情況之下，滋育極端主義的經濟與社會土壤也將持續保持肥沃，左
右的激進勢力必然會挑戰傳統主政的中間政黨，其中右派的影響力
尤大。即使川普由於各種原因（例如被國會彈劾成功）無法持續領
導此一陣營，川普主義的支持基礎仍然是存在的，而後起者也會盡
力爭取此一陣營的領導權。

　　就國際的因素而言，美中之間的權力轉移也將不會停止，兩國
國力在可見的將來仍將不斷拉近。新冠肺炎對於美國所造成的損害
遠大於中國，兩國經濟恢復的步調也大大不同，這使得新冠成為繼
2008年全球金融危機之後另一個加速美中權力轉移的重大發展。美
國染疫人數在2020年底已經超過2,000萬，並且快速增加，持續居全
球第一，死亡人數亦居冠（超過35萬），佔比為當時世界的四分之
一與五分之一；中國大陸的染疫程度為美之零頭，在2020年底共有
不到9萬人染疫，死亡人數不及5,000；美國日增染疫人數從10月底
開始便超過中國大陸之全部累計。就每百萬人平均染病率與死亡率
而言，美均居世界前列（約最前5%），而中國大陸則為最低（約最
末5%）。即使認定中國大陸的染疫與死亡數字有所短報，美中在防
疫上的懸殊表現還是難以否認。這樣的情況當然影響到兩國的經濟
復甦，一般的預測是在2020年中國大陸的經濟增長率將維持正數，
而美國則需要至少一年以上的時間才能夠重新開始經濟增長。在此
種情況之下，由權力轉移所帶來的美中激烈競爭不會消減。即使新
任美國總統拜登不採取川普的重商主義政策，即用激烈的關稅手段
來減少對中貿易的巨額逆差，他也不能無視於美中的霸權競爭，與
美國逐漸喪失的優勢，而必須採取制衡中國大陸的其他手段。

　　因此促成川普主義茁長的國內與國外背景在川普離任之後將持
續存在，這也使得右翼民粹主義將繼續發展，並且約束住繼任總統

的行為。2021年1月6日的川普支持者攻佔國會山莊事件,開了嚴重
的惡例,代表民主規範的崩壞,也預示川普之後美國政治持續往極
端化發展的可能。「超越川普的川普主義」勢將成為美國政治中的
一個新的構成部分。除非未來在國內分配與國際爭霸的兩個面向上
能夠出現不同的發展趨勢,否則川普主義勢將對美國民主、以及世
界民主構成重大的挑戰。

    吳玉山,中央研究院政治學研究所特聘研究員。研究領域包括社
會主義國家政治與經濟轉型、民主化與憲政設計、兩岸關係與國際
關係理論。最近的著作包括《優勢政黨與民主:亞洲經驗的省思》
(2017)、《半總統制下的權力三角:總統、國會、內閣》(2017)、
《中國再起:歷史與國關的對話》(2018)、與《左右逢源還是左
右為難:中小國家在兩強間的抉擇》(2019)等。

2020年美國總統大選與極化政治的變遷

俞振華

一、前言

　　照例來說，2020年美國總統大選應該在11月初民眾投票及開票完後即落幕。以選票結果來看，代表民主黨參選的拜登，不論在普選票數或是各州的選舉人團票數，皆領先代表共和黨的現任總統川普有一段距離。不過，川普團隊在選後持續透過司法訴訟及行政救濟等手段，聲稱拜登的勝選是選舉舞弊及行政不公下的結果，藉以撼動此次大選的正當性，甚至鼓動支持群眾於2021年1月6日國會統計選舉人團選票結果當天，衝擊國會大廈，企圖推翻選舉結果，進而造成民眾與軍警之間的衝突及傷亡。雖然川普一連串的訴求及抗爭皆徒勞無功，但此次拜登從大選後到接任第46任美國總統這兩個多月時間裡，諸多事件一再突顯美國兩大政黨互不信任，政權交接並不順利，幾乎造成憲政危機。

　　拜登在選後的各項公開聲明及就職演說當中，最強調的就是呼籲美國民眾不分藍（民主黨）紅（共和黨），需要團結一致，以療癒選舉撕裂社會的傷痕。的確，許多評論都指出，現在的美國是過去數十年來政治分歧最深的時刻。但在一時半刻間就要大家放下歧

見，顯然不容易，畢竟目前的政黨競爭態勢並不是最近才形成。兩大政黨漸行漸遠，其來有自，因此短期內在很多議題上，都很難找到共識。本文主要是從美國極化政治的變遷，淺談現在美國民主發展的困境。

二、意識型態極化

1980年代研究美國國會的學者首先發現，自從二次大戰後，民主黨和共和黨的政治菁英（譬如兩黨的參、眾議員）在意識型態上（即自由—保守面向）的分歧有擴大的趨勢，即民主黨的意識型態愈來愈往自由的方向移動，共和黨則向保守的方向移動。60年代平權運動後，兩黨政治菁英的分歧程度更是快速攀升，於過去10年間達到歷史新高點[1]。進一步，研究選民行為的學者發現，政治菁英間意識型態的極化現象（polarization），也出現在選民的身上[2]。雖然，

1　請參見 Keith Poole and Howard Rosenthal, "The polarization of American politics." *The Journal of Politics* 46（4）（2004）: 1061-1079. Keith Pool and Howard Rosenthal, *Congress: A Political-Economic History of Roll Call Voting.* （Oxford University Press, New York, 1996）.

2　美國學界對於民眾意識型態是否出現分歧，早期有諸多不同角度的辯論。主要分為兩塊：Fiorina 等認為，民眾的意識型態並沒有往兩端移動，多數選民的政策偏好仍是趨中，換言之，意識型態的變遷不能和政黨畫上等號。不過，因為政黨的關係，選民的確會因兩大黨在政策面上的競爭而選邊站，強調政黨純化的概念（party sorting），而非極化（Morris P. Fiorina, Samuel A. Abrams and Jeremy C. Pope, *Culture War? The Myth of a Polarized America*（New York: Longman, 2006）。Abramowitz 等則認為，探討極化政治時應該將政黨的概念納入，即極化政治主要是強調有黨性、政治興趣或政治知識高的選民，其意識型態往兩極移動。同時，所謂的中間選民（即

究竟是政治菁英的分歧影響了一般大眾，還是一般大眾的分歧反映於政治菁英的政策偏好？學界的實證研究還沒有定論。但可以肯定的是，不論政治菁英或是一般大眾，過去數十年美國兩大黨在意識型態上的極化現象只有更加深化，沒有和緩的跡象——即兩大主要政黨在各項議題上，分歧更加嚴重，兩黨愈來愈沒有政策妥協的空間，且連選民的政策偏好也是如此。

　　意識型態的極化落實到實際政策面，所造成的差異為何？學者發現，兩黨在各項政策，幾乎都存在差異。傳統上，民主黨與共和黨最核心的差異，主要是反映在政府於市場經濟中的角色，意即所謂「大、小政府」的思惟差異——民主黨主張政府應該增加稅收並對企業有更多管制，共和黨則主張政府應該極小化管制並減稅。然而，現在包括社會政策（譬如墮胎權、宗教權、擁槍權、醫療權、種族平權、同志婚姻，或移民限制等），環保政策（譬如環保與經濟之間孰重孰輕），甚至國防外交政策（譬如軍備重要性、哪一國是美國最大的威脅，或對於中東問題及以色列的看法等），不論是政治菁英或是政黨支持者，兩大黨之間都存在顯著的偏好差異。甚至對於近期的防疫政策，兩黨也存在不同的思惟——民主黨強調防疫優先，共和黨則強調經濟復甦。

　　為什麼我們會擔心選民的意識型態極化？主要是因為意識型態趨於兩極的選民參與政治也更積極。譬如，比起意識型態趨中或政策偏好一致性較低的選民，意識型態愈偏向自由或保守的選民，除了更容易有政黨傾向外，他們也更願意去投票，同時更樂於參與選

（續）

　　無黨性的選民）愈來愈少　（Alan Abramowitz, *The Disappearing Center: Engaged Citizens, Polarization, and American Democracy.* （New Haven: Yale University Press, 2010））。

舉活動，包括捐款給所支持的候選人。換言之，當意識型態極端的選民較積極參與政治時，自然會導致民選的政治菁英往意識型態光譜的兩端移動，進而使得政治菁英在制定政策時，更難妥協達成共識。

不過這種政策面或是意識型態的政黨極化現象，對於民主政治的發展，不必然只有負面的影響。當選民更容易在政策面分辨兩大黨的異同時，除了在選舉時更容易依政策主張做出選擇外，同時也更容易依照政策施行後的良窳進行評估，並依此向政治人物課責[3]。換言之，政黨在意識型態上的分歧，雖然壓縮了政策制定時的妥協空間，更容易造成政策僵局，然而一旦形成了政策，也同時讓執政黨背負更明確的政策執行責任。也因此，政黨極化現象對於民主品質的影響，好壞皆有，端看從哪一個角度切入。

三、從極化政治到認同政治

然而，近年來意識型態的政黨極化，已逐漸轉變成全面性的極化。首先是認知（perception）的極化。譬如針對氣候變遷，民主黨支持者多數認為人為破壞環境是造成氣候變遷的主因，但共和黨支持者就不這樣認為[4]。又譬如，在小布希出兵伊拉克兩年後，兩黨支

3 Geoffrey C. Layman, Thomas M. Carsey and Juliana Menasce Horowitz, "Party Polarization in American Politics: Characteristic, Causes, and Consequences." *Annual Review of Political Science* 9（2006）: 83-110.

4 Cary Funk and Meg Hefferon, "US Public View on Climate and Energy." *Pew Research Center*, November 25, 2019, https://www.pewresearch.org/science/2019/11/25/u-s-public-views-on-climate-and-energy/.

持者仍然對於伊拉克是否有大規模毀滅性武器，或被推翻的海珊政
權是否與恐怖主義蓋達組織掛勾，存在很大的認知差異。或歐巴馬
在2008年底即使已當選了總統，仍有為數眾多的共和黨支持者認為
他是穆斯林[5]。至於這次總統大選，川普支持者不信任行之多年的通
訊投票，認為那是選舉舞弊的根源，但拜登支持者就不這麼認為。
總之，這類型對於事實認知上的差異，使得「真相」不是只有一個，
而是兩個，自然就更強化了政策面的差異。

　　除了對於事實的認知差距外，對於政府施政或政策的評價，兩
黨的分歧也有擴大的趨勢。譬如，川普時期的總統施政滿意度，是
自1950年代艾森豪總統以降，兩黨支持者評價差距最大的時刻——
有超過八成的共和黨支持者認為川普表現好，但只有個位數比例的
民主黨支持者認同川普的表現。[6]同樣地，不論客觀經濟數據是好是
壞，選民主觀的經濟狀況評價也有黨派分歧的趨勢，可以說選民的
黨派色彩即決定了其對執政黨的施政評價[7]。

　　進一步地，兩黨選民逐漸從理性思維上的不同，轉向情感上的
極化（affective polarization）[8]。目前兩大黨支持者厭惡對手政黨的

5　Robert Y. Shapiro and Yaeli Bloch-Elkon, "Do the Facts Speak for Themselves? Partisan Disagreement as a Challenge to Democratic Competence." *Critical Review* 20（1-2）（2008）: 115-139.

6　Amina Dunn, "Trump's Approval Rating So Far Are Unusually Stable—and Deeply Partisan." Pew Research Center, August 24, 2020, https://www.pewresearch.org/fact-tank/2020/08/24/trumps-approval-ratings-so-far-are-unusually-stable-and-deeply-partisan/.

7　Pew Research Center, "View of Nation's Economy Remain Positive, Sharply Divided by Partisanship." February 7, 2020, https://www.pewresearch.org/politics/2020/02/07/views-of-nations-economy-remain-positive-sharply-divided-by-partisanship/.

8　Shanto Iyengar, Gaurav Sood and Yphtach Lelkes, "Affect, Not

比例創下歷史新高，不但互相沒有好感，甚至互相指謫對手政黨的
存在，是對美國有害的。而這種情緒面的反應，甚至延伸到了生活
中各個層面。譬如，支持共和黨的公司老闆，比較不願意錄用支持
民主黨的員工，或民主黨的父母親較不願意讓小孩嫁給共和黨的支
持者。這種情感面的極化，更是將共和、民主兩黨間的對立轉化成
區隔「我群、他群」的認同對立，讓兩大黨更沒有對話的空間。近
期的調查研究即顯示，兩黨支持者都會傾向和自己政治立場相同的
人做朋友，或希望住在與自己政治立場相近的社區當中，特別是那
些極端自由派或極端保守派者更是如此。總之，黨性愈強或意識型
態愈極端的選民，多半不希望在自己的生活圈當中，聽到太多對手
政黨的意見。這種同溫層效應不只在網路世界中存在，也落實到實
際人際交往當中。

　　此外，調查研究也顯示，兩大黨的支持者在生活型態或居住偏
好上也愈趨不同[9]，譬如，民主黨支持者或自由派的選民比較偏好居
住在方便的都會區，但共和黨支持者或保守派選民偏好居住在空曠
的郊區。這次大選各大電視台在開票過程中，每當主播在電腦螢幕
上點開分州的地圖，講解郡縣級的投開票紀錄時，我們往往看到州
內的選票分佈就是一大片紅（廣大的郊區支持共和黨），但其間夾
雜幾個藍色小區塊（人口密集的都會區支持民主黨）。換言之，傳
統上區隔紅州、藍州的意義已經不大，城鄉差異定義了美國藍、紅
的分野。事實上，就連一向挺民主黨的紐約州或加州，內部城鄉的

（續）──────────────────

　　　Ideology: A Social Identity Perspective on Polarization." *Public Opinion*
　　　Quarterly 76（3）（2012）: 405-431.

9　Pew Research Center, "Political Polarization in the American Public."
　　　June　12,　2014,　https://www.pewresearch.org/politics/2014/06/12/
　　　political-polarization-in-the-american-public/.

紅、藍差異也非常明顯。相對地，南方州雖然多半是共和黨的天下，但各都會區或大學城依舊是民主黨的票倉。因此，這一次大選兩大黨主要對決的區域多半在城市與郊區間的市郊區，特別是在兩黨勢力相當的搖擺州，只要哪一黨在市郊區拿下較多的選票，就較可能驚險勝出。譬如這次拜登之所以能夠拿下長期屬於共和黨欄位的南方喬治亞州，靠的就是近年亞特蘭大都會區快速發展，許多新興企業所帶來的都會及近郊人口（近10年來增加超過70萬居民）[10]。而這次選舉最引人注意的，就是諸多所謂的「搖擺州」選情，不論是中西部鐵鏽區的賓夕法尼亞、密西根、威斯康新，或南方的喬治亞、北卡羅來那，佛羅里達，甚至西部的內華達、亞利桑那等州，兩大政黨的得票數都非常接近。以2016年及2020年的選情為基準，隨著未來人口移動及日益擴大的城鄉差異，所謂的搖擺州日後只會更多，不會減少，在目前選舉制度未變更前，這些州仍會是未來大選的兵家必爭之地。

四、結論

總之，美國過去數十年政黨極化的發展，使得美國政治菁英與民眾都更加對立。兩大黨的支持者不論在議題面（或意識型態）、認知面、甚至情感面都更加分化，進一步不信任對手政黨，甚至不信任民主及原本的憲政體制。有學者就將政治極化視為動態過程，

10　Sean Richard Keenan, "Census: Metro Atlanta Packed on 730,000 More Residents in Nine Years." *Atlanta Development News,* March 31, 2020, https://atlanta.curbed.com/2020/3/31/21200613/atlanta-metro-population-census-data-growth

認為極化最終會造成民主崩壞[11]。即當選民之間「我群與他群」的對立升高到情緒面時，政治人物在選舉時更傾向使用負面選舉及情緒性或民粹式的言詞來動員選民，加上媒體推波助瀾的效果，兩黨競爭成了零和競爭，最終將產生政治僵局。當無法透過體制內的運作來解決問題時，民眾對於民主制度的信任勢必降低，最終可能導致民眾採取非民主的體制外手段來鞏固自己並打擊對手，進而弱化了民主體制與規範。當始終有一半的民眾不信任原本民主憲政體制運作時，民主的危機將無可避免。事實上，這次大選後的美國，不就經歷了一次憲政上如何和平轉移政權的挑戰？未來極化政治對於民主體制的負面影響，值得我們持續關注，並思考解決之道。

俞振華，政治大學選舉研究中心副研究員暨政治學系合聘副教授。近年的研究主題聚焦在政黨初選制度、選民投票行為與政治參與、選舉預測、及網路民意調查方法等，相關學術文章發表於 *Japanese Journal of Political Science*、*Journal of Asian and African Studies*、《政治科學論叢》、《調查研究：方法與應用》及《東吳政治學報》等國內外中、英文期刊。

11 Jennifer McCoy, Tahmina Rahman, and Murat Somer, "Polarization and the Global Crisis of Democracy: Common Patterns, Dynamics, and Pernicious Consequences for Democratic Polities." *American Behavioral Scientist* 62（1）（2018）: 16-42.

拜登新時代經濟的變與不變

林建甫

這次美國大選,異常精彩。民主黨的拜登贏得2020年總統大選,未來美國的經濟政策,因為拜登與川普的政策主張有些明顯差異,因此將會有不少變化。

光譜分析

在光譜上,民主黨靠左,共和黨靠右。民主黨自1930年代羅斯福新政以來便是凱因斯經濟學派的信徒,信奉大政府經濟,主張課徵重稅、擴大政府支出、實行社會福利照顧(著重醫療/教育)、鼓吹調高基本薪資並支持勞工工會;而共和黨擁護傅利德曼與芝加哥經濟學派,支持自由放任的資本主義體系、縮小政府規模、刪減社會福利支出、解除企業管制、減稅刺激商業投資,又以1980年代的雷根經濟學為典範。

現今的民主黨仍主張大政府及進行修正式資本主義,認為政府需著重分配社會財富,追求政府積極干預市場,透過高額稅收維持社會福利政策。相對而言,共和黨也是主張小政府,尤其現在多奉行新自由主義,支持自由放任的資本主義體,政府減少企業管制、降低企業稅收,只要維持公平競爭性的環境即可。

貨幣、財政政策

以貨幣政策來說，聯準會的主席鮑威爾任期還有一年多。過去聯準會主席又大多會至少擔任兩任。加上為對抗疫情，未來兩年內仍然會維持近乎零利率的量化寬鬆政策，所以貨幣政策短期間不會改變。就財政政策而言，在疫情的衝擊之下，很多人失業甚至家庭無收入斷炊。財政紓困案2020年年中已經花了2.3兆美元，年底川普卸任前又批准了9千億。但拜登上來後，在國家財政收入有限、國家債累積到近28兆的情況下，恐怕都不能再盡如人意的大肆撒錢救經濟。

然而現階段美國經濟景氣還不太好，拜登不可能提油救火的去增稅。但只要美國經濟提升到一定的程度，拜登就會取消川普的減稅政策，提倡加稅投資公共服務。拜登打算將個人最高所得稅稅率由37% 提升至39.6%，企業最高所得稅稅率由21% 回復至28%。而且將擴大對富人課稅，年收入超過40萬美元個人將課徵6.2% 的社會安全保險稅（Social Security Tax），並將年收入超過百萬美元的個人原先需繳納的20%長期資本利得稅，提高至39.6%。比川普時代重很多。

經濟建設

拜登未來的經濟建設，在他的競選活動已宣稱將是自第二次世界大戰以來規模最大的計畫。在該計畫中，政府將花費4000億美元購買美國的產品和服務，3000億美元將用於研發，可以創造500萬個新工作崗位。其實這基本上是延續川普的「購買美國貨、雇用美國

人」的美國優先政策。而且過去共和黨趨於減少政府刺激，趨於通過減少政府收入，即減稅來刺激經濟。但拜登主政下的民主黨將是通過政府主動支出來支撐經濟，所以拜登提出的財政刺激規模會大於川普。

拜登的「建構更好的未來」（build back better）」計畫中，除將重建基礎設施，也要投資高鐵，並幫助美鐵增加更多的電動行程。配合他曾提出兩兆元的綠色能源政策，推行再生能源稅收減免與零碳工業等計畫。他將增加人口在10萬以上的任何城鎮零排放公共交通的資金。改善電動汽車的電池技術並增加充電站。目的在對抗氣候變遷，重新加入巴黎氣候協議，在2050年達到零淨碳排放目標。另外他也會提升交通、電力、建築使用乾淨能源比例，對傳統石油業實施限制乃至增稅。這是與川普最大的不同。

國際經濟政策

拜登的國際主張，尤其是美中關係對經濟面的影響，也會有很大變化。拜登上台會改變川普奉行的單邊主義，加強和盟國之間的合作。也就是不會進行雙邊貿易協定（BTA），而是可能恢復多邊的國際組織，強化美國在國際上的領導力和影響力。不會再粗魯的要求川普式公平貿易，回到行之有年的自由貿易。對中國的政策，要求中國進一步開放市場，保護智慧財產權等等。估計會重啓對話和協商在有共同利益的領域開展雙邊合作，會繼續鼓勵中國學生再到美國留學，進行科研，合作應對新冠疫情，共同應對全球性挑戰。

由於美國現在普遍認為中國的崛起已經威脅美國，重返亞洲，對抗中國也成拜登不能推諉的燙手山芋。然而拜登一輩子在政壇打滾，素有喬王之稱，對兩岸也有一定程度的了解。因此可以預期美

中關係將會緩和，這對兩岸恢復和平發展是有幫助的。

新經濟

　　拜登時代的經濟，還有不會改變的就是「新經濟」。這是科學進步產物。「新經濟」指的是以大量使用創新方法或新科技來運作的經濟。新科技尤其是指網路與人工智慧 AI（artificial intelligence）最為重要。AI 最大的影響就在資料的處理與應用。因為有各式各樣的資料，這些資料不只是傳統的數據資料，還包括非傳統的，例如人在臉書上面的互動，消費者的購買行為，能從各式各樣的互動結果產生資料。過去經濟學講四大生產要素：土地、資本、勞動、企業才能，現在要加入大數據，因為大數據能夠協助精準生產、精準行銷。生產對的東西，容易賣得掉。找到正確的客戶，容易賣得掉產品。

　　而巨量資料，大數據的時代來臨，AI甚至可以創造新的領域、新的工作機會。很多人擔心AI會把人類工作取代掉，可是有很多新的工作其實是我們現在都還看不到的。我們不用杞人憂天的說，以後的工作都被AI搶走了，就像當年馬車伕看到汽車來臨了，馬車伕要失業，可是他沒有想到後來的汽車使用，有各式各樣的工作機會又被創造出來。

平台經濟

　　新經濟中，最重要的就是平台經濟的商業模式。「平台」指一種虛擬或真實的交易場所，本身不生產產品，但可以促成雙方或多方供求之間的交易，收取恰當的費用或賺取差價而獲得收益。因此

Uber是世界最大的租車公司，Aribnb是世界最大的旅館，市值已經超過萬豪酒店（Marriott）。世界最大的媒體現在是Facebook，可是Facebook沒有內容，其內容是使用者 upload上去的。

電子商務平台中最具代表性的是亞馬遜公司，成立於1995年，是網絡上最早開始經營電子商務的公司之一，一開始只經營網絡的書籍銷售業務，現在則擴及了範圍相當廣的其他產品，已經發展成最大的一家全方位網絡電子商務公司，是全球商品品種最多的網上零售商和全球第二大網際網路企業，是平台經濟的代表。

亞馬遜全球四億多的用戶量，300多萬的賣家。亞馬遜在公司名下，還包括了Alexa Internet、a9、lab126、和網際網路電影資料庫（Internet Movie Database，IMDB）等子公司。亞馬遜平台是擁有全球知名度和美譽，規則公平，賣家層次高，惡性競爭少，買家流量大，市場空間更大。平台經濟大幅度弱化了店鋪／品牌的概念，強化了產品／服務的權重。在亞馬遜這個平台上，只要產品質量好，服務好就能吸引廣大的顧客。在各式各樣的平台上，市場上認為市值只要超過10億美金的就是獨角獸，全世界已經有很多獨角獸。美國矽谷因為創新，在舊金山附近發展很多獨角獸，這是美國經濟強盛的源頭。

壟斷問題

然而五大高科技公司FAANG，簡寫稱為尖牙，包括臉書（Facebook）、蘋果（Apple）、亞馬遜（Amazon）、奈飛（Netflix）和谷歌（Google），卻面臨美國兩大重量級政府部門：司法部及美國聯邦貿易委員會（FTC）的反壟斷調查。過去科技巨頭被歌頌、被崇拜，在技術中立的避風港裡攻城掠地，大力發展。但現在對科

技巨頭的信仰正在動搖，對互聯網贏家通吃的模式也開始反思，因為這些最大的科技公司們利用它們的主導地位壓制競爭、利用平台優勢橫掃產業鏈，從金融到娛樂，扼殺創新。輿論逐漸認為應該考慮迫使科技巨頭，將它們佔據主導地位的在線平台與其他業務部門分開。

民主黨中激進派認為應該拆分高科技巨頭的業務。針對亞馬遜的調查就集中於公司作為最大的網上零售商，在多個行業壟斷的勢力。因此未來亞馬遜可能無法在其平台上出售自營商品；蘋果在Apple Store中也可能無法向用戶出售自己研發的APP；谷歌則不能同時擁有全世界最大搜尋引擎和最大的視頻網站YouTube。蘋果公司在iOS設備上的軟件應用分發方面具有壟斷地位，因其對iOS的控制權，使其對iOS設備上的軟件分發具有把關權。蘋果一向禁止App Store的替代品，並對某些類別的應用收取費用和傭金以接觸客戶；對於試圖規避其收費的行為，它的回應是將其從App Store中移除。由於這些限制政策，開發者除了按照蘋果的規則進行開發之外，沒有其他選擇來接觸、贏得iOS設備的客戶。iOS設備的所有者沒有其他手段在手機上安裝應用。這些都有涉及壟斷行為的可能性。

拜登的產業政策

拜登政府和川普政府有共同的產業政策，擴大基礎設施投資就是其中之一。無論是在寬頻網路的涵蓋率，還是在 5G 網路的鋪設進度，美國的網路基礎設施已經明顯落後於中韓等國家。拜登政見承諾投入兩百億美元用於網路基礎設施投資，雖然這同樣需要得到國會批准，但共和黨並不會反對投資基礎設施。

雖然大型高科技公司如FAANG，普遍支持拜登。但拜登執政

後，這些高科技公司將面臨強勁的逆風。因為高科技產業政策上，拜登比川普更支持嚴格的反壟斷監管措施和網路隱私規範，未來如果沒走到民主黨中激進派拆分科技巨頭的業務，至少會立法促進數位市場競爭，寬頻網路普及，保障消費者隱私，並幫助受自駕車等創新技術威脅的勞工，要求「零工經濟」企業的雇主，強迫他們為獨立承攬業務的人提供津貼。

另外，網路中立性（Net Neutrality）的問題，歐巴馬時代進行網路中立政策，該政策要求網際網路服務供應商（Internet Service Provider；ISP），應該平等對待網路上的資料，不應基於个同的使用者、內容、型態、網站、平台、通訊模式，或設備而有差別待遇。川普廢除該政策並提出「恢復網路自由命令」（Restoring Internet Freedom Order）讓網路服務商可與特定網站結盟，或收取「過路費」。然而後遺症是提升它們的連網速度，就可能打壓對手網站，也讓網路服務大者恆大，進一步讓新創失去了許多挑戰市場的可能性。

拜登公開表示，自己完全支持歐巴馬政府在2015年確立網路中立性原則，堅決反對去對網路流量進行差別限制，任何違反原則的網路營運商都會遭到懲罰。鑑於新任總統有權提名聯邦通訊委員會（FCC）的主席和多數席位，這個網路監管機構的政策同樣隨著政府變更而改變。

結論

美國是民主國家，公民可以投票選舉總統。但美國是聯邦制的國家，不是完全靠普選票，而是由各州產生的選舉人團代表投最後的票。由於投票決定總統人選是各州的權力與任務，各州則以本州

投票結果來決定該州的總統選舉人要支持誰擔任總統。川普總統夢「成也川普，敗也川普」。他自負自信，善用民粹，剛開始國家治理也有些政績，可是疫情就將自身缺點全都暴露出來，讓他未能再連任。

　　拜登當選，我們從他的政見及言論可以預期，它的經濟政策將採取「中間偏左」路線，聚焦四大重點，包括加重富人稅負，照顧低收入及弱勢家庭；啟動能源轉型，推動綠能基礎建設；擴大支出以提振經濟及就業；在經貿上也將重回傳統的多邊主義，恢復美國在國際間的領導地位，都與現任總統川普背道而馳。

　　不過，未來參議院共和黨與民主黨分庭抗禮，將會提高拜登在立法上的困難度。拜登政府上台因應美國面臨的最迫切挑戰就是疫情，要全力維護美國國民健康，如何創造經濟繁榮則是下一步的難題。

　　林建甫，台灣大學經濟系名譽教授（退休），中信金控首席經濟學家，帶領公司投資諮詢部，提供最新最即時的經濟情勢變化，及利率、匯率的金融走勢。另外也擔任中信金融管理學院講座教授。

新冠肺炎疫情社會及政治觀

陳秀熙

新冠—政治社交病毒—肺炎

　　新冠肺炎病毒（SARS-CoV-2）感染是繼1918年西班牙流感世界大流行，約百年之後再一次全球大流行的新興傳染病（Emerging Infectious Disease, EID）。雖然感染起源至今尚未確定，不過其在國際間傳播路徑、模式及方式與過去其他大流行傳染病不同。首先，疫情2月份由中國大陸武漢傳至韓國、伊朗、義大利及華盛頓州，地理區域全部在北緯38度線上。是屬於巧合嗎？引起公衛及醫療流行病學家對於新冠肺炎時空地理群聚感到非常的驚訝。

　　這樣的迷惑，在3月份世界大流行及歐美二大洲疫情嚴重感染，強力解釋了新冠肺炎病毒具有國際社交傳播的能力，而並非時空巧合。因為北緯38度的這些城市為高經貿觀光及商務密集往來之國際交通樞紐，這才是導致3月份第一波世界大流行及10月份第二次世界大流行最重要的因素。

　　其次，是機場境外移入至大城市聚集，及由城市至鄉村等傳播流行。以美國為例，初期傳染皆由東西兩岸經濟高度發展的大城市逐步往內陸農業鄉村地區蔓延，全球其他地區也都有相同現象。這

與過去傳染病流行通常在低度經濟發展城市流行為主模式不太相同，顯示社交及經濟活動促成新冠肺炎病毒擴散之動力。而且在白人上流社會及政治領袖傳染擴散，再擴及其他弱勢族群這和傳染病通常先發生在中下流社會階層人士，而且不太在上流社會發生流行有很大不同。這些可以支持新冠肺炎傳播是百年難見的社交病毒感染（Political and Social Virus Infection）。

由於新冠肺炎社交傳播力極強，廣泛社交感染型態使得世界各國新冠疫情之擴散由初期涉及零星個案發展，再透過社交群聚爆發感染之增幅效應，繼而造成後續區域性大規模流行。其社交感染種類非常廣泛，所包含種類也是難得一見。各類的社交群聚感染包含宗教相關活動（如教會聚集傳播）、會議活動（如新加坡國際會議）、夜店（如泰國、日本夜店聚集個案）、小型演唱會（如日本演唱會群聚傳播）、網咖（如韓國首爾網咖群聚）、表演性活動（如泰國拳賽、美國NBA、義大利足球賽等）、宴會活動（如澳洲戶外宴會、新加坡室內晚宴，以及香港小型聚餐等）、長照機構（如美國華盛頓州長照機構爆發住民與工作人員群聚感染）、運動中心（如日本健身房群聚事件）、教育機構（如高中、大學各級學校之群聚事件）等社交群聚方式，可以說是過去傳染病流行中最多元化的社交傳播。

百年難見政治社交傳染病疫情

透過政治圈的社交活動傳播也是新冠肺炎社交群聚最特別的徵象。全球政治圈在2020年11月底以前確診人數共270位。美國確診人數最多達142位，次為伊朗與印度分別確診31及30位。中南美洲的巴西也有25位確診，宏都拉斯有3位，玻利維亞有5位，烏拉圭有1位確診。法國及英國分別各有5位及4位政治人物確診，西亞的哈薩克及

俄羅斯各有3位及2位政治人物確診，亞洲的巴基斯坦、菲律賓與印尼各分別有5位、4位及1位確診。大洋洲的澳洲也有1位確診。

　　更特殊的是元首感染也是過去傳染病少見狀況。英國首相強森3/27確診新冠肺炎，為首位感染新冠病毒的國家領導人，隨後多國元首也相繼感染，包含：俄羅斯總理、巴西總統、美國總統夫婦、法國總統……等。而近日葡萄牙總統德索沙及墨西哥總統羅培茲歐布拉多也確診為新冠肺炎。國家元首的感染比例高達6.19%（21/339），較一般族群1.29%感染比例高。經年齡及性別校正，元首感染比例為一般族群的2.26（95%信賴區間為1.39-3.36）倍。

美國政治領袖及政黨對新冠肺炎疫情衝擊

　　由於新冠肺炎病毒對政治社交的影響，美國在2020年大選中民主黨及共和黨領袖拜登與川普對於防疫措施採取不同的意識形態政策。

1.主導決策結構

　　川普主要以總統制構成決策方式主宰所有新冠肺炎防疫措施，其推行之措施對於弱勢族群健康不平等在新冠肺炎疫情下影響很大。而拜登則以菁英結構決策成立新冠肺炎諮詢委員會，首先第一步是成立由13位公衛專家所組成的疫情委員會，除了創建針對新冠肺炎的全國性資訊平台且維持進行全國性監控，亦需在少數族群中建立信任，解決醫療資源及能源不均的問題。

2.公衛防疫措施立場

　　川普對於公衛防疫措施非常輕忽。以戴口罩為例，川普在疫情

流行期間並不支持戴口罩，一直到個人感染新冠肺炎才勉予同意戴
口罩之重要性。相對於川普，拜登在未參選總統之前，對於公衛防
疫措施基本上是相當支持，在當選後預備組成10萬人公衛團隊，追
蹤接觸者以提高檢驗效能。此外，拜登還計畫投資更有效率且更加
便民的檢測技術以達到擴大測試的效果，並建立由10萬人組成的公
衛團隊與地方組織合作，並根據不同文化背景來追蹤接觸者並保護
高風險族群。在地方防疫政策方面，川普較不著重於地方分權及分
工之防疫措施，拜登則將利用聯邦命令督促各州州長推動戴口罩的
普及，法規將要求每位美國居民在外出周遭有人時，都必須戴上口
罩，並希望防疫中心對政策有更加明確的指示，如學校、公司企業、
社區等能夠更有效率的配合各項防疫措施的進行以達到有效預防。

3.新冠肺炎疫苗政策

　　川普以投資經營方式透過疫苗研發計畫「神速行動」（Operation
Warp Speed）補助六大疫苗開發生產，但對於公開和透明實證科學
證據支持並不強調，而且對於疫苗分配及管理在健康平等上的關切
比較缺乏。拜登政府預期提供250億美元於疫苗之生產、分配以及管
理，任何獲得准許施打的疫苗都將公開發布臨床試驗數據，並且控
管疫苗價格，以確保疫苗可以免費提供給每個美國人。

4.防疫裝備生產措施

　　如同疫苗政策，川普對於防疫裝備生產都是以投資經營角度來
看，例如鼓勵汽車工業改以生產呼吸器，但各州之間互相支援政策
都非常片段，而拜登政府則希望有計畫透過《國防生產法》來增加
個人防護裝備（PPE）的供應，確保在疫情大爆發的情況下，不需
要依賴其他國家的緊急支援。

5.經濟重啟計畫

　　為了因應新冠肺炎大流行後的經濟問題，川普採取紓困方案，屬中央集權且片段式決定方式常搖擺不定，拜登則推動經濟重啟計畫，希望由國家提供一系列大規模的疫情紓困方案，提供資金救濟受到衝擊的企業以及個人家庭，同時計畫透過基金會來協助疫情期間超支的州政府及地方政府。

　　由於雙方在防疫措施立場不同，美國的疫情與美國大選支持兩黨州別有高度相關。選戰之前，各州共和黨得票率與疫情發生率是成正相關，發生率越高的州，共和黨得票率越高，相關性達0.46。由於川普與拜登在上述防疫意識型態的不同，支持共和黨之州發生新冠肺炎的風險是支持民主黨州的約3倍（95%CI:1.69, 5.65）。繼選舉前後兩黨支持州別與疫情高度相關之現象，自美國大選後延伸至2021年1月底，兩黨支持之州別與疫情發生之相關性仍為0.41，而前述共和黨相較於民主黨州別之疫情風險則成為2.6倍（95%CI:1.61, 4.67）。拜登之勝選與就職對於消弭此州別間之疫情，如百日口罩，恢復與世界衛生組織（WHO）關係，及與中國對病毒引起政治惡化關係，都是左右川普與拜登所代表政治影響圈如何影響疫情傳播之實證證據政治科學。

社會意識與新冠肺炎防疫政策對立

　　由於新冠肺炎對於社會及政治上的衝擊，全球興起兩派對於防疫措施不同的看法。

　　大巴靈頓宣言　世界各國面對COVID-19 大流行之時皆在不同

程度上採取包含邊境管制、社區封鎖或居家限制令之社交距離
措施，這些措施對於教育、商業經濟活動、藝文活動等文明都
市過往所具備之功能產生巨大的衝擊，進而對於社會大眾之心
理健康以及身體健康產生不可預期之剝奪與不利之影響。哈佛
大學、牛津大學以及史丹福大學三位教授，於2020年10月4日在
麻州大巴靈頓美國經濟研究所撰寫並發起「大巴靈頓宣言
（Great Barrington Declaration）」，針對前述以封城社交距離
為主之防疫措施提出改進建議。此一宣言以重點防疫（Focused
Protection）為核心，主張對於低風險之民眾如年輕者，應揚棄
目前的社交距離限制並恢復正常之活動；而僅對於高風險如年
長者實施社交距離措施限制。據此一宣言，學校應維持開放與
實體授課，餐廳與商業場所應開放，藝術、文化、與音樂等活
動皆應正常舉行，透過對於低風險之病毒自然傳播達到集團免
疫（Herd Immunity）之目的。

John Snow誓言　對於大巴靈頓宣言降低社交距離措施之主
張，醫學界以及政府防疫專家亦有許多反對意見，並於2020年
10月12日由多位學者發表John Snow 備忘錄（John Snow
Memorandum），並於10月14日發布於國際知名學術期刊《刺
胳針》。該備忘錄主張運用自然感染達到集團免疫之目的不僅
不可能達成，並且由於放任疾病於社區中傳播將犧牲眾多的民
眾生命、使包含醫療照護之工作人力更加嚴峻，以及使社會之
信任由於疾病的傳播造成耗竭，增加疾病防治之困難。此外，
由於SARS-CoV-2之再感染以及疾病進展目前仍有許多不確定
性，因此試圖依賴自然感染達到族群免疫為不可行之倡議。在
目前的疫苗與藥物治療發展尚未成熟，以及COVID-19病患仍面

臨相當程度的健康與生命的威脅下，依賴包含社區封鎖與邊境
管制之社交距離措施為當前不可避免之防疫手段。

健康防疫與人文自由爭論

由於此兩派防疫措施意識形態對立，對新冠肺炎隨著流行持續
擴大產生健康防疫與人文自由之爭辯。其兩極主要爭論如下。

為防堵此新冠肺炎社交傳播大流行，降低其對於健康與生命之
威脅，各國皆採取不同程度之社交距離防疫措施，包含邊境封鎖、
以入境隔離與檢疫之邊境控管、大規模與嚴格之城市與區域封鎖（封
城）、區域與城市內之社交距離措施如關閉學校與工作場所、禁止
如宗教與文化等相關群眾集會活動、公眾運輸限制、人群群聚之距
離限制，寄望藉由這些非藥物性之防疫措施（non-pharmaceutical
intervention，NPI）達到降低病毒傳播，減少此波新冠肺炎世界大流
行對於各國以及各區域所造成之健康衝擊。

雖然這些社交距離防疫措施在相當程度上可降低病毒之傳播，
減低流行規模，在健康層面上達到效益，但其所造成之經濟、財政、
文化、倫理、宗教、社會、教育、觀光、藝術，乃至於社會平等權
之衝擊已引致許多爭議。

如同前述，政治層面上，新冠肺炎除了對於政治社交圈內造成
傳播之直接影響外，這些不同層次之社交距離亦衝擊了既有之國際
關係與區域聯盟。如邊境控管即直接限制了雙邊與多邊之國際經濟
貿易活動以及文化與觀光等交流，繼而衝擊金融市場與延緩了企業
發展與國際投資。

社交距離防疫所造成之群眾活動與人群流動降低，也直接造成
了大規模的藝文活動、餐飲產業、娛樂產業、教育場所與工作場所

之關閉以及失業潮。雖然各國對於此一廣泛經濟相關活動的衝擊，亦提出不等程度之應變計畫與社會福利措施，但其對於正常經濟與社會活動所能提供之彌補，在此波疫情之持續與大規模衝擊相較下仍相當有限。此外，國家與區域之差異例如民眾戴口罩之習慣、個人衛生與防護之認知與落實亦在亞洲國家、美洲以及歐洲國家造成流行控制效益上的差別。

對於這些由社交距離措施在健康層面之外的廣大衝擊，也造成了此一防疫策略推行之爭議與阻力，因而有團體與國家提出降低這些社交距離防疫措施之程度。但因而衍生之大規模病毒流行，則對於醫療照護量能如加護病房重症照護與隔離防疫照護等醫療服務，產生極大之需求。更甚者，不同社經地位以及人群族裔對於這些醫療照護服務之可近性與取得之差異，也凸顯了健康倫理議題。

由於世界上許多爆發流行與大規模之宗教群聚有關，因此社交距離措施多限制了宗教活動之進行，以期能降低此群聚相關之病毒傳播。然此措施也在相當程度上減損了於人民在宗教信仰上之寄託，以及宗教信仰對於人民在社會心理之穩定作用。這些心理上的支持在民眾面對此波大流行在健康、經濟、社會的高度不確定性下，卻是有高度的需求與重要性。

學校之關閉雖降低了民眾群聚，但此舉對於人民教育之推展也造成了相當大的影響，也因此許多不同層級之教育機構皆採取遠距線上教學課程，做為傳統到校之實體校園教學方式之替代方案，使兒童與學生在隔離或封鎖社交距離措施下也能接受持續且不間斷的教育。然而，遠距線上教學模式是否可與傳統教學模式達到相同之效益，在現今之情境下卻難以進行評估。對於發展中國家，此一教育模式轉變之衝擊，由於遠距教學設備、基礎措施與課程規畫未臻完善，所造成之長遠影響可能更為劇烈。

社交距離措施與邊境管控對於藝術與觀光產業之衝擊則明顯而直接：世界各國在持續且大規模的流行爆發下紛紛關閉邊境，對於過往頻繁且大規模的國際旅行以及航空產業產生廣泛的影響。例如國際郵輪產業在多起船上疫情爆發下，不僅多國港口直接限制國際郵輪船舶靠泊，國際郵輪公司也漸少或停止航程，民眾也受到疫情爆發之影響，對於參與郵輪航程之意願大幅降低。著名的鑽石公主號郵輪疫情，即為此衝擊影響實例。

對於疫情嚴重的區域與國家，內部交通運輸與區域觀光也由於封城以及區域封鎖而中斷。藝術與文化相關活動則受到人群聚集管控、國際觀光、交通運輸限制等多重因素影響下多數中止或縮減規模。這些觀光與藝文或活動之限制除了在直接層面上造成損失外，對於社會在文化與藝術長遠之創意與靈感啟發必定有所減損。

在新冠肺炎疫情持續延燒下，推行多種社交距離防疫措施（NPI）時如何在健康層次之考量下，同時納入前述經濟、社會、文化、宗教、倫理、觀光以及藝術之面向考慮，以社會可接納之方式達到防疫之目的，在當前疫情持續之情境下受到科學與健康人文領域廣泛之議論。

總結而論，本文所述流行病學實證資料，美國政治選戰及領袖意識型態擴大至全世界防疫意識型態對立，及在健康防疫與人文健康之兩難相擇之困境，乃是新冠肺炎傳染病對政治及社會的最大衝擊，對於全人類政治、經濟、學術、文化、觀光的影響也是前所未見。

未來如何透過疫苗產生的集團免疫來解除這場浩劫，是全世界的期待。但寄望於疫苗發展與大規模民眾施打達成群體免疫之效果而控制大規模疫情，需針對全球疫苗分配提出以道德為基礎之準則，建立公正優先模式，並以分階段方式從短程的減少死亡、中程

減少社會及經濟衝擊、到長程的恢復正常生活的優先性考量，達成
優先分配及健康平等目的。這對新冠─政治社交病毒─肺炎所造成
世界大流行之全球控制，仍然是一大挑戰。

　　陳秀熙，台灣大學流行病學與預防醫學研究所特聘教授，主要研
究領域為社區疾病防治與預防醫學之方法學及應用發展，目前正投
身於世界疫情之監控與與評估，並利用新冠肺炎世界大流行促成健
康人文（Health Humanities）跨領域之開端。

瓊斯的眼淚：
六八遺產與冷戰的幽靈

王智明

美國召喚了世界各國追隨我們，進入自由市場、全球供應鏈、網際網路、寬鬆的信貸和民主治理的天堂樂園，而如今各國開始覺得他們好像跟著美國走到了懸崖的邊緣。

——歐巴馬[1]

2021年1月7日，美國國會在經歷了前一天川普支持者闖入國會大廈的驚恐後，終於確認了拜登為第46任的美國總統，為2020年的美國總統大選劃下了休止符。自2020年11月2日開票以來，美國花了近兩個月的時間才確認下屆總統的人選，這固然是因為美國獨特的選舉制度，更是因為川普種種荒唐乃至瘋狂的作為所致。同時，橫跨港、台、大陸和北美的華人社群也為了支持與反對川普大傷和氣，使之儼然成為一場價值之戰，彷彿2020年這場選舉不僅關乎美國的民主與國運，也與港台的民主、大陸的崛起憂戚與共。這就使得這場選舉不僅僅是關於兩黨候選人和政綱好壞的判斷，而具有某種歷史轉捩點的時代意義，不論是撥亂反正，還是撥正反亂。

---

1 巴拉克·歐巴馬，《應許之地：歐巴馬回憶錄》（台北：商周出版，2020），頁404。

　　的確，各大媒體的選後分析都顯示了這場選舉造成選民嚴重的分裂，也突顯了美國選民關注的議題確實有明顯的政黨區別。以《華爾街日報》的選後分析為例[2]，新冠疫情與經濟和就業，而不是外交政策，才是此次選舉中的核心議題，但拜登和川普支持者對這兩項議題的立場幾乎完全相反，高達八成二的川普支持者認為經濟議題最為重要，而只有一成六的拜登支持者如此認為；七成以上的拜登支持者最重視新冠疫情和種族主義，但只有兩成六的川普支持者重視疫情；視種族主義為重要議題的川普支持者甚至不到兩成。相較而言，川普支持者更在乎無證移工、墮胎與警察執法不嚴的問題，而拜登支持者對氣候暖化的重視則更勝其他。這幾乎沒有交集的狀態，顯示美國選民已然活在兩個平行的宇宙裡。對選民收入、階級、性別、種族和居住地的分析，更突顯了兩端支持者天差地遠的城鄉、教育、種族和性別差異：45歲以上，僅有大學以下教育程度，具有基督或天主信仰，居住在鄉郊的已婚白人男性是川普最主要的支持者，而拜登的支持者則是大多擁有大學以上的教育程度，居住在都會地區，種族背景較為多元的年輕選民。這些資訊讓我們看到，美國不只沿著膚色、年紀和教育程度分裂為兩大塊，彼此的價值更是激烈對抗、互不相讓。無怪乎「藍潮再起」的口號只會激發出更大、更猛烈的紅潮，而種族暴力以及沿著膚色回溯的家國想像（如川普的「驕傲男孩」進入國會時手執的南方軍旗幟），就成為少數族群最大的夢魘。

　　2020年11月7日，在拜登獲得270張選舉人票，跨過當選門檻的

2　見Brian McGill, John West, and Anthony DeBarros, "How We Voted in the 2020 Election," *The Wall Street Journal*: https://www.wsj.com/graphics/votecast-2020/（Updated Nov. 9, 2020, published Nov. 3, 2020）.

當天，網路上很多人轉傳了CNN政治評論員瓊斯（Van Jones）在新聞節目中落淚的影片[3]。當主持人古柏問及他對拜登當選的想法時，他哽咽說道：「今早的結果讓做父母這件事容易了些，讓我們可以告訴小孩，德性、誠實、當個好人是重要的」；而且，這個結果讓許多人——特別是穆斯林、墨裔哥裔和黑人社群鬆了一口氣——因為過去四年高漲而粗暴的種族歧視成為他們的生活日常，讓他們成為「無法呼吸」的驚弓之鳥。在過去幾年「黑命關天」（black lives matter）運動的背景下，這段感性的陳述道出了許多少數族裔過去四年在美國的複雜感受，瓊斯的眼淚也成為種族與移民之殤的凝縮與象徵。為此，我們或許應該暫時拋開華人社群的主觀立場與大局計算，仔細思考瓊斯眼淚的歷史成因，作為理解2020美國總統大選的起點，因為在其淚眼傷懷的對面是更多、更深層的憤怒與恐懼，是另一種關於美國的現實與想像，以及對歷史的不同詮釋。羅馬不是一天造成的，川普現象更非一日之寒的結果。從瓊斯的眼淚出發，本文企圖思考：川普之風從何吹起，想要「再次偉大」的究竟是什麼樣的美國，而美國從民權運動到新自由主義全球化這近半世紀的發展，對美國，乃至全世界又意味著什麼？

* * *

　　瓊斯的黑人身分與專業形象讓我們不得不想起川普的另一個對比：歐巴馬。事實上，川普上任之初最重要的施政就是廢除所謂的「歐記健保」，那是歐巴馬任期內或許最為重要的遺產，也是許多美國人民殷殷企盼的改革。原名為「患者保護與平價醫療法案」的歐記健保，2014年生效，主要目的在於控制醫療衛生服務的成本，

3　見CNN News, 2020/11/7: https://www.youtube.com/watch?v=c2ScxGsB-ks。

同時提高服務的品質，以及擴大聯邦醫療補助的資格，讓更多人可以獲得健保的資源與協助。美國醫療收費昂貴，眾所周知，因此一般人負擔得起的平價健保一直是眾望所歸，但也因為牽涉的利益龐大，改革一直裹足不前。雖然歐記健保的最終方案有妥協的痕跡，歐巴馬也在回憶錄《應許之地》中承認，為了讓老年人能夠獲得更廣泛的藥品折扣，健保方案不得不向製藥公司和商業保險公司讓步，但右翼勢力仍然主張歐記健保「將為美國帶來社會主義式、壓迫性的新秩序」[4]，因此川普也將廢除歐記健保視為首要的施政目標，並為此向最高法院提出上訴，相關爭議一直延燒到2020年的大選。

歐記健保的細節不是此文的重點，但是川普及其支持者對「可負擔醫療」的攻擊突顯了2020年美國總統大選背後一個重要的政治分野，亦即對社會主義的恐慌。對川普而言，對社會主義的恐慌是一張王牌，畢竟從二戰結束至今，冷戰意識形態已形成一種長期的效應，制約著美國人對生活、社會和政治的想法。即令1989年冷戰結束，反共的冷戰幽靈依然在美國大陸遊蕩，並在2020年的選舉中轉化為反中的修辭（選戰中，他對拜登的批評有一部份就集中在拜登與中國的關係上，這也是部分臺灣民眾與大陸自由派人士對拜登缺乏信心的原因）。而推動美國往社會主義轉化——實質上是向自由派傾斜——最為關鍵的，就是1960年代爆發的「新左運動」。

1962年美國左翼學生組織「民主學生會」（Student for a Democratic Society, SDS）在密西根州的休倫港提出宣言，指出當前美國與世界面臨的大問題是軍工複合體挾持了經濟和政治、核武對抗威脅了世界安全、前殖民地的革命正在發生天翻地覆的改變，同

---

4 見歐巴馬，《應許之地》，頁487。

時美國依然由白人主導，歧視問題在各個層面——教育、薪資、工作、失業、住房——上層出不窮。因此新左運動想要推動參與式民主，以促成價值的改變，讓「個人得以參與決定了他們生活品質與方向的社會決定，讓社會得以用一種鼓勵個人獨立，提供媒體以促進共同參與的方式組織起來」，由此來「避免菁英掌握暴力的機制，並且更重要地，發展出地方、全國與國際性的機制，鼓勵和確保鬥爭以非暴力的形式進行」[5]。依此目標，「民主學生會」在全美積極展開行動，包括反戰示威、反抗徵兵、發行地下報刊支持民權運動，乃至最終導致「民主學生會」瓦解的暴力行動等等。

換句話說，美國1960年代新左運動的大背景正是美蘇冷戰、勞工運動、民權運動與反越戰運動，而基進民主的想像成為推動自由與民權的前提。在新左運動的影響下，1964年詹森總統提出了「偉大社會」的構想，主要目標是經濟繁榮和消除族群不平等，期許美國走向一個富裕和強大的社會。他在任內推動了一連串的民權法案，在公共設施、跨州貿易、工作場所及住房領域禁止種族歧視，並在1965年簽署了《移民及國籍法案》，終結以種族為限的移民配額制度，大幅改革了美國的移民體系；該法案以及後來因應越戰結束提出的《中南半島移民與難民法案》推動了亞裔社群的大幅增長。同時，隨著民權運動與學生運動的盛行，特別是1969年底以舊金山州立大學和柏克萊加州大學為中心的第三世界抗爭，大學也成為新左人士的基地，為後續的運動孕育反歧視、反霸權的思想種子。由反歧視、反霸權發展而來的認同政治（包括女性運動、同志運動、

5　見The Students for a Democratic Society, *The Port Huron Statement*（1962）: http://www.progressivefox.com/misc_documents/PortHuron Statement.pdf.

婚姻平權運動與反墮胎運動等），乃至於要求「政治正確」（如不得歧視少數族裔、女性和性少數）的想法，也就成為自由派的基石。然而，這些基於平等理念而主張的「自由」與「進步」，雖然鬆動了種族階序的邊界，提升了少數族裔的自信，但同時也挑戰了白人至上的主導文化，為內戰以來未能完全解決的種族問題埋下了另類的導火索，而成為川普支持者不可承受之輕，成為他們口中所謂的反向歧視與自由抑制。

如果說新左運動揭櫫的種種目標可以被視為具有政治實效的「六八遺產」的話，那麼影響更為深遠的或許是大量移民的到來以及在反（冷）戰意識的前提下所推進的資本主義全球化。誠如前述《華爾街郵報》的分析，川普與拜登支持者的一大分野，除了種族與性別，就是城鄉差距和教育程度，而川普支持者對就業機會的重視與移民議題的反感，反映出他們自覺在全球化過程中深受其害；相反的，拜登支持者的都會與多元種族背景、較高的教育程度和社經地位，則暗示了他們得益於全球化的事實。的確，根據美國人口普查局在2010年的調查[6]，過去五十年美國社會最大的變化之一就是移民人口的大幅增加，其中又以亞裔與拉美裔的增幅最高，而這些新移民大多集中在美國東西兩岸的都會區裡。易言之，在一種印象的層次上，我們差不多可以說全球化之於美國而言就是「移民化」，不論他們是白領的知識移民（如華人）或是藍領的無證移工（如西語裔），而移民化意味的不只是人口結構的改變，更是「何為美國人」意涵的具體變化。同時，全球化也推進了都會化，而知識經濟

---

6 見U.S. Census Bureau, Census of Population, 1850 to 2000, and the American Community Survey, 2010。

的轉型與推升（如矽谷）更反襯了傳統工業城市（如底特律）與農
業區域（如愛荷華州）的落沒。

　　在這個意義上，全球化推動的全球資本運動不只重新構造了地
方與區域，改變了在地的生活與文化，更使得資本主義被種族化
（racialized）與外部化了，一如新冠疫情中發生的「疾病種族化」，
彷彿華爾街本身不再是當前資本主義運作的核心，而川普身後龐大
的企業帝國皆與資本主義全球化無關。如何使得全球化的發展能夠
轉向改善美國自身的經濟與就業狀況，固然是合理的國家發展目
標，但是川普反全球化與單邊主義的思維和舉措（如退出跨太平洋
貿易協定與國際衛生組織），背後反映的更是這種種族化了的冷戰
無意識──亦即無視自身的種族主義傾向，而將一切過錯歸諸他者
的思維定式──才是「使美國再次偉大」政綱的潛文本。川普之所
以能夠調動強烈的民粹情緒、否定選舉的結果、策動反中戰略，乃
至鼓動「驕傲男孩們」闖入國會大廈，正是仰賴這樣種族化的情感，
而這恰恰是1960年代新左運動執意反對和改造的東西。

　　由此觀之，川普代表的正是對「六八遺產」的否定──具體展
現在他對移民與少數族裔毫不遮掩的歧視和攻擊，以及他對民主體
制與價值的破壞──但那正是新左運動的基進民主想像所要鞏固與
深化的；遺憾的是，反歧視與反霸權的主張應該要深入美國帝國形
制的反思，卻沒有充份展開，反而強化了以個人權利為基體的自由
觀，讓平等與自由成為相互扞格的價值。因此，川普現象的興起，
除了川普的個人魅力外，更關鍵的或許是自由與平等的對抗，是對
以歐巴馬為象徵的「六八遺產」的翻轉，因為那代表了另一個美國，
一個象徵性地落實了生而平等這個的理念與承諾的美國，而不是白
人至上的美利堅福音帝國。

　　　　　　　　　　　　＊　　＊　　＊

　　有趣的是，歐巴馬的白人母親即是六八世代的一員，他也坦承自己的成長受惠於「六八遺產」甚多，甚至自己參與總統的初心就是基於對生而平等的信念，因為他相信，「一個可以解釋我的美國」是可以實現的，因為這就是美國的立國理念和承諾[7]。但歐巴馬的肯亞父親與印尼繼父的意義同樣重要，因為那反映的正是1960年代第三世界知識青年受到美國啟發與背叛的移民故事，是關於美國承諾與失信，接納與霸凌同在的血淚歷史。在這個意義上，2020年的美國大選確實是一場價值之戰，誠如拜登在選後感言中說的，是好天使與壞天使的戰爭，也就是「移民國家」或是「白人國家」的選擇。但是，即令超過半數的美國人民選擇了「移民國家」的自我定位，美國作為全球帝國的事實仍然存在，不論川普或是拜登都無法，也不會揚棄帝國的身分，唯一的差異是如何有效領導，使得美國的理念與現實能夠更為貼合美國自身的利益。因此，拜登勝選後，平等與自由的「六八遺產」或許將面臨更為艱難的檢驗與挑戰。

　　有鑑於此，面對川普召喚的民粹情緒，我們不能僅以「反中」和「美國優先」視之，而要在冷戰反共、民權運動與全球化的歷史中回歸美國作為「移民國家」與「全球帝國」的雙重課題，才能充份理解「瓊斯的眼淚」。因為那眼淚裡不僅有種族歧視下的憤怒與驚恐，也有對資本全球化的不滿與無奈。它凝縮了歷史與情感，也充斥著美國人內在衝突的自我想像與政治期待。對於深受美國影響、啟發與背叛的我們來說，瓊斯的眼淚也敦促我們思考：我們究竟期待一個什麼樣的美國，又欲望著怎麼樣的臺灣和中國？我們如何在瓊斯的困頓與憂傷中認清自身的處境與野望，調校我們的企圖與方向？這應該是大選激情過後更為重要的工作。

7　歐巴馬，《應許之地》，頁28-29。

　　王智明，中研院歐美所副研究員，本刊編委，以及《文化研究》學刊主編。研究興趣為情感與認同政治以及外文研究建制史。近期編有《從科學月刊，保釣到左翼運動：林孝信的實踐之路》（2019）和 *Precarious Belongings: Affect and Nationalism*（與吳佩松合編，2017）。

華人世界的
川普論爭

前言

　　川普是一位不斷引發爭議的政治人物。這些爭議通常圍繞著他本人的作風，他的對內、對外政策，他所代表的心態與價值，但是他往往還能夠進一步激化原本或隱或現的社會矛盾、思想分歧、價值衝突，在並沒有川普角色的脈絡裡造成對立。這正是川普現象———或者說川普主義———的令人驚異、迷惑之處。

　　近年來海內外各地華人也陷入這種對立，其中又以自由派知識分子最受衝擊，網上硝煙一片，本專輯幾乎可以取名為「川普亂華記」。中文自由主義的發展堪稱崎嶇曲折，「自由派」原本並不是一個同質的群體，毋寧說是一種傾向，用語相近、問題意識重疊，但真要界定這個群體，與其尋找共同的信念，不如用「負面表列」———他們共同反對什麼———更為方便、清楚。不過在川普主義的刺激之下，這個負面的「共識」也難以維繫，終於破裂。

　　知識界發生分歧與衝突非常正常；爭論與辨證提供了養分與活力，正是思想、認識進步的動力。本刊一向以平台自許，供分歧的各方進行討論。這次華人自由派的大分裂，正是對話、攻錯的機會。我們推出這個專輯，盼望各方深入澄清左與右、進步價值與保守主義、文化多元與文明衝突、世俗政治與宗教背景等等問題。

　　這個專輯主要由崔衛平、陳宜中兩位規劃。由於大家各自邀稿，在人選光譜上未能如願儘量做到均衡，認同川普主義的文章似乎偏少，對此我們感到遺憾。不過本刊的篇幅始終是開放的，希望來日能夠納入更多樣的觀點，繼續探討中文自由主義所面臨的各項分歧。

編者

觀美國大選，想中國問題

郭于華

心路歷程

2020年的美國大選大約在10月份進入白熱化階段，即使之前不十分關心此事的人們也或主動或被動地牽涉其中。我雖不是政治學與國際關係的專業學者，但因講授政治社會學課程，對於國家、政體、民主選舉、意識形態等領域的話題自然無從回避。回顧一下大概的心路歷程，可以說是從開始的一般性關注，到不斷被追問「為何中國自由派學者都變成了川粉？」而轉向集中關注的。

早在2016年川普當選美國第45任總統始，挺川與反川的不同觀點就已開戰，雙方各執己見，頗有形成社會分裂之趨勢。其時我並未十分瞭解分歧的本質所在，也不太理解為何一位商人出身的非職業政客當選總統會讓一些人痛恨若此、咬牙切齒。其實，在2016年競選當時，我還曾經覺得，希拉莉・克林頓若能當選也很不錯：美國在有了第一位黑人總統之後迎來第一位女性總統，這也是民主共和大國的榮耀。

川普擔任總統四年來，其執政理念和主張、對內對外政策的實際成效、特別是他所秉持的價值觀，都令人矚目；聯想到美國立國

之本的憲政理念和歷史過程，不能否認他是一位熱愛美國、努力工作的傑出總統。四年時間使許多之前不喜歡川普個人風格作派的人也發生了改變，畢竟，他努力兌現了當年競選的大多承諾，給美國和世界帶來實實在在的利好與和平。即便如此，直到2020年美國大選開始，我雖然希望川普總統連任，繼續推行其執政理念和政策，但多少覺得，作為既沒有自由也沒有選票的中國人，支持或反對一位美國總統的個人評判有那麼重要嗎？多少令人有些不解的是：為什麼人們關於川普的分歧如此之大？為何各自的表達又如此激烈甚至造成社會「撕裂」？對於美國公民而言這不難理解，因為事關他們的生活方式和基本價值觀，可謂生死攸關。可是對中國人呢？為何也如此激動：反川者與挺川者相互以「川粉」／「川黑」稱呼對方，動輒發生激烈爭吵甚至人身攻擊？以往的共識同道者也以川普為試金石紛紛割席？在這種情形下，我對自己說：保持理性方式，避免以一己之見想當然，不要輕下判斷，多看多聽多想，少表達。

首先遇到的問題是反川理由之一：有人說「川普不僅造成了美國社會的分裂，而且造成了中國社會的分裂」。思忖之下不難看到，問題在於人們的觀念本來就是分殊的，相關社會思想本來就是分裂的，只不過這種分裂在對待川普能否當選問題上集中體現出來而已。分歧與分裂表相與川普之間並不存在因果關係，非要說分裂是川普造成的，邏輯何在呢？

接下來是總被提問的問題：中國知識人為何變成了「川粉」？鑒於前述心路歷程，開始是只看不說，後來是不得不說，在某種程度上，這是反川者和左派逼出來的：逼人表態、迫人站邊，凡不同意見者就是敵對關係，這種思維方式和做法我們頗為熟悉。早在2016年，我就曾因為不反川而被左派攻擊，其「理路」是贊同川普＝＝種族主義＝反女權、反平權＝＝法西斯。時至2020年大選，上述邏輯表

現為對BLM運動的支援，一些反川者在爭論中明確表示運動中存在的打砸搶燒暴力行為是革命所不可避免的，同時也有一些反川者直接否認存在暴力行為或認為少量暴力無關宏旨。贊同以街頭抗爭方式達到少數群體特權的訴求，在我看來實際上是主張族群、性別不平等，以政治正確壓制不同意見的表達則是對公民言論自由權利的侵犯，而主流媒體對事實和不同意見的遮罩或歪曲報導更是顯露出不受制約的「第四權力」。這些思路和作法與我們熟悉的霸權和強權十分相似，令人厭惡也令人恐懼。

第三個問題與中國政治和政體轉型有關：有一種說法是，中國嚴酷的政治現實有如鐵桶或高壓鍋一般，沒有空間沒有空氣沒有出路，所以絕望的中國人指望燈塔國總統川普來救民於水火。──我以為這樣的想像是把中國人民都當作傻子，且不說反美的國人占多大比重，即便是明確追求憲政民主共和的中國公民也沒有誰會愚蠢到寄希望於一直強調「美國優先」的美國總統直接出手解決中國問題。當然，眾所周知，一國體制的變革需要一定的國際環境和結構條件，作為自由民主燈塔的美國在形成世界格局中有舉足輕重的作用，不可避免地會對中國的制度變革形成影響。這也是中國人關注美國大選的原因所在，但這並不意味著中國人坐等自由從天而降，畢竟大家都明白天助自助者。

說到支持川普的原因，我在2020年10月30日的一次非正式小規模討論會上做過簡要陳述，為表明實際的心路歷程，未經修改呈現於此：

1. 支持川普是認同基於基督信仰的保守主義價值觀，即自由先於平等；個人權利先於集體利益；沒有法治秩序就沒有自由；憲政共和制度需要相應的民情基礎（即基於信仰的普世價值的公民）。就此而言，拜／川之爭不是簡單的多／少一點福利和稅收之爭，不

是多／少一點政府干預之爭，甚至也不僅僅是左／右之爭，而是基本價值和道路之爭，不僅事關美國前途，而且關涉世界的走向和人類的命運。

2. 作為中國學者，尤其不可忽略中國的歷史與當下。拜登所代表的左派民主黨的主張，在一定程度上意味著與社／共極權主義曖昧不清。對深受其害的中國人民來說，尤其而且必須高度警惕，反左防左，這關係到在奴役的社會主義與自由的資本主義之間做出選擇。我認為左與共有某些相通之處，並非簡單地認為民主黨等於共產黨，而是指左派思想與社／共主義在價值理念上相通：即平等至上，再分配經濟，大政府，無神論，消滅私有制，天下大同、宇宙真理大一統。

重溫一下保守主義經濟學家弗里德曼所言：「在我看來，一個把平等放在自由之上的社會，最終將既得不到平等，也得不到自由。而一個把自由放在平等之上的社會，雖然得不到平等，但會比其它任何存在過的體制都更能接近於平等。」

3. 長期以來中國社會存在一些誤區，對自己的國體政體的本質認識模糊，具體表現為幾個不分：權利與權力不分；集權與極權不分；法治與法制（Rule of Law vs. Rule by Law）不分。在意識層面也普遍存在如下狀態：對社會主義深深迷戀；對資本主義深惡痛絕；對馬克思主義難以割捨；對古典自由主義和保守主義滿腹狐疑。事實上，我們從未真正走出極權統治，我們離威權體制還有相當距離，與共和民主體制更是漸行漸遠，實際上是快速倒退至文革時期（或許是從未走出過）。

左右之分

在中國語境下觀察和思考美國大選，必然繞不開左右之爭。表現在這場大選中的既是有關事實之爭，也是價值理念之爭，而且基於不同的價值理念看到和取捨的事實是非常不同甚至截然相反的。

在中國社會和世界範圍內，對左右的區分和選擇可謂錯綜複雜。許多學者試圖在左自（左翼自由主義）和極左（暫且忽略毛左）之間、老左和新左之間、西左和中左之間劃出界線，這是不太容易的一件事，畢竟中國社會長期以來深受左禍之害，左派並非光榮的稱呼（在官方除外）。儘管如此，相比較而言，右派在長期的中西意識形態傳統中似乎更為不堪，被視為右派不僅不光榮，而且意味著巨大的風險。但無論如何，我們總要在錯綜複雜混沌曖昧中有一個大體可以分辨的界定，即粗略的取向或趨勢的區分，否則任何討論都無法進行。

劉軍寧曾具體列出了左派與右派在族群、家庭、性別、子女教育、藝術、持槍權、戰爭、自然環境等諸多問題上所持有的不同觀點，進而分析了二者在對人性善與惡的判斷、人權的來源、經濟目標、國家角色、理性的邊界和信仰方面的區別，簡明扼要地說明了左右之別的本質所在。一些從經濟、政治、社會、文化指標的測量工具也可大致區分左右取向。

在相當長的時段中，國內知識界都不乏尋找和探索左右共識之途徑和相對均衡之中道的努力。我本人由於專業所致，主要關注和研究社會底層群體——農民、農民工和維權群體等，因而經常會自然而然地被視為偏向左傾的學者。然而正是底層視角對歷史與現實的觀察體驗，結合相關的理論閱讀，我越來越從社會基層的切膚之

痛，意識到社會疾苦的結構性根源——主要不是來自於市場化改革和資本「剝削」，而是來自於不受制約的權力統治和肆無忌憚的權利剝奪。若是在憲政民主體制下，權力、資本、社會力量之間有著相對的制衡，可以進行不一定勢均力敵的博弈；而在舉國體制之下，這種結構性關係和博弈根本不可能存在，現實狀況是強權力、弱市場、無社會。在這種情況下以左派立場和方法去批判資本主義可謂南轅北轍，緣木求魚。

首先，在價值層面，左與右代表著完全不同的價值取向，影響了對歷史與現實基本判斷，也導致各不相同的政治與政策主張。

經過多年的閱讀和思考，特別是對現實和歷史的研究分析，我認為左右共識難以達成，但非極端的左右共存卻是必須的。原因在於左與右在本質上無法調和：左右之別是存在於無神論與信靠神之間，在辯證法與邏輯思維之間，在平等與自由的價值之間，在激進革命與審慎變革之間，在推翻重來與尊重傳統之間，在理性主義和理性有限之間，在標新立異與基本權利之間，在創造規則與自發秩序之間，在認識世界與改造世界之間，在致命的自負與承認人性弱點之間。如果之前我們還心存良好意願，尋求共識之道，這些年來的現實應該讓我們明白了，左右之別不僅僅是立場之別、觀點之別，也不僅是政策之別、路徑之別、方法之別，而是根本方向不同、基本價值不同。正如尼采所言：真相最大的敵人不是謊言而是信念。

進而，在現實層面，特別是在中國社會語境下，我們不可忽略，左／右從來不是平分秋色、勢均力敵的。所謂右派在歷史上和現實中的處境自不必言說，忘記和忽視這一點再有良好初衷也無濟於事。出於善良心願尋求左右共識的努力固然可嘉，但由於現實政治的作用即左／右派與體制（權力）的不同關係，這種經年累月的努力卻越來越顯得一廂情願，不著邊際。尤其是在左右完全失衡的中

國社會，一方是風生水起，左左逢源；另一方卻是屢遭風雨，無處立足；如此情境何談共識？曾有人比喻在西方左派是引擎，右派是剎車，二者既相互配合又相互制衡，社會的車輪才能穩步前行。這比喻或許不錯，但在我們的社會卻中並無此相對均衡的狀態。更何況，左右之爭在本質上是方向之爭，若要比喻這一過程，應該是方向盤向哪個方向打，車子朝哪條道路開，而不僅是走還是停，是開快些還是緩慢些的區別。在以左為意識形態的體制下，右派恐怕只能是車輪下的沙石。

從經濟與社會進程來看，經濟上的平等主義、福利主義必然導向權力的擴張即大政府統治，切蛋糕的刀柄必然控制做蛋糕的雙手。這意味著極權統治的經濟基礎。

過度強調「政治正確」——平等主義或平等至上，文化上的多元主義和極端相對主義，將權利平等泛化為抹平差別，甚至用非正義程序人為地制定傾斜政策，導致反向種族歧視，甚至壓制不同思想和意見的表達，都將導向極左和極權。

簡而言之，左與某主義有著內在相通的價值：抱持階級鬥爭思路，認同成王敗寇邏輯，鬥必你死我活，辯不贏會借助強權之手打壓異己。而歷史一再顯示，抱持大同理想、標榜平等至上、努力改造人性者最終無一例外地走向專制極權，給本國乃至世界帶來巨大的災難。我們切不可置歷史與現實於不顧，視常識和常理為無物，我們必須反思，慎行。

別無選擇

跨越2020-21年的美國大選，不僅在其本國引起堪比南北戰爭的衝突，也在中國乃至世界範圍內掀起軒然大波。之所以矛盾凸顯對

抗激烈，是因為此次大選不僅是川普與拜登的總統之戰，不僅是共
和黨與民主黨的黨派之爭，而是如前所述決定美國成敗、美國的國
際戰略地位、甚至人類命運的重大選擇。正是由於人們都意識到了
這一生死攸關的選擇，才會如此關注甚至無論是否有選票都積極參
與表達觀點。

　　人們的爭論發生在幾乎所有的問題上。從大選是否存在舞弊、
是否有影響選舉結果的大規模舞弊？從州到聯邦法院、參眾兩院如
何公正對待和做出判斷？三權之間關係的憲法法律問題，到主流媒
體、社交媒體的權力是否正當行使和受到限制？幾乎無所不涉及。
對於熟悉或不熟悉美國政治的中國學者和公眾來說，所有圍繞著美
國大選的爭論又都關聯著對中國政治現實的看法，因而存在各不相
同甚至完全對立的看法是必然的。

　　從爭論過程來看不難發現，雙方或多方在基本價值觀層面，即
追求憲政民主、自由、人權、法治的大方向上似乎並沒有分歧，分
歧多存在於事實判斷，而這只是表面現象；爭論者對資訊材料的採
信、取捨、判斷的天差地別有著更深層次的價值區分，關鍵仍在於
前述的左右之別。簡而言之，事實判斷重於價值判斷；然而事實的
取捨與價值判斷有關。無法繞開的一個事實判斷是：是否存在造假
舞弊？凡是迴避或繞開這一關鍵問題都是不誠實的表現。

　　無論大選以何種結果結束，有幾個重要問題是難以繞過的：

　　1. 一個合理的制度一旦建立起來並良性運行二百多年是否即可
萬保無虞？肯定性答覆是相信美國民主制度不會敗壞、燈塔不會暗
淡、官員不會墮落，因而「完備的選舉制度不是紙糊的，出現系統
性作弊是不可能的」。我認為，首先，憲政民主共和政體並非完美
的制度，因為世上本沒有完美之物，而只是最不壞的制度；進而，
如托克維爾所言，制度的建立和持續需要民情基礎，而民情則須建

立在有共同信仰的普世價值認同之上。其三，此處還有一邏輯問題，如果認為制度堅不可摧，卻為何認為川普作為總統破壞了民主制度、製造了社會分裂？這裡邏輯無法自洽。在此讓我們回顧一下哈耶克的警示：他認為已經取得的成就，並非永保無虞、萬無一失的財產。他始終以極其警醒的態度防範極權主義——經由「集體主義」、「社會主義」而達到奴役狀態。另一位思想家阿倫特則預言：「即便在最安穩的民主國家裡，極權主義要素也一直伴隨著我們，只不過它們不再以20世紀中期的形態出現」。切記，任何不受制約的權力都會不可避免地作惡。

　　2. 有學者認為選舉舞弊是重罪，相關的法律極具威懾力，代價之大會讓作奸犯科者無法承受。因而懷疑成熟的選舉制度就是陰謀論，是放肆的抹黑。我的問題是，按照此邏輯國家治理制定嚴刑峻法即可萬事大吉？所以選民和候選人在選舉過程中可以高枕無憂？質疑出現的舞弊現象都是發現者和揭露者的放肆抹黑？此外，確認舞弊是否存在的根據應為事實證據、證人證言還是司法是否受理和媒體是否報導？這裡也有一個邏輯問題：有學者認為「作弊只是個別現象，不會影響選舉的結果；任何選舉都會存在不同程度的作弊」，問題是：所以作弊可以忽略不計？不予追究？這與前面的「重罪說」是不是又自相矛盾？

　　3. 作為第四權力的媒體特別是主流媒體的權力邊界在哪裡？誰來監督並制衡似乎獨立於三權的權力？媒體本身可否成為是事實判斷和是非判斷的標準？建立在高科技基礎上的社交平臺的權力如何行使和制衡？ 從主流媒體眾口一詞動作一致地站在一個黨派立場、只報導一類消息、只批判川普等中國受眾特別熟悉的作法，到1月6日之後川普總統在推特、臉書、谷歌、亞馬遜等所有社交平臺被全面封殺，一個人類不曾面臨的問題撲面而來：在互聯網時代我們

如何應對數位極權統治的現實？這是高科技巨頭、金融大鱷、高官政客、媒體平臺和普通公民都捲入其中的巨大漩渦。

上述問題是無法迴避的困擾，只能說自己有些不成熟的看法但並無結論。本文並非學術理論文章，且限於篇幅，故不長篇大論，也不引經據典；只言常識常理，只論基本邏輯，不當之處在所難免。隨著大選之幕徐徐落下，有人黯然神傷憂心於美國的民主和人類的命運，也有人歡呼雀躍覺得自己無論如何是贏了。我在2020年11月初關於美國大選的想法至今未變，陳述如下以為記錄：

1. 真相和真理比輸贏重要。故不以成敗論，而以是／非、正／邪、善／惡論；只能選擇站在正義一方，沒有中間立場和中間道路。

2. 即使川普總統不能連任，依然肯定他執政四年的政績，支持其政治主張，治國理念，認同其基本價值觀。

3. 左與共（產主義）通，訴諸於人性之惡，不會消亡於一時。如果人類自己選擇走向深淵，誰也無法阻擋。畢竟，即使最不壞的制度要持續運行，不僅要靠規則（法律）與程序，而且離不開道德人性。

2021年1月16日 初稿 1月20日 修改

郭于華，北京清華大學社會學系教授。主要研究領域為社會人類學、農村社會研究、口述歷史研究等。關注社會轉型過程中的國家—社會關係、農民口述歷史、農民工權益保護、社會運動與公民社會成長等。著有《正常就好》（2020），《受苦人的講述：驥村歷史與一種文明的邏輯》（2013），《傾聽底層》（2011）等專書。

川普現象與華人自由派知識分子的分化

包剛升

　　隨著2021年1月20日美國新總統就職典禮的順利舉行和白宮權力的和平交接，美國歷史又翻開了新的一頁。儘管喬・拜登已經就任美國新總統，唐納德・川普已經離開白宮，但關於川普、川普現象和川普主義的爭論並沒有結束。川普從上臺到施政、到再次競選以及再到離任前的一系列政治動作，都引發了華人自由派知識分子內部的分裂。這些華人自由派知識分子普遍信奉自由價值觀，認同民主憲政與市場經濟的基本理念，但他們在川普和川普現象上幾乎是針鋒相對，這可算得上是進入21世紀後華人思想界的一次大分化。

　　問題是，過去彼此視為同道的華人自由派知識分子為什麼對川普和川普現象有著截然相反的觀點呢？這種觀點衝突的背後又反映了他們何種認知差異呢？本文認為，華人思想界的這次大分化，從表面上看，乃是對美國政治基本理解的不同，而從本質上說，乃是他們意識形態與底層觀念的重大差異。這次大分化，其實只不過是把華人自由派知識分子內部原本就存在的重大分歧擺到了桌面上。

　　引發這次大分化的直接原因，是華人自由派知識分子對美國政治基本理解的不同。首先，充滿爭議的是，對美國政治來說，究竟是政治家的基本政策重要，還是政治家的個人風格重要？即便在保守派或共和黨的支持者中間，川普的個人風格仍然是毀譽參半的。

跟其前任們相比，川普可算得上是言行粗鄙、口無遮攔，他還常常肆無忌憚地攻擊包括希拉蕊‧克林頓、拜登在內的政治對手。毫無疑問，作為一位在任總統，他的做法是有失體面與尊嚴的。而借助推特和臉書等自媒體平臺，川普的這種言行特點又被放大了。

但在川普的支持者看來，跟他的個人風格相比，更重要的是他的基本政策。總體上，在新冠疫情來襲之前，川普的國內經濟社會政策更偏向保守主義，包括大規模減稅、一般性地放鬆管制、取締由於環保需要而對能源產業設置的諸多限制等，川普的國際政策更偏向美國優先、現實主義和民族主義，包括限制和控制移民規模、對其他主要國家採取強硬立場、單邊主義的行事風格、避免發動或捲入戰爭以及實質性地推動中東和平進程等。在川普政策的支持者看來，這正是當今的美國所需要的基本政策。進一步說，在那些不那麼欣賞川普個人風格的華人自由派知識分子看來，由於民主黨的基本政綱——無論是希拉蕊‧克林頓上臺還是拜登執政——對美國來說都是一份「錯誤的政策清單」，因而他們只能支援共和黨人川普。這似乎有著「兩害相權取其輕」的意味。

而川普的反對者一般認為，川普的基本政策本身就是錯誤的，包括減稅主要只是有利於高收入群體，只會繼續拉大美國貧富差距；限制移民破壞了美國自由主義的傳統和政治正確；單邊主義的做法傷害了美國的全球領導力，不利於自由主義的國際秩序，等等。更重要的是，川普作為總統的個人風格絕非無關緊要。因為美國民主憲政體制的維繫，不僅有賴於憲法和分權制衡體制，而且有賴於一代代政治家對美國政治傳統小心翼翼地守護和捍衛。川普不僅言行粗鄙，作為總統有損美國的尊嚴，而且還具有強烈的威權主義人格，甚至已經威脅到美國的民主憲政體制。比如，哈佛大學兩位教授李維茲基和齊布拉特在《民主是如何死的？》一書中，就把川普

看作當代的德謨咯葛（demagogue，即民粹領袖），將其視為美國民主憲政體制的威脅[1]。有主流媒體認為，2021年1月6日國會大廈的暴力入侵事件一定程度是跟川普在推特上的政治煽動有關的。川普的反對者普遍認為，這種指控並非空穴來風。CNN（美國有線電視新聞網）甚至在川普卸任以後還刊發文章，控訴川普「濫用權力的十大罪行」[2]。

即便如此，川普的支持者認為，儘管他是一位言行粗鄙的政治家，但他遠不可能構成對美國民主憲政體制的威脅。一方面，美國有著一套非常堅實的制度安排和非常優良的政治傳統，三權分立、中央地方分權、媒體監督、公民參與以及武力部門效忠憲法等，都會約束在任總統的政治權力。另一方面，川普縱使有諸多缺點，他也不可能成為一個威權主義的政治領袖。一個整天被主流新聞媒體——從《紐約時報》到CNN——批評的總統，一個被眾議院彈劾的總統，一個被自媒體平臺限制發言、直至最後封號的總統，怎麼會成為美國民主憲政體制的威脅呢？

在許多部分支援或同情川普政策的華人知識分子看來，在2020年12月14日各州選舉人團投票之後，川普的許多做法在政治上是有失體面的，甚至確實不能排除川普的個人言論跟1月6日國會大廈事

1　Steven Levitsky and Daniel Ziblatt, *How Democracies Die*, B/D/W/Y Broadway Books, 2018. 台灣譯本的書名為《民主國家如何死亡》，參見：丹尼爾‧齊布拉特，史蒂文‧李維茲基著，李建興譯，《民主國家如何死亡：歷史所揭示的我們的未來》（台北：時報文化，2019）。關於這部作品的學術評論，參見拙文：包剛升，〈從德謨咯葛看民主的危機〉，《讀書》，2020年第10期，頁21-30。

2　Marshall Cohen, "Chronicling Trump's 10 Worst Abuses of Power," Jan. 24, 2021, https://www.cnn.com/2021/01/24/politics/trump-worst-abuses-of-power/index.html.

件有關，但需要指出的是，川普畢竟同時也公開發表講話稱「反對暴力」、「尊重法律與秩序」、「共和黨是一個法律與秩序之黨（the party of law and order）」等。因此，他們仍然有理由認為，川普可能威脅美國民主憲政體制的風險顯然是被過分誇大了。

其次，華人自由派知識分子的另一個主要分歧是：當今美國政治的優先問題到底是什麼？這個問題非常複雜，但總體上，華人自由派知識分子中的自由一翼──相對於保守一翼──更接近美國自由派（liberals）的立場，更重視美國政治中的平等議題。這跟他們的基本意識形態立場有關。在經濟社會領域，他們看到的是美國不同族群之間在經濟收入和社會待遇上的差別──這也是BLM（Black Lives Matter）運動的社會與思想基礎；在移民政策領域，他們主張美國應該繼續實行高度開放的，不區分族裔、宗教和來源地的移民政策，應該繼續奉行文化多元主義，反對修築美墨邊境牆，反對根據族裔與宗教限制移民，反對白人主導主義等。他們甚至把這一整套主張發展成為一套政治正確的敘事，凡反對這套主張的就是政治上不正確的。就此而言，川普就是一個政治不正確的總統。

由於民主黨從新移民群體中獲得更多的選票，所以，美國自由派這方面的主張恰好跟民主黨的政治利益不謀而合。這裡不僅有理念認知與意識形態認同的問題，而且還有現實的黨派政治利益。在一個選區，選民中的新移民比例越高，民主黨的政治優勢往往就越大。所以，民主黨不管是出於理念原因還是出於選票需要，就更支援更自由寬鬆的移民政策，更支持BLM運動，更強調美國的族裔不平等議題等。

而華人自由派知識分子中的保守一翼更支持美國保守派的基本觀點。他們認為，美國政治面臨的最大風險，根本不是什麼族裔平等不夠的問題，而是在大規模移民和文化多元主義的衝擊之下，原

有的美國文明能否存續的問題。實際上,這也是美國保守派現實主義政治學家、哈佛大學政治學教授亨廷頓的觀點。他在2004年出版的身前最後一部著作《我們是誰?》中認為,美國政治文明的核心不僅在於美國憲法、自由傳統與法治,更在於盎格魯(族裔)—新教(宗教)傳統,而大規模的移民和過度的文化多元主義可能會削弱美國的政治傳統,甚至導致美國文明的衰落與瓦解[3]。亨廷頓的這一觀點在今天美國激進自由左翼人士看來不僅不能接受,甚至還有種族主義之嫌。

保守派認為,川普的基本政策證明他在這一方面就是亨廷頓的信徒。無論是把修築美墨邊境牆作為政綱,還是上臺伊始就頒佈七個穆斯林國家人口的入境限制令,還是在國內重申美國的政治傳統,都以或隱或現的方式展現了川普在族裔、宗教問題上的保守派立場。美國主流媒體常常攻擊川普是一位白人主導主義(white supremacy)者,進而認定他是一位種族主義者。但有趣的是,川普既不承認也不否認自己是白人主導主義者。他一方面強調美國政治文明的傳統,另一方面強調自己總統任內為少數族裔群體——主要是拉丁裔和黑人——做了許多實事。有人在《華盛頓郵報》撰文認為,亨廷頓是川普時代的預言家,川普未必是亨廷頓的理論信徒,但他的做法在相當程度上跟晚年亨廷頓的思想不謀而合[4]。

3　Samuel P. Huntington, *Who Are We? The Challenges to America's National Identity*, New York: Simon & Schuster, 2004. 撒母耳·亨廷頓著,程克雄譯,《我們是誰:美國國家特性面臨的挑戰》(北京:新華出版社,2005)。

4　Carlos Lozada, "Samuel Huntington, a Prophet for the Trump Era," July 18, 2017, https://www.washingtonpost.com/news/book-party/wp/2017/07/18/samuel-huntington-a-prophet-for-the-trump-era/.

　　從這個角度看，保守派會認為，對美國來說，川普的保守主義政綱不僅在經濟上更正確，更有利於美國的經濟績效，而且更重要的是在族裔問題、文化多元主義問題上打響了一場美國文明正統的保衛戰。當然，美國自由派的觀點恰恰相反，他們認為，美國價值的核心乃是自由、平等、法治、包容與多元主義，這才是成就美國偉大的核心價值，而決非什麼強調特定族裔與宗教傳統的優先性。

　　再次，華人自由派知識分子內部對川普外交政策及其後果的看法差異甚大。他們基本上都同意，美國的自由、繁榮與強大關係重大，自由主義全球秩序的維繫也是關係重大，但他們內部對於如何達成這兩個目標，以及川普外交政策究竟是否有利達成這兩個目標，存在著完全不同的看法。

　　華人自由派知識分子中的自由一翼更贊同美國民主黨的外交政策，也代表了美國國內自由派的基本觀念，包括國際主義或全球主義，民主促進政策，多邊主義等。實際上，拜登在2019年3-4月號的《外交事務》上撰文強調「美國必須重新領導世界」，川普的外交政策顯然已經傷害了美國的全球領導力，拜登的基本政策就是回到美國民主黨外交政策的傳統立場，包括外交職業主義、重視國際組織、重新團結盟友、多邊主義政策、應對氣候變化、促進自由民主、人道主義精神以及不排除用武力政策等[5]。總體而言，美國民主黨的外交政策是自由主義的，目的是為了實現美國自由霸權主義之下的全球自由主義國際秩序。

　　然而，在保守派現實主義者看來，美國後冷戰時代外交政策的

5　Joseph R. Biden, Jr., "Why America Must Lead Again: Rescuing U.S. Foreign Policy After Trump," *Foreign Affairs*, Vol. 99, No. 2 （March/April 2020）, pp. 64-76.

實踐效果並不理想。芝加哥大學國際政治教授約翰・米爾斯海默甚至將這一政策視為「大幻想」（the Great Delusion），既無助於美國的強大，又無助於強化全球自由主義的國際秩序[6]。在支持川普外交政策的保守派看來，川普宣導美國優先的政策，表面上似乎是一種「自私」的外交政策，但實際上可以通過收縮美國的外交戰線來避免美國的衰落，而更能維持美國的繁榮與強大。沒有美國的繁榮與強大，就更難維繫全球的自由主義國際秩序。

此外，川普看似魯莽的單邊主義政策背後，其實包含著相當的博弈理性。多邊主義貌似彬彬有禮，能夠表現美國作為全球最強大國家的外交禮儀與風度，但多邊主義在諸多涉及重大利益衝突的問題上常常不是一種有用的政策，要麼難以達成什麼協定，要麼即便達成了協定也無法達成美國的目標。既然美國是法治化的、依靠市場經濟的、實行自由民主政體的國家，所以，即便美國堅持美國優先，在外交政策上採用單邊主義的做法，往往不會導致不靠譜的政策結果，相反卻使得美國具有足夠有效的行動能力，進而有利於維繫全球自由主義的國際秩序。進一步說，即便對全球體系中跟美國的意識形態和政治制度差異很大的主要行為者來說，川普這種貌似魯莽的單邊主義，反而會迫使這些主要行為者在內政與外交上採取相對溫和的做法，這就有利於全球自由主義國際秩序的穩定。正是基於這些原因，美國主流的外交雜誌都刊文指出，川普的外交政策似乎並不像它起初看起來那麼糟糕，甚至認為川普的貿易政策正在讓美國變得更強大[7]。

---

6 John Mearsheimer, *The Great Delusion: Liberal Dreams and International Realities*, New Haven: Yale University Press, 2018.

7 Robert D. Blackwill, *Trump's Foreign Policies Are Better Than They Seem*, Council Special Report No. 84, April 2019, https://www.cfr.

　　上述討論從三個主要方面分析了華人自由派知識分子內部對川普和川普現象的不同認知與判斷。綜合來看，他們內部的自由一翼和保守一翼對於美國政治有著完全不同的理解。問題是，面對同樣的政治現實，為什麼兩派會有完全不同的認知，並形成了完全不同的結論呢？這就跟華人自由派知識分子內部的意識形態與底層觀念差異有關。

　　由於同屬自由派陣營，他們內部的這些差異過去被掩蓋了，而正是因為川普和川普現象，這些差異才得以充分地顯現。從更根本的意識形態與底層觀念的視角來看，這裡的兩派知識分子對於資本主義、對於自由民主政體、對於西方文明、甚至對於何謂理想的政治秩序都有著很不一樣的理解。

　　具體來說，首先，華人自由派知識分子內部對於何謂資本主義或者何謂理想的資本主義就有著很不一樣的理解。保守一翼強調資本主義的古典模型，自由一翼強調後羅斯福時代的資本主義模式和平等元素。保守一翼強調20世紀的左翼思潮給人類社會帶來的諸種困境，信奉以著名經濟學家弗里德里希・哈耶克為代表的奧地利學派的觀點，強調自由放任型小政府的資本主義模式，同時還主張政府干預和再分配政策往往會導向一條「通往奴役之路」[8]。自由一翼深受凱恩斯主義經濟學和羅爾斯現代自由主義政治哲學的影響，強

（續）───────────────
　　　org/sites/default/files/report_pdf/CSR%2084_Blackwill_Trump.pdf;
　　　Robert E. Lighthizer, "Trump's Trade Policy Is Making America
　　　Stronger: A Response to Critics", *Foreign Affairs*, July 20, 2020,
　　　https://www.foreignaffairs.com/articles/china/2020-07-20/trumps-trade
　　　-policy-making-america-stronger.
　8　弗里德里希・哈耶克著，王明毅等譯，《通往奴役之路》（修訂版）
　　　（北京：中國社會科學出版社，2015）。

調政府的積極角色，重視再分配、福利國家和平等的重要性。顯而易見，華人自由派知識分子內部的前者更贊同共和黨的政綱，後者更贊同民主黨的政綱，也就不足為奇了。

其次，華人自由派知識分子對於何謂自由民主政體或者何謂理想的自由民主政體在理解也有很大的差異。保守一翼更從精英主義模型來理解自由民主政體，而自由一翼更從平等模型或平民主義模型來理解自由民主政體。前者強調從機會角度來理解政治平等，同時較重視精英與大眾的平衡，甚至不認為越是平等的民主就越是好的民主，而是強調平等和效能之間的妥協，普通大眾政治參與和政治精英專家治國之間的協調。但後者更強調實質性的政治平等，強調普通大眾在政治生活中扮演更重要的角色，同時由於深受20世紀60、70年代以來的平權運動思潮影響，強調不同族裔、宗教、種族、性別、年齡以及根據其他各種特質區分的不同人群應該享受同等的權利與資源。顯然，前者更傾向支持共和黨，後者更傾向支持民主黨。

再次，對於到底何謂美國文明或西方文明，華人自由派知識分子內部也出現了重大分歧。簡而言之，保守一翼更基於歷史的、族裔的和宗教的傳統來理解美國文明或西方文明。按照這個理解，美國文明自然就離不開古希臘與古羅馬的歐洲古典傳統、歐洲白人族裔的主導性和基督教的宗教背景。保守派的主張是，特定的政治經濟模式或文明模式，往往是跟特定的歷史、族裔和宗教傳統有關的。基於這種觀點，美國文明要想維繫自身的特質，就需要強調其歷史、族裔和宗教傳統。不可否認的是，這種觀點甚至還帶有很強的歐洲中心論與白人文明優越論。然而，自由一翼並不認同這種觀點。不僅如此，這在他們看來還是政治不正確的。相反，美國文明的核心不過是一套超越特定歷史、族裔與宗教傳統的基本規則。這套基本

規則的核心價值包括：自由、平等、法治、包容與多元主義。而正是這套基本規則成就了今日的美國文明與西方文明。而到了21世紀20年代，美國不僅不應該向所謂的白人主導主義立場退縮，更應該深化這套基本規則。正是由於這種認知，在他們看來，更自由開放的移民政策和更平等的族群宗教多元主義應該成為美國的基本政策。由此可見，華人自由派知識分子內部的兩派在基本政策上的區分可謂涇渭分明。

總體上，華人自由派知識分子中的挺川派——或者至少是部分支援川普基本政策的人士——和反川派的重要區別就在於，許多挺川派是按照古典資本主義模式、精英主義自由民主模式、白人文明特質論來理解美國文明的，而許多反川派是按照20世紀60、70年代以來已經在觀念和制度上重塑再造的、進步平權時代的主流觀念來理解美國文明的。這是兩者在基本認知上的重大差異。就知識背景而言，長期留洋的這代自由派知識分子，由於深受20世紀60、70年代以來英美進步主義思潮的薰陶，更容易變成反川派的知識分子。而主要依靠中國大陸的本土環境成長起來的華人自由派知識分子，其問題意識較多受到極左思潮禍害中國大陸的歷史的影響，其知識體系較多受到20世紀80、90年代以來中國大陸知識更新——特別是古典自由市場經濟理論、奧地利學派和保守主義思潮——的影響，因而出現了為數不少的挺川派著名知識分子。

如今，美國已經順利完成總統權力交接，拜登已經就任新總統，川普則默默地離開了白宮。即便川普本人的自媒體帳號被封禁，川普與川普現象仍然是美國政治的一部分。儘管川普走了，但關於川普和川普現象的爭論還在繼續。一方面，川普的離去和拜登的就任，意味著美國政治新一輪左右搖擺的開始。拜登上任第一周，就試圖以簽署行政命令的方式來逆轉（undo）川普給美國留下的政策遺產。

然而，問題是，美國政治中的許多結構性問題和衝突並不會因此就自行消失。21世紀20年代的美國，未來究竟要在歐巴馬—拜登政綱與川普政綱之間做出何種選擇，仍然會是一個充滿不確定性的問題。而今日美國的選擇將會形塑下一個世代的美國。

　　另一方面，川普走了，留下的則是已然撕裂的華人自由派知識界。華人自由派知識分子實際上更需要正視自身內部的問題，包括因為川普和川普現象而容易顯現的內部撕裂。這種撕裂之所以重要，乃是因為終究會關係到華人自由派知識分子對於中國未來政治命運的不同思考。這種撕裂折射的是他們在基本認知、意識形態、重要觀念、甚至是面向未來的政治解決方案上的重大差異。對於如今的華人知識分子來說，他們的角色遠沒有他們自己所想像的那麼重要，但即便其影響力不宜被高估，華人知識分子對於其內部撕裂的重新審視與反思，或許會在一定程度上影響華人社會的未來。

　　包剛升，復旦大學國際關係與公共事務學院教授，主要研究政治理論與比較政治，著有《民主崩潰的政治學》（北京，2014）、《民主的邏輯》（北京，2018）。

中國語境下的大撕裂

賀衛方

　　把全世界都攪得沸沸揚揚的美國大選終於塵埃落定，拜登宣誓就職，竭盡全力謀求連任的特朗普——又名川普，這個姓氏的翻譯很麻煩，容我用中國大陸通譯——黯然離開首都華盛頓。回顧這一段時間裡網上的各種爭論和撕裂，一時間竟有點不知從何說起的感覺。

　　有好事者曾以對特朗普的態度為標準，將中國知識界分為「挺川」和「黑川」兩大陣營，雖然我在選戰期間發表言論並不多，但還是被明確地劃分到「黑川」行列。當然，這對我而言並不冤枉，因為在為數不多的發言中，自己已經明確表達了特別希望民主黨能夠贏得本次選舉的期盼。而且，我對於特朗普的負面印象可謂由來已久。早在2017年1月20日特朗普就職典禮的當天，我就在自己的微信朋友圈裡寫下了這樣的短評：

> 晚上看了CNN特朗普就職典禮全程直播，坦率地說，這是一位令人失望的人物。他張揚而自卑，肢體語言顯得缺乏教養，表情上甚至有一種厭惡所有這一切的神態。直到他宣誓之前，我都擔心他是否會突然站起來拂袖而去。副總統Pence以及身邊人們的任務彷彿是在全力勸說他：「求求你，配合一下吧，很快

就結束了。」至於演講的內容，也真是乏善可陳，充斥著空頭
承諾、民粹動員、封閉幻想，是我看過的美國總統就職演講裡
最黯淡無光的一個。我很懷疑他能否完成自己的四年任期。

　　這則言論在最近的討論中被挺川人士截頻展示出來，作為罪
證。有趣的是，即便是在我多達五千關注者的朋友圈裡，當時的這
則評論並沒有受到多少批評性回應，反而是大多都是贊成的留言。
現在想來，在當時中國政府的觀察中，與特朗普打擂台競選的民主
黨候選人克林頓在她國務卿任職以及競選期間表現出對中國的強硬
立場已是昭然若揭，反而作為商人和所謂「政治素人」的特朗普，
卻令人產生一種無事不可能（nothing is impossible）的可交易想像。
所以，當時的知識界和其他民間人士，內心裡希望克林頓當選者更
多也未可知。

　　四年的時間過去了，特朗普在中國朝野兩方面的印象已經發生
了很大的逆轉。由於美國政府對中國在貿易平衡、南海主權、香港、
台灣以及新疆等一系列問題上都採取了激烈的對抗立場，捕獲了越
來越多的中國人的歡心。這些「苦秦久矣」的人們是多麼喜歡這位
對於中共及中國政府下得狠手的美國總統，多麼希望他能夠再來四
年；相應的，他們對特朗普的競爭者民主黨及其候選人拜登就不免
百般詆毀，怒其必爭了。美國華人尤其是法輪功系統的媒體，那可
真叫：一片花心唱川譜（普），漫天驟雨澆拜燈（登），反差何其
極端！

　　這場由美國大選引發的爭端和撕裂是如此激烈而慘重，以往為
中國的自由、憲政以及人權而並肩抗爭的同道們竟分作涇渭分明的
兩派，這是半個世紀以來最嚴重的裂變。不獨此也，粗略觀察，過
去認為屬於自由派知識分子的陣營中，居然是「挺川派」占據了多

數。不久前，一群挺川學者還專門推出名為《川普主義》（副標題：保守傳統價值 重塑美利堅榮耀）的出版物，以為其自命的「保守主義者」的輿論陣地，成群結隊，聲勢不小。

這裡，不妨結合相關爭論的三個焦點，把自己的一些觀點加以闡述或重申，當然也是一種反思。

1. 於美國的兩黨政治。西方近代型政黨制度從起源之日開始，便是不同利益的組合和競爭。特定政黨維護本黨所代表的利益，同時也承認其他政黨存在的正當性，並在競爭中尋求妥協。因為只是作為局部利益的代言人，所以英文裡使用了以part為詞根的party一詞指稱政黨。這樣的政黨理念也伴隨著美國立國以後的整個歷史。最初是偏於維護聯邦與偏於維護州權及公民個人權利的兩個政黨之間的鬥爭。在過去超過一個半世紀裡，進入到現代兩黨制度的穩定期，兩黨之間逐漸形成了對於一些重大社會政策性相對確定的分歧，諸如稅收傾向、政府角色、平權運動、墮胎權利、移民政策之類。在分歧之外，兩黨在諸如民主政治、私有財產保護、司法獨立、新聞自由等更重大的價值方面卻有著深刻而廣泛的共識，二者之間正是在這種既有共識也有衝突的過程中推進著社會穩定地前行。

但是在中文媒體所出現的這場爭論中，一些支持特朗普的人們卻把共和黨和民主黨之爭說成正義與邪惡之間的戰爭，尤其是抓住某些極端主張，以偏概全，抹黑整個民主黨。另一方面，又把共和黨神聖化，甚至肉麻地把特朗普說成是「天選之子」，一個世俗總統儼然變成拯救美國甚至世界的救星，真是對這些言必稱民主者的大諷刺，就基督徒而言，這種對於一個活人的崇拜更是一個大諷刺。

中文網上那麼多對於美國左派的攻訐跟中國人的經驗有關，那就是，一聽到左派，就把它想像為中國語境下的左派。我在回應一位力挺特朗普的朋友時說：

在一個健全的西方民主、憲政、法治體制下，在資本主義的正
軌中，保守派和自由派形成了相互平衡的兩翼，在距離馬克思
很久之前英國就有輝格黨，也有托利黨，在美國有共和黨也有
民主黨，這真正如鳥之兩翼，車之兩輪，缺一不可。鐘擺效應
下，社會的各個領域都會週期性的有所調整。但是，近年來國
內頗有一些學者把希望全部寄託在西方保守主義的一端，又把
西方左派等同於馬克思左派，對前者讚美不已，對後者不屑一
顧，這分明是把杭州當汴州，扭曲了西方左右的真實譜系，也
難以對中國起到對症下藥的效果。中國缺乏西方的右派，也缺
乏西方的左派。毛澤東曾說他喜歡跟共和黨交往，也不是偶然。
我曾到費城參觀憲政紀念館，其中有個測試器，讓你選擇各種
問題，例如稅收、墮胎、持槍、聯邦與州關係等等，我測試的
結果，居然是稍微偏向於民主黨的。我這個中國右派，到了美
國，居然迷失了政治方向！

但是，那位朋友在回應中仍然表達對於西方左派的極度反感，
回覆我說：

作為燈塔國的美國，已經建立的聯邦共和體制也並非確保無
虞，極權主義如同病毒一般會在政權和社會中長期存在，因其
訴諸於人性固有的惡。西方左派長期以來在政治正確上已經走
得太遠，在大學、媒體中成為絕對主流，甚至不許別人表達異
議……在這種情勢下，平分秋色、勢均力敵是無法達到的。西
方社會的頹勢和許多危機與此有關。中國左派當然更加不堪，
抱權力粗腿玩得風生水起，但有一點他們在意識形態層面與西

方左派是相通的——主張社會主義，否定市場經濟，批判資本主義，抱緊馬克思主義等。

　　這樣的回覆表明了就是要把西方左派等同於社會主義，這是太強烈的偏見，也是對民主黨主張的嚴重扭曲。儘管難以說服，我還是作了進一步的回應：

　　其實，美國的情況並不像您所憂慮的那樣，似乎馬克思左派在大行其道。桑德斯最近在民主黨初選中的遭遇表明，民主黨的主流並不接受那種太靠近社會主義的極左主張，拜登就代表著一種穩健持中的左派觀念。從美國過去這半個多世紀的政治走勢看，也沒有出現一派獨大的情況，民主黨、共和黨之間的交替還是有著比較平衡的步調的。1920-30年代，美國尚且沒有走向社會主義，在蘇俄陣營解體、冷戰結束之後的今天，主流美國人更不會容許美國「接過列寧的旗幟」，這一點真的無需擔憂。……從福利國家的角度看，美國是西方世界最不福利的，比歐洲尤其是北歐國家差距甚遠。精英大學和主流媒體裡左派似乎占據了主導地位（歷史上一直如此），但還有非精英大學和Fox News呢。有意思的是，例如哈佛法學院的教授們偏左，但法學院的畢業生卻未必那麼整體地偏向左派，右翼精英——例如現任國務卿蓬佩奧——也在所多有。您說如今右派難以平分秋色、勢均力敵，但是上次大選選票計算結果不是證明從全國範圍內看，雙方之間差距甚微麼？況且如今參議院在共和黨手中，最高法院大法官中保守派占據多數，您放心，兩派還是比較平衡的。對了，我私心希望下次總統選舉，民主黨能夠勝出，主要考慮到最高法院的構成，現在保守派太多了。如果特

　　朗普再幹一屆，估計那位女大法官金斯伯格絕對熬不過去了。

　　我一語成讖，上文是2020年5月寫的，金斯伯格大法官連特朗普的一屆任期都沒有熬過去，9月18日就病逝了，特朗普得以提名並任命保守派聯邦法官巴瑞特為新晉大法官。能夠在一個任期裡任命三位聯邦最高法院大法官，也成為特朗普為美國保守派作出的最重要的政治貢獻之一。好在這幾位保守派大法官在此後涉及到大選的訴訟中表現出的並不是唯特朗普馬首是瞻，而是卓越的專業和獨立風範。

　　2. 基督教與美國憲政。在這次爭論中，中國的一些基督徒以及似乎皈依了基督教的學者因為特朗普不斷地宣稱自己的基督教福音派信仰而歡欣鼓舞，進而對其排斥穆斯林等非基督教國家移民的主張讚賞有加，並且表現出一種強烈的信念，即美利堅合眾國的憲政以及保守主義哲學的根基正在於基督教新教的信仰，不僅如此，對於其他國家而言，也只有確立了這種基督教信仰，才可能建立憲政體系。這一點，在前面提到的那本書《川普主義》的作者群裡，儼然變成一種共識。

　　從大學三年級開始，我個人關注基督教及其與西方法治關係的歷史已經四十年，自己的本科和碩士學位論文的主題都是中世紀教會法及其對世俗法的影響。我當然知道，歐洲的憲政體制與基督教（包括天主教）之間所具有的深刻關聯。例如，中世紀歐洲流行的教會權力與世俗權力之間的兩分乃是近代憲政分權體制的歷史淵源之一，同時也正是這種強調「上帝的歸上帝，凱撒的歸凱撒」的傳統成為近代憲政中政教分離的源頭活水。對於美國的立憲國父們而言，他們之所以要通過憲法第一修正案規定不得確立國教的準則，也是因為他們看到了在歐洲以及北美殖民地時代的宗教迫害，因而

對世俗權力與宗教信仰結合在一起所產生的危害有極大的憂慮。

　　至於說到美國憲政體制，尤其是權力分立、聯邦制以及憲法所確立的各種維護自由與人權的準則，有些屬於國父們的天才創造，更多的則是悠久的西方文明演進成果，基督教只是憲法的淵源之一。其他重要的根基要素包括前基督教時代的希臘政治哲學、羅馬法，以及英國法律史上所逐漸形成的司法獨立和法律職業化等等。雖然由於大法官具有僧侶身份，英國的衡平法滲透了一些教會法的立法和原則，但整體而言，美國所繼承的英國法中仍然以世俗的成分為主導。約翰‧亞當斯（John Adams）說得最真切：「讓我們研究自然法，研究英國憲法的精神，閱讀遠古時代的歷史，思考希臘和羅馬的偉大範例，追思我們自己不列顛祖先的行為，他們為捍衛我們人類與生俱來的權利抵抗外來的以及內部的暴君及篡權者。」

　　不僅如此，在美國的種族以及文化越來越多元化的今天，作為一部適用於如此繁雜移民組成國度的憲法，必須具有超越基督教的包容性。在過去的一個多世紀裡，作為自由樂土的新大陸成為世界各地人們的嚮往之地，紐約港前面的自由女神像見證了多少不同信仰和膚色的人們進入這個國度，他們有南美洲或愛爾蘭的天主教徒、受納粹迫害的猶太人、印度或印尼的穆斯林、中國或越南的佛教徒或無神論者，凡此種種，他們中的許多取得了美國的公民身份，卻無須改變自己的信仰。這些移民的子女中，甘迺迪、奧巴馬成了美國總統，布蘭代斯（Louis D. Brandeis）成為第一位猶太裔大法官（金斯伯格是首位女性猶太裔大法官），國會議員、聯邦法官、行政當局高官中各種族裔繽紛多彩，如今的美國，誰敢公然宣稱WASP（即白人—盎格魯—撒克遜—新教徒）才是主流？

　　還有，在20世紀，一些基督教並不占信仰主流甚至很少基督徒的國家裡也建立起運行良好的憲政和法治體制，日本就是一個絕好

的例證。儘管麥克亞瑟主導的現行日本憲法具有美國憲法相當的影響，但是，一方面，這種影響的內容本身並非與基督教信仰相關聯，另一方面，支撐當代日本憲政的根基觀念也並非完全是西方舶來品，更有前明治時代超過七個世紀中所形成的「統」「治」分離以及幕藩體制下的地方自治傳統。另外，台灣在過去三十多年裡從威權向民主體制的成功轉型也是另一個鮮活的證明。無視西方憲政跟基督教信仰及教會之間的關聯固然不符合歷史，但誇大宗教的作用，卻足以導致一個令人絕望的結論：中國的憲政夢必將是「此恨綿綿無絕期」。

　　3. 中美關係惡化：原因與未來。在中美關係方面，特朗普時代意味著過去延續超過四十年那種接觸、擁抱以期改變的政策的終結。無論是行政當局，還是參眾兩院，都不斷地推出各種強硬舉措，步步緊逼，令中國當局窮於應付，難以招架。中美關係如此斷崖式的惡化不禁讓許多追求中國政治轉型而不斷受挫的國人感到歡欣鼓舞，他們非常期盼這樣的打擊能夠延續下去，而且不斷加大，並且很自然地擔心一旦特朗普不能連任，在他任期裡已經風生水起的這番大事業將前功盡棄，一切又回到此前的那種混沌無望的情形。

　　全面評價近年來中美關係惡化的效果超出了本文的範圍，這裡只是指出一個弔詭的事實：隨著特朗普時代美國政府對中國打擊力度的加大，在中國內部所發生的卻是人權狀況的持續惡化。修改憲法取消國家主席的任期限制，建立一個地位超越並壓制司法權的監察委員會，對國內活躍律師群體的更為嚴厲打壓，執政黨對民間組織和企業控制的強化，教育以及新聞領域嚴重倒退，對於全民實施無孔不入的數位化監控，港版國安法的出臺，新疆等地發生的針對穆斯林的行動，凡此種種，可謂罄竹難書。

　　當然，所有這些不能歸咎於特朗普以及美國政府，毋寧說是中

國內在邏輯的一種展示。也可以說，導致美國政府對華政策逆轉最
關鍵的推動者，不是美國方面，而是中國當局。包括美國在內的西
方國家長期奉行的類似「懷柔羈縻」的策略完全失效，轉而使用大
棒甚至炮艦也就成為必然。一個根本性的困難在於，懷柔也好，大
棒也罷，當一國內部沒有形成一種足以制衡威權的體制性的
（institutional）以及社會化的力量，外來壓力所帶來的經常是一種
反向效果。尤其是對象國體量遠遠超過如伊朗、朝鮮的情況下，指
望外部的種種制裁和號召就能引發國內的變革就更是一廂情願了。

　　另一方面，多少可以安撫中國的那些特朗普擁躉的是，拜登上
任後，雖然推翻了特朗普在內政外交方面的許多政令，但是涉及中
國的各種施壓政策卻得到了延續。新任國務卿以及國家安全顧問、
防長等都表達了維持對華強硬路線的明確態度。而且，與特朗普不
一樣的是，拜登當局更強調在對華政策方面與歐洲以及傳統盟國之
間的協調作業，同時又注重制裁中國的時候以「手術刀」而非「大
砍刀」所帶來的更為精確的打擊。這樣的延續與調整並重的戰略與
策略前景如何當然還有待觀察，至少可以讓中國黨政當局不必再抱
某種不切實際的幻想。

　　剩下的，就看我們中國人自己的了。孟子說得對：「夫人必自
侮，然後人侮之；家必自毀，而後人毀之；國必自伐，而後人伐之。」
反過來的道理是，國必自救，而後人救之。

賀衛方，北京大學法學教授，全國外國法制史學會副會長。研究
和教學領域包括法理學、法制史以及比較法學等。主要著作和譯作
包括《法邊餘墨》（2015三版）、《逍遙法外》（2013）、《石河
子劄記》（2016）、《我們法律人》（2019）等。

走入歧途的中國自由主義：
中國泛民派知識群體右翼化與挺川現象

滕彪

一、問題的提出：挺川的自由派？

2016年川普的橫空出世，2021年川普下臺之前的國會山之亂，
都引起美國和全世界的巨大關注，也劇烈地撞擊著美國的政治、社
會和思想版圖。中國的知識界也以空前的熱情，投入美國大選的激
烈爭論之中。

首先界定要討論的對象。它包括生活在中國大陸和來自中國大
陸而生活在海外的、傾向自由和民主的華人知識分子、民主人士、
異議人士、維權人士，反對共產黨的法輪功群體、宗教人士和民運
人士，也包括認同自由民主的網民[1]。（以下我用「泛民派知識群體」、
「泛民派」這一簡稱。「民」可以聯想到民主、民權、民間，作為
中共政治體制和意識形態的對立面。）一般說來，這一群體在不同
程度上支持人權、民主、自由和市場，但它涵蓋了西方語境下從左

---

[1]　雖然港台泛民派也存在挺川現象，本文的分析只有一部分適用於港
　　台，比如「社會主義的汙名化」、「反共情結和抵抗的挫敗感」，
　　在較輕的程度上，也包括「種族主義和社會達爾文主義」。

到右的政治光譜，內部複雜交錯，是個大雜燴。他們被當做一個群體來指稱，彼此之間尚有鬆散的群體認同，主要因為他們都對中國目前的政治體制持不滿或反對態度。

　　雖然沒有統計，但人們觀察到，中國泛民派知識群體的大多數支援川普[2]。中國知識界的論爭和分化無時無之，但從未比這一次來的更劇烈、更深刻。這已引起學者進一步探究的興趣。林垚用燈塔主義來解釋這一現象[3]。第一個是「政治燈塔主義」：中國知識分子對美國民主制度形成簡單化、片面化的完美想像，美國成了嚮往自由民主的知識分子的理想化的投射對象。當美國的社會弊病、文化問題逐漸暴露之後，形成了一種強烈的群體焦慮和失落感。第二個是「文明燈塔主義」，中國的「百年國恥」和近30年的迅速騰飛，震撼著具有強烈民族意識的中國知識界，他們或者擔憂作為燈塔的西方／美國逐漸「淪陷」於非白人、非基督徒之手，或者希望復興中華文明以和西方平起平坐，或者通過中國模式的對內成功與對外輸出，重回世界霸主的寶座。

　　林文有很多洞見，不過仍有問題需要解釋：為什麼中國泛民主

2　2021年1月一批學者出版了《川普主義》。作者包括叢日雲、高全喜、劉軍寧、王建勛、趙曉、劉澎、蕭瀚、聶聖哲、蕭三匝、楊佩昌等。其他挺川者，如國內的鮑彤、高瑜、郭于華、孫立平、李大同、童大煥、李承鵬、史傑鵬、周舵、野夫、冉雲飛等，國外的廖亦武、艾未未、鄭義、李劼、李南央、何清漣、李江琳、馮崇義、北明、林達、蘇曉康、周孝正、吳祚來、程曉農、蔡霞、余杰、夏業良、魏京生、徐文立、王丹、陳光誠、封從德、傅希秋、趙曉、蘇小和、龔小夏、賀江兵、曹長青、盛雪等，包括了眾多知名學者、絕大多數民運人士和人權律師，以及絕大多數基督徒知識分子。

3　Yao Lin, "Beaconism and the Trumpian Metamorphosis of Chinese Liberal Intellectuals," *Journal of Contemporary China*, Vol. 30（2021）, Issue 127, pp. 85-101

派在前幾屆美國大選沒有表現出這樣的熱情和明顯的分裂？為什麼他們心目中的燈塔是華盛頓—傑弗遜—雷根—川普—華爾街—WASP（白人盎格魯—撒克遜新教徒），而不是林肯—Harriet Tubman—馬丁・路德・金恩—AOC—桑德斯？支持川普的背後有政治、經濟、文化和社會心理等多種因素，本文主要從思想傳播和政治心理的角度試圖做出一個解釋。本文第二、三、四部分，討論自由主義在中國發生扭曲的情況及其原因：言論資訊環境、中共體制的急劇右轉、以及「左派」和「社會主義」的被汙名化，第五部分，討論中國種族主義和社會達爾文主義的根源和表現，第六部分，討論泛民派知識群體的反共情結以及抗爭屢受打壓之後的挫敗感，從而寄希望於外部政治強人，最後一部分是簡要總結。

二、被扭曲的資訊和被扭曲的自由主義

中國泛民派知識群體生活在中文資訊之中，嚴重依賴中文媒體。在大陸，傳統媒體被政府壟斷，新興的網路媒體也受到嚴格審查。言論管制損害了人們的現實感。絕大部分海外民主人士生活在華人區，與非華人互動不多。在海外，中國政府加大了對海外中文媒體的滲透，多數中文媒體被中共直接或間接控制，而影響越來越大的法輪功媒體，在本次大選中成為陰謀論的積極傳播者。海外中文自媒體和法輪功媒體的普遍右翼化，為中文讀者提供了大量偏頗的評論、假消息和陰謀論。但是他們為什麼右翼化，本身就需要解釋。

自由主義是當代西方最有影響力的政治理論，幾乎每一個中國泛民派也都以自由主義者自居。但自由主義在一個多世紀之前傳入中國後，卻受到國際國內局勢、中國思想傳統、社會結構的影響，

而發生修正、流變、誤解，乃至扭曲。殷海光曾說，中國的自由主
義者先天不足，後天失調。「一到緊要關頭，或面臨錯綜局面，就
會有人背離，不是鼓吹『新式獨裁』，成為『新保守主義者』，就
是放棄理性的立場，倒向激進的革命民粹主義。」[4] 1949年前，費
邊主義或社會民主主義一度成為自由主義的主流，其中一部分具有
民粹傾向；同時在家國危亡的焦慮之下，一部分自由主義者又染上
濃厚的民族主義色彩。隨著中共建立極權體制，自由主義在大陸幾
乎灰飛煙滅，直到1970年代末，再度死灰復燃。

　　1980年代後，進入中國的各種政治思潮「都試圖影響中國、改
變中國，但真正指明中國前途的還是自由主義的主張。」[5] 但因為
嚴格的言論審查，課堂教學和學術討論都受到限制，知識界存在普
遍的自我審查，很多文獻無法翻譯出版，很多譯作被刪節甚至篡改，
無法呈現西方自由主義的全貌和最新發展。中國的政治體制和意識
形態，必然影響思想界、學術界的走向，也必然壓抑那些可能對中
國當政者不利的思潮和理論。

　　文革之後到1989年之前，中國知識分子呼喚人的尊嚴、價值、
啟蒙與思想解放，他們對自由主義的接受，與對毛澤東時代的反思
和否定是緊密相連的。從「撥亂反正」、「思想解放」、「反文革」，
到「反傳統」、「全盤西化」、「文化熱」，艱難探索，也熱鬧非
凡。這一階段影響中國思想文化的西方人文主義哲學，「除了極個

4　許紀霖，〈現代中國的自由主義傳統〉，《二十一世紀》，1997年
　　8月號。

5　張博樹，《改變中國：六四以來的中國政治思潮》（香港：溯源書
　　社，2015），頁320。他梳理了1989年後自由主義、新權威主義、
　　新左派、憲政社會主義、毛左派、儒學、新國家主義、黨內民主派
　　等九大思潮。

別稍帶實證科學傾向之外，多數都是比較偏激的頗具情緒化的理論。」[6]比如當年大紅大紫的尼采[7]。中國的改革開放與雷根—柴契爾主義恰好同步，建立「社會主義市場經濟」也恰好需要主張市場化、私有化的新自由主義經濟學，1990年代之後對中國知識界影響最大的西方思想家，也正包括哈耶克、弗里德曼、米塞斯這些人。雖然中國自由主義內部也存在多元分野，但奧地利經濟學派和芝加哥經濟學派，主張「小政府大市場、低稅收低福利」的放任自由主義、新自由主義、（右翼）自由意志主義，擁有最多的追隨者，廣泛影響著公共輿論。在某種程度上，新自由主義經濟學被當做唯一的西方經濟學，自由主義右翼被當作西方自由主義的正統，受到了過分的推崇；自由主義的其他分支、對自由主義進行修正和反思的其他西方思潮缺少系統性的介紹。

　　一般而言，中國泛民主派對自由主義的歷史脈絡缺乏瞭解，很可能略過了亞當斯密、密爾、卡爾‧波蘭尼、英國社會自由主義、美國進步主義等諸多思想資源[8]，更對新近的進步主義思潮和社會運動缺乏研究和理解。社會民主主義、種族批判理論、環保主義、女性主義、性別多元化等雖有介紹，羅爾斯、德沃金、瑪爾庫塞、杜威、哈貝馬斯、阿馬蒂亞‧森、薩義德、吉登斯等有「左翼」色彩的人物也有眾多讀者，但無法與主流的右翼自由主義話語形成互動

6　高捍東，〈20世紀80年代西方哲學在中國的影響〉，《湘潭大學社
　　會科學學報》，2002年3月。

7　尼采也是美國「另類右翼」（Alt-right）和歐美極右翼勢力的一個
　　思想根源，他們吸收了尼采思想中的反民主和反平等主義的內容。
　　George Hawley, *Making Sense of the Alt-Right*, Columbia University
　　Press, 2017.

8　陳冠中，新左翼思潮的圖景，共識網，2014年4月8日。

和抗衡。

在中文圈，很多曾有自由主義色彩的和仍以自由主義自居的知識分子，早就發生偏移，有些論述甚至荒腔走板。不少人走向市場全能主義，對小政府的迷信也到了過分的程度，相信存在著一個純粹的、萬能的「自由市場」和一個越小越好的守夜人政府（Minarchism），強烈排斥社會福利和平等價值。張五常、張維迎、薛兆豐、夏業良等，多少都有這種傾向。成立於2006年的「鉛筆社」，鼓吹市場原教旨主義，被戲稱為「國奧派」（國家奧地利經濟學派）和中國的「茶黨」，李子暘等骨幹成員已走向右翼國家主義。不少頗有影響的學者轉向保守主義，如劉軍寧、叢日雲、高全喜、孫立平、郭于華、王建勛等。有的服膺否定啟蒙運動的施特勞斯主義。有些人擁抱福音派中相當保守的一支，並將信仰論述混淆在公共論述之中，如余杰、任不寐、趙曉、蘇小和、王怡等。有些人轉向國家主義，如汪暉、強世功、陳端洪、胡鞍鋼、甘陽、王紹光、崔之元、摩羅、朱蘇力、吳稼祥等[9]。奧派研究者秋風，轉向了與當局關係曖昧的政治儒學。劉軍寧強調「保守主義就是保守自由傳統」，在中國語境下，造成了保守主義與自由主義的概念混淆，他一方面荒唐地把法西斯主義歸為極左[10]，一方面把自己的公共言說變得像是傳福音。劉軍寧對1990年代中期之後的中國思想界影響不小，一度被當作自由主義的代表人物之一，他的蛻變是中國泛民派右轉的一個縮影。

9　這些人都曾接受過自由民主理念。關於中國新左派的保守化和國家主義轉向，見許紀霖，〈近十年來中國國家主義思潮之批判〉，《思想》第18期，2011年5月。

10　劉軍寧，〈納粹與希特勒，姓左還是姓右？〉，鳳凰網，2014年8月11日。

三、官方與自由主義的共謀？

　　中國泛民派知識群體對自由主義的選擇性接受和對右翼的偏愛，並非偶然，不能僅僅用翻譯、出版、學術研究的偏好來解釋，也不能僅僅用雷根—柴契爾以來的世界思潮和經濟發展態勢來解釋。它是和1970年代末以來中國的政治經濟結構、尤其官方意識形態的需要、默許和引導分不開的。

　　開放國門、政企分開、國企改制、私有化和市場化改革，這些措施和毛時代相比都是巨大的進步，一度釋放了巨大的生產力、擴展了公民的自由度，得到了官民的共同支援。1989年之前，也啟動了司法改革、行政改革和政治體制改革，並取得了一些成果；雖然一黨制的核心沒有動搖、憲政也沒有成為共產黨的選項。

　　但六四屠殺一方面中斷了政治改革進程；一方面卻加快了權力市場化、權貴資本化的速度，「槍聲一響、變偷為搶」，民間更無力對抗腐敗和權貴資本主義。隨著官商勾結的深入、唯GDP主義的惡性發展，住房、教育和醫療的市場化，加入WTO經濟全球進程，這種「市場極權體制」或「市場列寧主義」之下，中國的經濟騰飛暴露出了弊端：貧富懸殊，生態環境被破壞，腐敗橫行，人權被侵犯，社會道德淪喪[11]。屠殺造成了普遍的恐懼，在政治行動上直接挑戰一黨制已經不再可能，避開政治體制而呼籲市場化，與當局的需要不謀而合。

　　1990年代大陸興起哈耶克熱，《通往奴役之路》、《致命的自

11　Teng Biao, "The Shadow of the 'China Miracle'," *PoliQuads Magazine*, 2019.4.

負》等著作對社會主義、計劃經濟和極權制度進行了深刻批判，對
民間的啟蒙起到了非常積極的作用。中國泛民派篤信諾奇克的「最
小國家」和哈耶克反對社會分配的論述，他們反分配正義、反最低
工資、反社會福利、反工會和勞工集體談判權、反環保運動等。這
些政策和觀念被簡單化、教條化、抽離了它的政治座標和制度環境，
顯然被中國當局樂見。比如，奈斯比特曾為中國沒有福利責任而歡
呼，認為這是「自由主義的典範」。又如，在禁止獨立工會、勞工
受到資本和政府雙重壓迫的中國，反工會的主張幾乎可以看成是專
制的共謀。

　　對這方面，秦暉有著持續的、立場鮮明的分析和批判，「低人
權優勢」、「負福利」、「劫貧濟富」、「右手爭自由，左手爭福
利」等提法都很有解釋力。他說，小政府應該「是要擺脫權力的不
正當的束縛，而不是說摧毀社會保障；是指限制政府的權力，而不
是要推卸政府的責任。」[12]「新自由主義反對的是民主福利國家。
後者在中國並不存在，所以新自由主義在中國沒有意義。現在有些
人在不能限制統治權力的情況下卻強調給它卸責，這就不是任何意
義上的自由主義了。」[13]可惜這樣的聲音沒有成為主流，無力阻擋
中國自由主義者滑向右翼，甚至極右傾向。

　　在中共從毛式極左變成很多方面的極右之後（見下一節），中
國泛民派的右翼保守傾向，使他們的批判失去準星，甚至成為共謀。
從中共一貫控制出版、教育和輿論引導的高超做法來看，中國泛民
派的右翼化，不可能沒有中共的一臂之力。

12　秦暉，〈「大政府，小責任」的趨勢必須逆轉〉，愛思想，2007年
　　3月26日。
13　秦暉，〈為自由而限權，為福利而問責〉，《中國新聞週刊》，2009
　　年12月25日。

四、「左派」和「社會主義」的創傷與汙名化

　　導致泛民派知識群體右翼化的另一個因素，是「左派」和「社會主義」給中國帶來的巨大災難和創傷，以及它們在中國和美國的被汙名化。

　　以馬列主義意識形態實施共產極權的中共，當然長期屬於極左。在大陸出生的知識分子那裡，「左」自然而然地讓人聯想到馬列斯毛、共產主義、社會主義，及人民公社、計劃經濟、文革的犯罪史和血淚史。極左給中國帶來深重災難，很多人至今聞「左」色變，可以稱作「共產後遺症」。極左時期的中共把一切異己打成「右」，「反右運動」、「反擊右傾翻案風」，以致「寧左勿右」成了中共長期的傳統。隨著毛時代的結束，很多人逐漸以自己屬於「右派」陣營為榮，久而久之潛意識裡形成了左錯右對、左壞右好的刻板印象[14]。

　　在毛時代發出反對聲音的，被當作右派自不必說；在後毛澤東時代，對現有體制提出批評的，從事政治反對、為弱勢群體維權的，也幾乎完全是「右派」，這使「右派」獲得了榮譽和民間根基。而「左派」則是另一番景象：毛左派走在歷史的反方向[15]；大部分官

14　袁騰飛的這種表述很有代表性：「左的東西咱們見得太多了，把咱們害得太慘了。打土豪分田地，我對左的東西天生反感。」又如，「自由派要達成一個基本共識：反左。……左右之爭就是正確（right）與錯誤（left）之爭。」童大煥，〈為什麼很多知識分子形右實左？〉，經緯西東，2020年12月12日。

15　在2018年佳士工潮中，學生和工人相結合的傳統左翼力量登上歷史舞台。不過這是很晚近的、尚待觀察的發展。參見潘毅，〈佳士工潮：中國左翼傳統的復活〉，《紐約時報》，2018年9月11日。

派學者，成為意識形態傳聲筒和現體制的維護者；新左派與官方話語沆瀣一氣，對弱勢群體很少施以援手，或者說，新左派的批判矛頭，只針對「市場極權主義」「權貴資本主義」中的市場和資本主義，而不敢或不願針對極權和權貴。這些都讓「左派」聲名狼藉。社會民主主義、憲政左派、自由主義左翼的聲音被誤解、被壓抑，未能形成清晰的論述、也未能取得應有的群體認同和社會影響力[16]。在黨國體制右翼化的背景下，觀照1992年至今的中國思想界和輿論場，最活躍的幾支力量其實是，反福利的新自由主義，反平等、反進步主義的保守主義，和反憲政的國家主義、民族主義。

　　類似地，被稱作「社會主義」的理論和實踐在中國也罪孽深重。毛時代的「社會主義」是公有制、計劃經濟、一黨制和馬列主義；後毛時代的「社會主義（市場經濟）」，是一黨制下的權貴資本主義。但在西方，這兩種「社會主義」的對應物都不存在。中文圈的自由派視社會主義為洪水猛獸，自然地親近美國右翼的反社會主義敘事。而美國對共產主義和社會主義的妖魔化的歷史更久，1917-1920年的第一次紅色恐慌、1950年代的麥卡錫主義、冷戰等，

---

16 在對中國當代思潮的研究和論述中，大都把「自由主義」作為與其他思潮並列的一種來論述，很少區分自由主義左翼和右翼。值得一提的對自由主義左翼的梳理和聯合，比如陳冠中，〈新左翼思潮的圖景〉，共識網，2013年12月26日；2014年，周保松在香港舉辦的「左翼自由主義與中國：理論與實踐」研討會，參加者有錢永祥、許紀霖、陳宜中、劉擎、石元康、慈繼偉、陳純等，見李丹，〈中國左翼自由主義的「香港共識」〉，共識網，2014年8月8日；周保松，〈自由主義左翼的理念〉，見《二十一世紀》，2015年6月；以及2020年由王江松、滕彪、楊子立、王慶民、王天成等參與的憲政民主左翼論壇和〈憲政民主左翼宣言〉。

社會主義被當做是「非美國（un-America）」[17]。他們也妖魔化北歐的福利國家、桑德斯乃至整個美國民主黨[18]。

「左派」和「社會主義」被汙名化，有兩個負面效果：

第一，忽略了政治座標已經發生某種逆轉，誤判了中共體制的性質。1970年代末之後，馬列主義逐漸式微，計劃經濟逐步被拋棄，中共在維持一黨制的條件下開始私有化和市場化改革。中共當下體制已變成極左（剝奪自由）加極右（反對平等和福利）。這種權貴資本主義，在意識形態上披著某些極左的外衣（憲法裡的「社會主義」、「無產階級專政」、「馬列主義」等），同時又有民族主義、大漢族主義、排外主義的極右話語和政策（中華民族復興、新疆集中營，在西藏的文化滅絕政策等）。

第二，對西方語境下複雜細緻的左右光譜缺少敏感的辨別力，並輕視了深刻影響當今思潮和社會實踐的西方左派思想和社會運動。慘痛的「左禍」，使他們無法心平氣和地看待馬克思主義、新馬克思主義及相關理論，有意無意地把西左和中國極左、共產主義混淆在一起。他們貶低或無視在民主憲政的市場經濟條件下，「左」所代表的正面含義。大多數西方主流媒體、大學和人權機構屬於左派（自由派），被斥為美國的墮落[19]。以中共體制為座標系，來討

17　How socialism became anti-American，QUARTZ, 2020.2.26.

18　一般來說，警惕和反抗共產主義專制政權在道德上和政治上沒什麼大問題，但是把（民主）社會主義妖魔化，在理論上、道德上和政治上都是難以正當化的。

19　比如，何清漣說，「（美國）現在多數公立學校已被極左掌控，他們肆無忌憚地推行進步主義教育方針，將傳統的科學文化知識教育、愛國主義歷史教育從教學大綱中剔除，用否定美國歷史文化的種族主義理論和憑感覺偏好學習的教學理論取而代之，把學校變為給學生灌輸『進步主義』價值觀的社區中心，其結果必然是年輕一

論西方當下的左右之爭，要麼無力對話，要麼一團亂麻[20]。

　　中國泛民派簡單化地認為「民主黨等於增稅、大政府，共和黨等於減稅、小政府」，「共和黨比民主黨更有助於經濟發展」[21]。事實上，在認同自由和市場的基礎上追求平等、社會正義和保障福利，幾乎成了全球民主國家的共識；把這貼上「社會主義」標籤並把它理解成毛澤東、史達林式的體制，錯得離譜。

五、種族主義和社會達爾文主義

　　在美國大選前的幾個月，中文圈對BLM運動（黑人的命也是命）就開始了激烈的爭論。反對BLM的人幾乎都支持川普，大多數支持BLM的人都反對川普。在討論中，不少泛民派流露出種族主義傾向，還有人毫不掩飾強烈的社會達爾文主義立場。何清漣把BLM比作美式文革，說它是「極左派要在美國實現社會主義」，魏京生、夏業良等也把這場運動和文革相類比。李江琳、郭于華、陳破空等很多人說這場運動是「打砸搶」，吳祚來說，「歐美騷亂分子，是法西斯主義與社會主義雜配的怪胎，他們打著正義的旗號，其行為表現卻是法西斯分子加紅衛兵。」[22] 吳建民叫奧巴馬「回肯亞老家

（續）—————————————

　　代喪失對國家的熱愛……」何清漣，〈「奪回美國」的關鍵 重造教育〉，阿波羅網，2020年7月31日。

20　張千帆，〈中西左右：一場跨洋誤會〉，2020.10.2，https://www.chinese-future.org/articles/9bebalsph4dz3eleflcmpcwknf7brn

21　David Leonhardt, 'Blue vs. Red Economic Records,' the New York Times, 2021.2.2.

22　吳祚來，〈美國的「政治正確」比員警濫權更濫用暴力〉，風傳媒，2020年6月14日。

去」。人權律師隋牧青說奧巴馬夫人「比大猩猩還醜」[23]。

對穆斯林的歧視言論更多、更普遍。「稍微瀏覽中國的社交媒體，就可發現針對穆斯林的仇恨言辭已蔚然成風，……中國不少『右派』受西方『右派』即保守派影響，認為穆斯林與現代社會格格不入，是對自由主義的威脅。」[24]「綠教」、「綠綠」之類侮辱性稱呼，把穆斯林等同於邪教、恐怖主義的說法時常可見，一些知名的泛民派，也公開或不經意間流露出對穆斯林的厭惡和仇恨[25]。他們強烈抨擊「政治正確」和所謂的「白左」，認為寬容穆斯林是一種幼稚的偽善。

歐洲難民危機的時候，他們要麼漠不關心，要麼就是公開反難民、反穆斯林，咒罵默克爾是「聖母婊」。中國政府把上百萬維吾爾人和哈薩克人關入集中營，正在新疆進行種族屠殺，而有些人不但不表示譴責，而且為之叫好，說這是為了打擊恐怖主義和分離主義的需要。在這裡，中國當局和（漢族）民眾形成了某種共謀：「官方默許了反穆言論的傳播，從而為其在新疆的強硬壓制政策正名。」[26]

尤其值得注意的是民主運動與種族主義的荒謬關聯：與1980年

23　Qin Chen，〈為什麼中國自由派會變成川粉〉，Inkstone，2020.10.5. https://www.inkstonenews.com/politics/why-chinas-liberals-trump/article/3103794

24　劉波，〈中國人染上了「伊斯蘭恐懼症」？〉《紐約時報》中文網，2016年10月27日。閭丘露薇，〈中國新聞媒體和社交媒體上的反穆斯林情緒研究〉，2016年6月4日。

25　比如林達、曹長青等。見，北大飛，〈仇穆謠言兩例〉https://chinadigitaltimes.net/chinese/547489.html

26　〈中國網民口無遮攔 反穆言論乘風點火〉，德國之聲，2017年11月4日。

代學潮相伴的,有一條較弱的線索是反黑人的運動,在上海(1979)、天津(1986)、南京(1988)都發生了這類運動。南京事件最有影響,數千名學生打出了「打倒黑鬼」、「黑鬼滾回去」的標語。外國研究者發現,很多強烈追求民主的人,也有很深的種族主義心態。「在這種不滿的背後,又是中國知識分子和學生對現代化和中國在世界秩序中的理解。」中國要趕超更先進的西方,而第三世界(尤其是非洲)則是生存競爭的失敗者[27]。中國人對有色人種(尤其黑人)、對穆斯林、對移民的歧視的背後,是社會達爾文主義。白人最優越、中國人是二等白人,然後是其他有色人種,最低等的是黑人[28]。

在宗教方面,中國泛民派仰視基督教尤其是新教,而歧視其他宗教,最被歧視的是伊斯蘭教。這可以算是一種基於宗教燈塔主義形成的歧視鏈。絕大多數中國基督徒知識分子支持川普,他們接受了保守的福音派,而進步主義的基督教流派在大陸幾乎沒有影響。「美國就是一個基督教國家,美國精神的核心就是基督教文化」[29],「耶路撒冷是美國秩序的精神首都」[30], 這些說法很有市場。有些人把川普當做「神選之人」,把川普—拜登之爭看成是正邪之爭。中國泛民派對非基督徒、非白人移民在美國人口中的比例不斷上升

---

27 程映虹,〈80年代的校園反黑人運動──漫談中國的種族主義〉,《動向》,2009年12月號。

28 社會達爾文主義造成的種族主義,還有一種特殊的表現就是逆向種族主義,即對自己的民族、種族進行自我矮化、自我否定。比如民運人士張林等人提出的「牲人論」等。

29 王建勳,〈文化戰爭、保守主義與西方文明的未來〉,《當代美國評論》,2019年第4期。

30 劉軍寧,〈美雖新邦 其命惟舊:讀《美國秩序的根基》〉,《新京報》,2018年11月3日。

的趨勢感到極為焦慮,認為這些多元文化背景的移民(尤其是穆斯林)將毀滅美國民主[31]。他們擔憂1960年代以來的性解放運動、墮胎合法化、女權運動和LGBT運動,認為這威脅了(被認作是「美國根基」的)傳統基督教價值。在西方被批評有種族主義和排外主義之嫌的亨廷頓,在中國卻大紅大紫[32]。中國泛民派的右翼化、保守化,加上種族主義和社會達爾文主義,使他們在社會議題上的立場與川普不謀而合:反移民、反穆斯林、反控槍、反對墮胎等。

中國人的社會達爾文主義、種族主義,有著悠久的歷史。其系統性種族主義「植根於中國作為一個帝國的歷史」,表現為對被征服和被殖民的其他人的偏見,而且「大漢族主義和種族—民族主義思想(racist-nationalist ideology)是現代中國的觀念基礎。」[33]康有為、梁啟超、唐才常等人把世界上的種族分成貴種／優種和賤種／劣種,紅種、棕種和黑種是注定要被淘汰的劣種,而未來屬於「有歷史」的白種人或黃種人。「絕大多數中國人仍然認為我們的種族對於我們較淺或較深膚色的鄰居具有內在的優越性。」[34]天朝大國被

---

31 比如,高全喜認為,「事實上許多異教移民根本不可能在『熔爐』中熔化,反而成為社會福利的擠佔者、社會秩序的破壞者以及文化政治秩序的敵人。」高全喜、田飛龍,〈歸化、自由帝國與保守憲制〉。《開放時代》,2018年第1期。

32 亨廷頓擔心西方的基督教文明會被稀釋、被伊斯蘭化,他的「文明衝突論」,也成了種族主義煽動家的理論源泉,對川普主義影響甚大的白宮首席戰略家史蒂夫·班農,就是明顯的例子。有學者寫到,「川普不過是一個粗鄙版的亨廷頓。」許紀霖,〈特朗普:民族至上的民粹保守主義〉,愛思想,2020年11月5日。

33 Magnus Fiskesjö,Racism with Chinese Characteristics,China Chanel,2021.1.22 https://chinachannel.org/2021/01/22/chinese-racism/

34 馮客,《近代中國之種族觀念》(南京:江蘇人民出版社,1999),頁141。

西方欺凌的「百年屈辱」，進一步使近代中國擁抱社會達爾文主義。

尤其是，1949年後中國的政治現實，是培養社會達爾文主義的肥沃土壤。成王敗寇，弱肉強食，既是中共的邏輯，也是社會的現實。毛時代的戶籍制、身份等級制（地富反壞右）、砸爛公檢法自不必說，後毛時代的官商勾結、強制拆遷、清除低端人口、貧富鴻溝，在扭曲的市場規則背後盛行著權貴主導的叢林規則；城市人歧視農村人，富人歧視窮人，漢族歧視少數民族，還有基於省份、外貌、學歷、性別、性取向、身體缺陷等方面的歧視。中國的精英大部分認為，自己的成功是因為比別人更優秀、更努力，而「可憐之人必有可恨之處」，窮人要麼能力不行，要麼懶惰；高福利被當成「養懶漢」[35]，在社會達爾文主義的邏輯之下，絕大多數川普支持者反對BLM、反對糾偏行動（Affirmative Action），稱其為「逆向歧視」。他們對進步主義推動的社會變革非常反感（女權主義、性少數群體、種族平權、氣候變遷、政治正確等），認為這是美國的墮落。

六、反共情結與抗爭的無力感

對中國泛民派知識群體來說，改變專制體制，實現中國的民主化，是最強烈、最持久的關切。他們是反右運動、文革、六四屠殺受害者或見證人，對宗教迫害、新聞審查、洗腦教育、文字獄等感同身受，很多人被解雇、被監控、被判刑、受酷刑、家人遭受株連，

---

35 比如「福利越好，養的懶漢自然就越多。」「人要是沒有能力養育自己的孩子，就不應該不負責任地生育。」曹長青，〈美國把窮人慣壞了〉，華夏快遞，2003年8月6日。

有的被迫流亡海外，有人甚至付出了生命的代價。他們對中共政權的反自由、反民主、反人性的本質，有著深刻的理解。有的人把反共當成最大的人生目標和最高真理，「仇共」情結有時到了走火入魔的程度，比如知名的異議人士趙常青在推特上寫到，「如果現在能把中共幹翻，哪怕是塔利班上臺都行！」[36]

從西單民主牆運動以來，1980年代學潮和天安門民主運動，1990年代的民間組黨，2000年後的維權運動和零八憲章，爭取民主的一次又一次努力被當局撲滅。習近平上臺後，人權和法治狀況持續惡化，中國走向我所說的「高科技極權主義」[37]，在可見的未來似乎看不到民主化的任何希望。幾代人的努力均告失敗，政治表達被不斷壓抑，這種挫敗感、恥辱感和無力感，很容易讓一部分人擁抱不按牌理出牌的卡里斯馬型政治強人。

對中共的憎恨，成了支持川普的最大的、最直接的心理動力。泛民派對1989年之後美國的對華政策失望至極，認為川普對中國政府最為強硬。他們認為西方對中國的「接觸政策」，實際上是一種綏靖，它造成了中國專制的崛起。而川普以一己之力扭轉了這個局面，讓人們看到了改變乃至推翻中共政權的希望。這些看法在一定程度上是有道理的[38]。林培瑞也指出了西方對中共看法的「天真」或

---

36 趙常青推特：https://twitter.com/zhaochangqing89/status/12619053556 73530373

37 Teng Biao, "From 1989 to 1984: Tiananmen Massacre and China's High-tech Totalitarianism," *Contemporary Chinese Political Economy and Strategic Relations*, Vol.5, No. 2, 2019.

38 對華接觸政策的弊端，經過三十多年逐漸暴露出來，美國兩黨都已做出重大調整。被川普支持者忽略的另一點是，改革開放以來中國與世界的接觸，雖然未能實現民主化，但為民主轉型準備了深刻的思想條件和社會結構。Ci Jiwei, *Democracy in China*（Harvard

者誤判,是中國自由派支持川普的一個因素[39]。

七、結語

　　自由主義自19世紀末傳入中國以後,因國內國際困局、救亡圖存的現實需要,而不斷被修正、誤讀;在毛時代幾乎被摧殘殆盡,之後在專制環境下逐漸復甦,無法避免被扭曲的命運。1990年代之後,新自由主義被當做西方自由主義的正統。大多數中國自由主義者和活動家,接受了右翼化的自由放任主義。這一方面出於對中共極左和社會主義的痛恨和反彈,另一方面,中共體制已從毛式極左迅速變成權貴資本主義,而右翼化的、脫離語境的新自由主義教條——反福利、反平等、反工會、反環保等——符合中共當局的意識形態和政治利益。中國泛民派的右翼化,使他們對西方尤其是美國,存在一種臉譜化的理解,同時對西方和全球的進步主義缺乏全面的、動態的把握,這是中國知識界挺川現象的深層因素。

　　中國人的種族主義和社會達爾文主義有著悠長的歷史傳統,這種和自由主義不相容的思想觀念,侵蝕了為數眾多的中國泛民派人士。1949年之後的中國政治社會現實,使種族主義和社會達爾文主義被進一步強化和內化。這可以解釋他們支持川普的反移民、反穆斯林、反種族平權和性少數群體等政策和言論。

　　中國泛民派在理論上對中共體制的拋棄和反對,在現實中對中共罪惡的仇恨,合成了強烈的反共情結;他們在探索民主的道路上

（續）————————————————

　　　University Press, 2019）。

39　Perry Link, "Seeing the CCP Clearly," *The New York Review of Books*, 11 February.2021.

屢受迫害和打擊，形成了深深的挫敗感和無力感；於是迫切希望外部因素尤其是政治強人。川普被他們一廂情願地當成了綏靖政策的終結者和中共的勁敵，他呼應了中國泛民派的仇恨、絕望、挫敗感，其價值觀和政策，也恰好吻合了中國泛民派的右翼化、保守化，及種族主義、社會達爾文主義傾向。

令人遺憾的是，右翼化（少部分正在滑向極右翼）的中國泛民派，一方面對已經權貴資本主義化的中國體制放棄了批判的重要武器，對全球政治經濟的發展態勢失去了洞察力，另一方面，他們的種族主義和社會達爾文主義言論，正在削弱泛民派整體的道德形象和公共知識分子威望。少數人發表的反民主和反平等言論，客觀上已經變成了專制的共謀。

反抗中共專制需要勇氣、智慧和耐心，中國泛民派知識群體為了爭取中國民主也付出了可敬的努力。但如果把「反共」當作最高真理，就有可能走入歧途。 一些人在反共的目標下使用專制的手段，另一些人企圖建立的並非民主，而是某種神權專制或世俗的威權統治。更多的人，目光僅僅局限在中國革命，而對其他國家的人權、自由和民主漠不關心，就像挺川者無視川普對美國民主的破壞和威脅[40]。中國的民主化極為重要和迫切，但自由民主是超越國界的普世價值，追求自由民主的人應該有起碼的人類主義關懷和世界公民認同，跳出狹隘的民族、種族、宗教利益和個人偏好。

中國泛民派知識群體，對引導和塑造中國觀念市場影響巨大。泛民派的右翼化，讓人擔憂未來中國的政治變革方向。進而言之，中共政權和中國異議人士不約而同的「右翼化」，與全球範圍內右

---

40 滕彪，〈爲什麼支持民主的人應該反對川普？〉，《當代中國評論》季刊，2021年2月。

翼威權政黨／政府的上升遙相呼應，這一定會衝擊全球範圍內的思
想圖景和政治圖景。

　　滕彪，紐約城市大學亨特學院兼任教授，中國民主轉型研究所研
究員。曾為人權律師，並任教於中國政法大學法學院。主要關注和
研究中國人權、司法制度、維權運動以及政治轉型。

華人川普主義者的三個迷思

周 濂

一直以來，我都反對用「川粉」指稱所有的川普支持者，因為很難想像7300多萬給川普投票的美國公民都是川普的狂熱粉絲。賓夕法尼亞州的一位選民告訴記者：「去給特朗普投票的時候，我的腳下像灌了鉛」[1]，他對川普的抗疫政策和言論有很多不滿，最終因為出身共和黨家庭而支持川普，這讓他的內心充滿了矛盾。在不久前的訪談中，美籍華裔作家哈金表達了類似的觀點，他認為川普性格有很多缺陷，沒有理想與價值，充其量是一個實用主義者，選川普而捨拜登於哈金而言是理性權衡的結果，而且在1月6日白人至上主義者攻占國會山之後，哈金認為川普正在破壞自由民主，徹底收回了對他的支持。由此可見即便是在高度兩極化的2020大選，川普的支持者們也只是達成了「選票的共識」，而不是「理由的共識」[2]。

除了如癡如狂的川粉和「腳下灌鉛」的支持者，還有一批自稱川普主義的人，他們支持川普的理由是，美國正在面臨自由主義和民主黨製造的全面危機，川普和他所代表的保守主義價值理想正是

1　楊宇豪，〈投票給特朗普的時候，我的腳下像灌了鉛〉，微信公號「世界說」，2021年1月18日。

2　視頻採訪，請見 https://m.youtube.com/watch?v=9VLo4EokJjY& feature=youtu.be。

拯救美國、復興西方文明的希望所在。就在美國大選正式落幕的幾天前，一本題為《川普主義》的中文電子刊物應運而生，不少知名的華人知識分子名列其中，既包括曾經的自由主義者（主要是哈耶克意義上的古典自由主義者），也包括一些大陸新儒家和基督徒。對於這些故交舊識，我充滿了知識和情感上的困惑。但我不打算探討他們的性格特徵與個人際遇；這些話題太私密，有動機論和人身攻擊的嫌疑。我也不打算處理陰謀論等明顯荒謬的觀點。我試圖在他們的論點中尋找真正有價值的問題意識，盡可能合理化他們的理由，從事實和邏輯的層面切入分歧。我有一個近似於天真的想法：即使無法成為同道中人，至少還可以成為通道之人，雙方應該盡可能地藉助理性和適當的共情去理解彼此的同與異，即便最終還是要分道而行，也應該搞清楚同行過哪一段路，在哪裡以及因為什麼而分手，彼此之間保持足夠的體面與教養，避免不端和無禮。

我認為華人川普主義的興起與以下三個迷思（myth）有著千絲萬縷的聯繫：

迷思**1**：聖經造就美國：只有回歸盎格魯—新教傳統，才能拯救美國和西方文明。

迷思**2**：美國正在社會主義化：無論是經濟安排還是文化道德，美國正在不可挽回地滑向社會主義。

迷思**3**：曲線救國：惟有川普繼續執政，才有可能最大限度地推動中國變革。

雖然具體到不同的個人，這三個迷思的權重以及排列組合的方式有所不同，但我相信它們是幫助我們理解華人川普主義的思想鑰匙。限於篇幅，我會重點分析前兩個迷思，把第三個迷思留給有識之士去探討。

一、聖經造就美國的迷思

「聖經造就美國」作為一個迷思,最廣為人知的版本來自於亨廷頓。在2004年出版的《我們是誰》中,亨廷頓提出美國信念的原則——自由、平等、民主、民權、無歧視、法治等價值——是獨特的盎格魯—新教文化的產物。如果美國人放棄盎格魯—新教文化,美國也就不大可能保持它的突出地位[3]。亨廷頓相信,如果美國最初的定居者不是英國的新教徒而是法國、西班牙或者葡萄牙的天主教徒,那麼美國就不會是今天的美國,而會是魁北克、墨西哥或巴西。

華人川普主義者普遍接受了亨廷頓的這個敘事;隨著川普當選引發的保守主義熱潮,尤其是傑瑞·紐科姆的《聖經造就美國》、拉塞爾·柯克的《美國秩序的根基》、《保守主義思想》陸續引入中文世界,愈發堅定了他們的這個觀點。即便是在2020大選塵埃落定的今天,自由學者蕭三匹依然在〈川普主義已經贏了〉一文中指出,「川普主義的實質,毫無疑問,就是源自伯克的保守主義,這種保守主義既關注人權,更關注人權的基礎——神的主權。」[4]在這個意義上,蕭三匹認為川普雖然輸了,但川普主義必將勝利,因為它是恢復山巔之國的榮耀的必由之路。

「聖經造就美國」作為一種迷思,主要犯了以下三方面的錯誤:
1. 刻舟求劍,在邏輯上犯了開端決定一切、起源決定本質的認知性

---

3 中譯本將英文書名 *Who Are We* 改譯成了《誰是美國人》,參見撒母耳·亨廷頓,《誰是美國人?:美國國民特性面臨的挑戰》,程克雄譯(北京:新華出版社,2010),頁248-249。

4 蕭三匹,〈川普主義已經贏了〉,微信公號「蕭三匹」,2021年1月26日。

錯誤；2. 以偏概全，將美國的建國史不恰當地還原為盎格魯—新教
徒創立山巔之國的歷史；3. 自我挫敗，在策略上脫離現實語境和條
件，面臨著從保守主義者蛻變成激進主義者的危險。

　　趙敦華教授曾經指出，在探討普遍主義和特殊主義之爭時，不
少學者常常會混淆「思想的內容」和「產生思想的社會條件」這兩
個不同的問題。這些學者假定：一種價值觀或知識在發生時即獲得
了一個決定性的本質（「社會條件」、外部「存在」或「內在真理」），
在邏輯上存在著過去決定現在，現在決定將來的必然關係[5]。在我看
來，亨廷頓與華人川普主義者犯的是同一類型的錯誤，他們從「起
源創造並且維持本質」這個假定出發，主張作為源頭的盎格魯-新教
特質決定了美國精神一脈相承的統緒，然而，這不過是趙敦華所說
的「關於本質的發生學教條」，或者用我的說法，是一種「觀念上
的刻舟求劍」，因為「思想的內容」並不等於「產生思想的社會條
件」。

　　以個人權利概念為例，雖然可以在12世紀的教會法文本中找到
它的思想源頭，但是從經典文本中的隱含涵義具身化為實際應用中
的明確發展，最終定型為把握現實的重要概念，卻經歷了漫長而複
雜的歷史演變[6]。在這個過程中，作為理解和構建現代複雜社會的核
心觀念，個體權利已經徹底剪斷了與基督教母體的精神臍帶。與此
相似，即使我們承認自由、平等這些現代價值脫胎於基督教，但在
價值多元主義的今天，也不再可能把它們奠基於特定宗教傳統之
上，任何所謂「返本歸元」的做法都只是觀念上的刻舟求劍。

5　趙敦華，〈為普遍主義辯護：兼評中國文化特殊主義思潮〉，參見
　　《學術月刊》2007年5月號，頁36。
6　周濂，〈後形而上學視閾下的西方權利理論〉，參見《中國社會科
　　學》2012年第6期，頁49-50。

　　聖經造就美國的論點也不符合美國的真實歷史。從美國建國之初的宗教人口格局來看，盎格魯—新教徒在麻塞諸塞州建立教堂，德國新教徒在紐約和新澤西州定居，馬里蘭州的主流力量是天主教徒，羅德島州的定居者是浸禮會教友。不難看出，盎格魯—新教徒從未一支獨大，而是與其他教派呈現出分庭抗禮的局面。

　　從盎格魯—新教團體最初奉行的價值和政治實踐來看，對內恰恰是專制的而非自由的，他們主張政教合一，不相信也不提倡人類平等，對宗教異端和異教徒毫不寬容。正如歷史學家錢滿素所指出的，北美殖民地的新教徒經過了一個半世紀複雜的歷史變遷，才完成了向自由主義轉化的過程[7]。「美國革命同時完成了三項具有革命性的歷史任務：從殖民地到獨立，從王國到共和國，從政教合一到世俗化。」[8]因此，在任何意義上我們都很難將這個歷史性的壯舉完全還原成為盎格魯—新教傳統的功勞。

　　值得一提的是，《聖經造就美國》的作者紐科姆雖然相信「美國的建立始於一個基督教國家」，反覆伸張「美國的基督教根源」，但是他自始至終強調「並非幻想如今的美國是一個基督教國家」，「不認為美國應該成為一個神權國家」。紐科姆指出：「我相信美國的創建者們希望宗教機構從國家機構[9]中分離出來，從此不再有任何一個基督教派凌駕於其他教派之上。……我相信美國的創建者們希望宗教在公共生活中扮演一定角色（以自願為基礎）。」[10]以上

7　錢滿素，《美國自由主義的歷史變遷》（北京：生活・讀書・新知三聯書店，2006），頁7-14。

8　同上，頁15。

9　傑瑞・紐科姆，《聖經造就美國》，林牧茵譯（上海：復旦大學出版社，2017），頁19-20。

10　同上，頁19。

說法充分表明，對於紐科姆而言，「聖經造就美國」是一種修辭學上的表達，意在強調基督教元素在美國歷史與公共生活中的重要價值，並不等於他打算放棄美國國父確立的政教分離和宗教信仰自由等一系列現代政治價值。相比之下，華人川普主義者與極端保守的福音派基督徒的一系列主張，比如支持川普廢除詹森修正案，更像是在字面意義上主張「聖經造就美國」，認為沒有基督教就沒有美國的光榮與未來。

正因為試圖在字面意義上實現「聖經造就美國」，讓華人川普主義者面臨著自我挫敗的危險，因為這意味著他們雖然自命是保守主義者，其實卻是激進主義者。恰如亨廷頓所指出的，起初保守主義者只是一些現存社會的批判者或者反動分子，但是漸漸地就變成了激進分子，

> 隨著時間的流逝，反動者的理想變得和任何過去的現實社會越來越沒有關係。過去被他浪漫化了，最終，他開始支持返回到一個從來沒有在現實中存在過的、理想化的「黃金時代」。他與其他激進主義者之間無從區分，而且通常表現出所有激進心理的典型特徵。[11]

現代性的宗教起源是一個日益成為學界共識的觀念史事實，基督教在美國的歷史與現實中占據著難以忽視的地位和影響，即使是在21世紀的今天，仍有必要重新審視宗教在公共生活的功能和角色，而不是在徹底世俗化的道路上一路狂奔。但是如上所述，所有

11　撒母耳‧亨廷頓，〈作為一種意識形態的保守主義〉，王敏／譯劉訓練／校，《政治思想史》，2010年第1期，頁162。

這些考量依然無法為「聖經造就美國」這個迷思提供合理的辯護。

二、美國社會主義化的迷思

如果以歐洲為座標，不難得出這樣一個結論：相比18世紀的老歐洲，同時期的美國要更自由，相比21世紀的新歐洲，同時期的美國要更保守。這種保守性全方位體現在宗教信仰、稅收、福利保障、移民政策等一系列問題上。但是即便如此，對於華人川普主義者來說，美國也正在或者即將經歷一場社會主義的危機。接下來我將分別從經濟、宗教和文化三個方面切入這個問題。

1.社會主義抑或社會民主主義？

2020年11月4日，王建勛教授在朋友圈發文〈美國精神就是基督教加上有限政府和資本主義〉，並且加了如下按語：

> 大選計票正在緊張地進行，鹿死誰手尚不得而知。在很大程度上講，這次大選選誰，意味著是選有限政府（小政府）還是無限政府（大政府），選自由市場還是經濟管制，選私有財產神聖不可侵犯還是打土豪分田地，選低稅收還是高稅收，選堅守基督教還是走向無神論，選傳統婚姻還是同性婚姻，選秩序下的自由還是隨心所欲的自由，選資本主義還是社會主義。

有意思的是，王建勛雖然承認「這種概括失之簡單」，但是他堅持認為「從長遠看來看，情形就是如此。」他的根本判斷是：

> 民主黨及其追隨者，和社會主義的信徒是同一個戰壕裡的戰

友，無論他們如何撇清關係。這一點在過去幾年裡越來越清晰
了。這次大選，全球關注，是因為在這個令人焦慮不安的時刻，
美國是個風向標，是個領頭羊，美國的未來決定著西方文明的
未來，甚至決定著人類的未來。[12]

　　上述表述不僅失之簡單，而且犯了如下幾個邏輯錯誤：非此即
彼、誇大其詞、以偏概全、以及把邏輯推到極致（或者說滑坡邏輯）。
以「把邏輯推到極致」這個謬誤為例，眾所周知，哈耶克在1944年
出版的《通往奴役之路》中正是依據這種思路批評當時的英國福利
國家政策。哈耶克的這個論斷在華人知識圈中有著廣泛而深遠的影
響，這一方面是因為社會主義中國前三十年有著無比慘痛的歷史教
訓，另一方面則是因為「把邏輯推到極致」的做法很難被現實經驗
證偽。

　　1956年，在《通往奴役之路》出版之後的第十二年，哈耶克曾
經這樣回應他的批評者：雖然英國的福利國家政策暫時沒有造成任
何與極權主義國家相似的東西，但是這本書的根本論點並沒有因此
發生動搖，因為「廣泛的政府控制所引起的變化是一種心理變化，
是人民性格上的改變。這肯定是一個緩慢的過程，這個過程不是幾
年，而是大概需要一兩代人的時間。」[13]

　　哈耶克的擔心並非完全沒有道理，福利政策的確可能造就事與
願違的結果，比如傷害公平的機會平等，無法培育公民的責任感和
獨立性。事實上，羅爾斯就曾經批評福利國家會製造出「沮喪而消

12　引自王建勳2020年11月4日的朋友圈發言。
13　哈耶克，《經濟、科學與社會：哈耶克論文演講集》，馮克利譯（南
　　京：江蘇人民出版社，2003），頁319-320。

沉的下等階級」[14]，南西‧弗雷澤也認為平權法案有可能無助於解決分配不公，反而會進一步導致錯誤的承認，「把弱勢群體標記成天生有缺點和永不饜足的人」[15]。但是所有這些擔心都不是全盤反對福利政策的理由；它們只是在提醒我們要更好地平衡理論與現實。正如一些學者所指出的，哈耶克對於社會主義經濟計畫的批判是徹底和毀滅性的，但是在反駁1970年代以後發展出來的社會民主主義時卻貢獻甚少。

不久前，凱文‧威廉姆森在保守派媒體《國家評論》中指出，當前共和黨對於民主黨的「社會主義」指控是一種過激反應，充斥著兩極分化的情緒，沒有明確的實質意義[16]。我認同威廉姆森的上述判斷。在我看來，更加符合事實的判斷是，美國正在朝著歐洲的社會民主主義邁進。只要不搞計劃經濟和生產資料公有制，確保私有產權和言論自由、思想自由、宗教信仰自由，美國社會的整體左移趨勢就與哈耶克擔心的社會主義毫無關係。「把邏輯推到極致」的做法很有可能只是在攻擊稻草人。

2. 從哈耶克主義到柯克主義

除了傳統的經濟議題，華人川普主義者對於自由主義的戒慎恐懼還來自於文化道德和宗教議題。從2016年到2020年，不少華人川普主義者經歷了從哈耶克信徒到柯克信徒的轉變。從哈耶克信徒到

14　John Rawls, *Justice as Fairness*（Harvard University Press, 2001）, p. 139.

15　Nancy Fraser and Axel Honneth, *Redistribution or Recognition? A Political-Philosophical Exchange*（London: Verso, 2003）, p. 77.

16　轉引自詹涓，〈民主黨要在美國搞社會主義？已經轉向極左？〉，微信公號「紐約時間」，2020年12月5日。

柯克信徒，意味著從古典自由主義轉變成傳統的保守主義和宗教右翼，從政治經濟議題轉向宗教道德乃至於更為抽象的文明議題。當然，成為柯克信徒並不意味著徹底放棄哈耶克的理論資源，正如〈美國精神就是基督教加上有限政府和資本主義〉這個標題表明的那樣，華人川普主義者一方面延續了對福利國家和社會主義的高度警惕，另一方面又把當代歐美的政治分歧解釋成神聖與世俗之爭。

必須承認，保守主義不直接等於反動派，保守主義也不是美國的病症，而是美國的傳統之一。過去兩百年美國政治在絕大多數時期能夠維持相對穩定的態勢，有賴於保守力量與進步力量的動態平衡與牽制。但是另一方面，如詹姆斯・R・庫爾特所言，「美國的保守主義」從來都是一個「矛盾修飾語」，美國建國初期，那些篳路藍縷來到新大陸的歐洲人是為了開創一個新世界，而不是要保守歐洲大陸的舊世界，他們在任何意義上都首先是歐洲的自由主義者，比如在經濟上主張自由市場、低稅收和自由選擇，宗教上奉行政教分離與信仰自由，軍事上反對徵兵制，如果一定要稱他們為保守主義者，那麼他們要保守的也是歐洲的自由傳統而非專制傳統[17]。

從1787年到2021年，美國保守主義主要經歷了三個發展階段：第一階段，從建國初期到1930年代，此時的美國保守主義實質上就是古典自由主義；第二階段，從1930年代羅斯福新政到1960年代，這個階段的美國保守主義主要由三股力量集結而成，分別是堅定的反共分子，古典自由主義者（或者說自由至上主義者）以及傳統主義者，後二者的代表人物分別是哈耶克與拉塞爾・柯克。哈耶克明

---

17 James R. Kurth, "A History of Inherent Contradictions: The Origins and End of American Conservatism," in *American Conservatism*, edited by Levinson, S. V. & Williams, M. S. & Parker, J.（New York: NYU Press, 2016）, pp. 13-18.

確拒絕保守主義的標籤，但是如果一定要勉強稱他為保守主義者，那麼他的精神氣質更接近於第一階段的美國保守主義，因為他要捍衛的就是古典自由主義的傳統。相比之下，柯克屬於美國保守主義族譜上的異類與旁出，他在觀念上更接近於18世紀的歐洲保守主義而不是美國本土意義上的保守主義。但值得深思的是，正是柯克成為了美國保守主義第三階段的代表人物，從1960年代中後期開始，美國保守派發動文化戰爭，將戰火從經濟議題燒到了色情文學、墮胎、道德滑坡這些議題，經過半個多世紀的醞釀，最終在2016年川普的力量將逆向身分政治發揮到了極致，追本溯源，柯克在其中起到了至為深遠的影響力。

有必要對柯克式的保守主義做一個準確的定位。亨廷頓區分過三種類型的保守主義：分別是情境式的，貴族式的和自主式的。按照這個區分，如果說艾德蒙·伯克是一個保守主義者，那也是情境式的保守主義者，而不是貴族式的或者自主性的保守主義者，因為無論是英國的輝格體制、美國的民主制度、法國的專制制度還是印度的印度教制度，伯克都一視同仁地捍衛它們，只是「因為他具有捍衛所有現存制度的強烈願望，而不管這個制度在哪裡、受到何種挑戰。」[18]相比之下，華人川普主義者以及柯克主義者更接近於貴族式的保守主義與自主性的保守主義，因為他們一方面試圖恢復和確保特定群體（比如盎格魯—新教群體）的特權地位，另一方面又主張保守主義擁有一套普遍有效的和自主的觀念體系。

有一些華人川普主義者試圖用「情境式定義的保守主義」來做自我辯護，認為自己是在保守中國的自由傳統和宗教傳統，可是在

18　撒母耳·亨廷頓，〈作為一種意識形態的保守主義〉，王敏／譯 劉訓練／校，《政治思想史》，2010年第1期，頁166。

我看來這是一種自相矛盾的觀點：因為你不可能保守一個並不存在的傳統。我們的確可以拿著放大鏡在中國傳統的經典著述和政治實踐中找到一些「自由」與「宗教」的草灰蛇線，但這遠不足以證明中國具有自由的傳統和宗教的傳統。在這個意義上，按照美國保守主義的範本去構建中國的保守主義，結果只能是邯鄲學步。

柯克信徒的典型特徵是，主張政治問題歸根結柢是宗教和道德問題而不是經濟問題。1980年代，柯克對曾經的盟友自由至上主義者發起猛烈攻擊，將後者輕蔑地稱為「形而上學的瘋子」和「政治上的精神病人」，並且指出：「現代政治學最重要的分界線，如沃格林的提醒，不在於一邊是極權主義者，另一邊是自由主義者（或者自由至上主義者）；而在於一邊是所有信仰超驗的道德秩序的人，一邊是所有將朝生暮死的個體錯誤地當成全部存在和全部目的的人。」[19]

華人川普主義者不僅在精神實質上與柯克一脈相承，甚至有過之而無不及。部分成員有一種信仰萬能論的傾向，似乎只要站在宗教的制高點，就可以將高度複雜的現代社會問題還原成信仰問題，輕而易舉地獲得洞察歷史真相與政治本質的特殊功能。可是，正如蘇格拉底對雅典人的警告，智慧這個詞太重了，它只可能屬於神，而人充其量只是愛智慧者。基督徒作為神的信徒，應該比無神論者更能體認人的渺小和微不足道，而不是代神立言與判教，由於信神而誤以為自己成了神。

---

19 Russell Kirk, "A Dispassionate Assessment of Libertarians," in *Freedom and Virtue: The Conservative/Libertarian Debate*, edited by George W. Carey（University of America 2004），p. 182.

3.文化多元主義抑或多元文化主義？

促使華人川普主義者從哈耶克信徒轉變成柯克信徒的一個主要原因是，他們相信隨著人口格局的改變，必然導致「白人國家」和「基督教文明」的永久喪失，因此有必要在種族、性別、移民、墮胎、同性戀和宗教議題上全面阻擊自由主義。

叢日雲教授嘗試區分文化多元主義（cultural pluralism）和多元文化主義（multiculturalism）。按照他的定義，文化多元主義「承認多元文化共存的現實，在憲法共識的基礎上，尊重各少數族群、宗教、弱勢群體或邊緣群體的特殊文化，同時它又堅持在多元文化格局中主流文化的主導性，推動各種文化融入主流文化。」叢日雲認為「對這種多元文化的尊重與寬容，是自由主義題中應有之義。也是特朗普這一派保守主義者所珍重的價值，所以，他不會挑戰和損害這種多元主義。」但是多元文化主義有所不同，它

> 將重心轉向對文化多元性價值的強調，認為文化多元化本身就是值得追求的，為此，它極力貶抑主流文化，欣賞、推崇甚至崇拜各少數族群、宗教以及社會弱勢和邊緣群體的文化。這樣，美國的主流文化受到了嚴重侵蝕和削弱，從而帶來文明的危機和衰落。從這個角度看，多元文化主義是西方文明的敗壞性因素，它的流行其實是西方文明的自虐、自殘與慢性自殺的行為。特朗普反對的正是這種類型的多元主義。他想讓美國「再次偉大」的含義之一，就是停止這種自殺行為，讓美國文明重振自信、重現輝煌。[20]

---

20 叢日雲，〈特朗普反對什麼樣的多元主義？〉，網路資源：

　　叢日雲的分析存在著不少事實性的錯誤和觀念上的混淆。如前
所述，叢日雲認為文化多元主義「堅持在多元文化格局中主流文化
的主導性，推動各種文化融入主流文化。」仔細考察他的觀點，就
會發現他與亨廷頓的基本立場沒有差別，叢日雲指出：

> 我們知道，文明是一個生命體，其文化是其靈魂或精神，其物
> 質載體是具體的族群，即創造和傳承這種文明的民族或種族。
> 你不能指望別的民族傳承你的文明。……對於移民潮帶來的人
> 口結構變化，特朗普這一派人憂心忡忡。他們擔憂的不僅是恐
> 怖活動、犯罪、福利負擔和勞動力競爭等問題，更擔憂的是鳩
> 占鵲巢、美國傳統的白人基督教文化的前途問題。[21]

　　由此可見，按照叢日雲的觀點，所謂「推動各種文化融入主流
文化」，其實質就是「化多為一」，進而實現「多上之一」——將
多元文化徹底地同化成白人基督教文化，這根本不是在主張文化多
元主義，而是在倡導文化一元論。時至今日，我們有充分的理由認
為川普並不是真正意義上的保守主義者，他支持的也不是文化多元
主義而是白人至上主義。如果「讓美國再次偉大」就等同於回歸白
人基督教文化，那麼這種做法不僅違背美國的建國理想與信念，而
且必然會對少數群體造成壓制性和排他性的現實惡果。
　　叢日雲關於多元文化主義的批判雖然有部分道理，但仍然失之
偏頗和簡單。比如他在文中提到，「有一個敘利亞裔移民青年申請

（續）————————————————————
　　　http://www.aisixiang.com/data/112289.html。
　21 叢日雲，〈特朗普反對什麼樣的多元主義？〉，網路資源：
　　　http://www.aisixiang.com/data/112289.html。

斯坦福大學，他提交的作文是將「黑命貴」（Black Lives Matter，或譯為「黑人的命也是命」）寫了一百遍。」叢日雲認為此舉堪比文革中的「白卷大學生」，而且「斯坦福大學對錄取這個學生作過一個解釋，其中一個考慮，就是增加校園的多元文化。」[22]以上說法充滿了事實性的錯誤，只要到外網稍微做一下事實核查，就會瞭解這位名叫齊亞德‧艾哈邁德（Ziad Ahmed）的青年並不是白卷大學生，相反他各方面的表現都很優異，他並沒有在一篇作文中重復寫了一百遍BLM，而是在按照規定提交了所有材料之後，針對申請表中的最後一個問題——「對你來說什麼是重要的？為什麼？」——填寫了一百遍BLM，因為他想真實地表達內心最強烈的願望。當這位青年在推特上披露自己的這項行為之後，斯坦福大學的發言人確認給他發放了錄取書，但並未承認與此行為有關係[23]。

　　叢日雲也許會反駁說，即便自己犯了事實性的錯誤，但是他對於美國政治文化的整體趨勢的擔憂依然是成立的：「這樣的多元化搞下去，就突破了適當的界限，帶來平行的政治，將文化熔爐變成文化馬賽克，國民整體素質下降，國家失去內在凝聚力，終致社會解體和文明的衰落。」[24]

　　要想辨明其中的是非曲直，需要從觀念層面上釐清真正的多元文化主義的理論訴求和現實目標。按照西方學界的常識觀點，多元

---

22 叢日雲，〈特朗普反對什麼樣的多元主義？〉，網路資源：http://www.aisixiang.com/data/112289.html。

23 參見 *The Washington Post* 網站 2017 年 4 月 6 日的報導，https://www.washingtonpost.com/news/grade-point/wp/2017/04/06/his-application-essay-for-stanford-writing-blacklivesmatter-100-times-he-got-in/

24 叢日雲，〈特朗普反對什麼樣的多元主義？〉，網路資源：http://www.aisixiang.com/data/112289.html。

文化主義主張正視並尊重差異性，而不是通過普遍抽象的同一性來取消差異性，正是基於這樣的考慮，多元文化主義的支持者

> 反對將少數群體的成員同化（assimilate）到主流文化之中的『大熔爐』的理想，支持少數群體成員可以維持其獨特的集體身分和實踐的理想。在移民問題上，支持者們強調多元文化主義有助於而不是削弱了把移民融合（integrate）進社會的過程；多元文化主義政策為移民的融合提供了公平的條款。[25]

這裡的關鍵詞是「同化」與「融合」。二者的區別在於，「同化」是以某個主流文化——在亨廷頓和叢日雲這裡被具身化為「盎格魯—新教」或者說「白人基督教文化」——為標準，將少數文化消弭於其中，這條思路表面上看似尊重文化和價值的多元性，實則卻是尋找「多上之一」的文化一元論。與此相對，「融合」的意思是，一方面充分尊重文化多元的事實，認為這個事實本身就是有價值的，為此有必要訴諸各種法律和政策以維護文化的多樣性與特殊性，另一方面，多元文化主義並不主張所有的文化價值一視同仁、沒有高下之分，也不認為它們可以天然地保持和諧，而是要通過積極的融合才能實現社會團結，具體到美國社會，融合的標準和方向不是朝向某個特定的宗教或者種族，而是朝向更為抽象和一般化的價值與信念，比如個人主義、民主主義、憲政主義、法治、人類平等，等等。正是基於這些實質性的觀念，才有可能在尊重文化多樣性的同時確保社會團結和國族認同，真正實現「多中之一」。

---

25 "Multiculturalism," *Stanford Encyclopedia of Philosophy*，網路資源：https://plato.stanford.edu/entries/multiculturalism/。

　　通過以上討論不難發現，叢日雲二分法的謬誤在於，他所主張的「文化多元主義」和反對的「多元文化主義」均發生了不同程度的觀念扭曲和變形：他認同的「文化多元主義」實際上是尋找「多上之一」的文化一元論；他所反對的「多元文化主義」實際上是「化一為多」的文化相對主義。而真正的「多元文化主義」試圖尋找「多中之一」，這個任務比起文化相對主義來說更加看重「一」，比起文化一元論來說更加尊重「多」。

　　當然，理論的龍種往往會產出現實的跳蚤，儘管我們可以在觀念上釐清多元文化主義與文化相對主義的差異，但是必須承認，在現實效果中前者始終存在滑向後者的危險，就此而言，我雖然不接受叢日雲的分析框架和解決方案，但卻部分認同他的問題意識。事實上，早在上世紀90年代末理查‧羅蒂就在《築就我們的國家》中探討過文化左翼對於國家認同的負面影響，2016年川普當選之後，法蘭西斯‧福山、馬克‧里拉、喬納森‧海特等人都對身分政治、政治正確、取消文化和新左翼社會運動進行了認真的反思與檢討。多元文化主義會不會最終滑向文化相對主義，導致美國文化的碎片化，進而瓦解國家的共同文化基礎？凡此種種都是值得嚴肅探討的開放問題。

　　關於多和一的關係，南卡羅萊納州的資深共和黨議員林德塞‧格拉漢姆說過兩句發人深省的話，一句是「多樣性是一種優勢，而不是一種劣勢。」另一句是「美國是一個理念，不是一個種族。」[26]只有基於這樣的認知，保守主義者和自由主義者、共和黨與民主黨

26　Julie Hirschfeld Davis, "A Senior Republican Senator Admonishes Trump: 'America Is an Idea, Not a Race'," in *The New York Times*, Jan. 12, 2018, https://www.nytimes.com/2018/01/12/us/politics/trump-immigration-congress.html

才有可能在移民問題以及多元文化主義問題上達成有價值的共識。

在華人川普主義者的所有迷思中，「曲線救國」最值得同情，但我不打算深入探討這個欲語還休的話題，只想提出兩個觀察和思考：1. 絕望的情緒會嚴重干擾一個人的現實感和對未來的預期，以至於病急亂投醫，犯下所託非人的錯誤。2. 臨淵羨魚但卻不能退而結網，這是所有隔岸觀火同時又全情投入的華人的悲哀。

三、結語

托克維爾這位美國民主的偉大觀察者早在180年前就曾經指出，對於美國民主體制的影響，地理的貢獻要小於法律，而法律的貢獻又要小於民情。2020年美國大選進一步撕裂了美國社會，一個國家、兩種民情，針鋒相對、勢不兩立，方此之時，維繫民主制度和美國認同的重任就落在了法律上。就此而言，我贊同川普和共和黨的支持者搜集一切具有法律意義的證據，在法庭上對大選結果提出挑戰，當然，前提是尊重法律，願賭服輸。

2021年1月6日，白人至上主義者試圖通過占領國會山干擾參眾兩院對選舉人團票的認證，事件發生過後，有人在朋友圈裡發了一段戲仿對話：

這是一場叛亂嗎？不，陛下，這是一場革命。
這是一場革命嗎？不，總統，這是一場叛亂。

究竟是叛亂還是革命？違憲還是護憲？顛覆自由民主還是保衛自由民主？時至今日不同立場者依然各持己見。2020年大選不僅撕裂了原本就已兩極化的美國政治，而且在華人知識圈中造成了難以

彌合的爭端。曾經的同道中人分道而行，曾經的政治分歧演變成了
政治衝突。

　　所謂政治分歧，根據馬特·斯里特的觀點，意味著雙方仍舊共
用一組政治價值，並對基本的政治安排（比如憲法、民主程序以及
三權分立的政治框架）解決分歧的能力保留信心，而政治衝突則是
持有對立價值的雙方試圖繞過民主和法律的手段，直接訴諸暴力與
革命來解決問題、壓制對手，甚至是消滅敵人[27]。

　　這是一個讓人至為沮喪的結論，但我依然選擇相信美國制度的
自我修復能力和美國人民的自我反思能力。我始終認為，對於美國
政治的健康生態而言，川普贏不如拜登贏，拜登大勝不如拜登小勝。
川普落敗可以讓共和黨和挺川者冷靜下來，認真檢討過去四年川普
對於保守主義理想以及美國的政治、法律和民情造成的傷害和破
壞。拜登小勝可以讓民主黨、主流媒體以及自由派的知識分子反思
在新冠疫情肆虐之際，為什麼川普仍有如此之多的支持者，反思政
治對手問題意識的部分合理性。

　　有人說，川普的最大問題就在於讓左右都變得更糟了。但願拜
登能讓左右不再變得更糟。

　　周濂，中國人民大學哲學院教授，著有《現代政治的正當性基礎》
（2008），《你永遠都無法叫醒一個裝睡的人》（2012），《正義
的可能》（2015），《正義與幸福》（2018），《打開：周濂的100
堂西方哲學課》（2019）。

27　Matt Sleat, *Liberal Realism: A realist theory of liberal politics*
　　（Manchester University Press: 2017）, p. 56.

反啟蒙與自由派的價值反轉

肖雪慧

一

　　四年前看川普就職演說視頻後，以〈川普能走多遠，制度很重要〉為題發表了幾百字看法：

> 看過川普就職演說的視頻，感覺很不好。他對之前各屆民選總統和政府的工作缺乏起碼尊重，充斥不顧事實的攻擊。……很多人對他一廂情願的解讀，讓人想起不少人對另一個人寄託的希望，這種期盼不撞南牆不回頭。不過，川普畢竟在美國，是根據美國選舉制度合法當選的，有美國制度的制約，還有民間多元力量的博弈，他就職時就有很大規模的反川普示威。我相信，處在最高領導人位置上，能走多遠，制度很重要。在非正常體制居最高位的，不良品行心性可以最大限度禍害國家。而在有權力制衡和體制內外監督的制度下，當政者性格特徵再強悍，其強勢特徵只能在制度框架內表現而很難改變國家軌道，如果品德有虧、行事不當，也逃不過扒糞者眼睛。川普能走多遠——不論哪個方向，有待觀察。」（2017.1.21）

　　寫上述文字時，對美國制衡約束力量很樂觀，對川普的破壞力
遠估計不足。但最沒估計到的是：國內思想界因川普而嚴重撕裂。
曾長期在各種公共議題上互相支持的朋友漸行漸遠，過去某些問題
上看法不同還可以心平氣和討論，能形成共識當然好，不能形成共
識，通過討論各自也可以檢視自己觀點，但川普話題不一樣，基本
沒有討論氣氛。

　　美國人或他國人，批評美國總統，原本都正常。過去美國媒體
批評歷屆在任總統，未見思想界同道有人表示不適；國內思想界對
美國歷屆總統的批評性評論也不少見，也沒見有人不適（御用文人
的帶節奏文字，另當別論）。但橫空出世的川普很快就在不少人眼
裡成為不可批評的聖者，一看到批評川普的文字就大為光火，非常
失態，表現出極強攻擊性，讓人感覺出狂熱信徒的狀態。

　　川普剛上任，吹捧、讚美文字就大量出現在自媒體。吹捧的，
往往是跟他總統職務相牴觸的言行。有件事不算大，但後來分歧的
一些要素已在其中。起因是伊萬卡服裝品牌被一高檔百貨公司因銷
售量不佳被下架，川普用總統官方推特帳號炮轟這家公司，導致該
公司股價大跌。次日，題為〈如果屬實，確實是一種自信〉的吹捧
文就出來了。文內有「總統也是人，當國家利益和女兒利益發生衝
突時，女兒利益必須高於國家利益」之類表述，作者宣布從這時起
就成了川普粉絲。

　　出現這種文字、這種宣示不奇怪，但思想文化界熟人讚賞性的
轉發，我很詫異。當即反問：「當國家利益和女兒利益發生衝突時，
女兒利益必須高於國家利益」──普通人可以！坐在總統位置上，
這樣選擇靠譜嗎？

　　轉發者說：做不符合「政治正確」的事似乎已成川普的風格，

所以說他是冒著下臺的風險在挺女兒的。

我回應：涉及的是他女兒的商業利益，正常情況下要迴避。他不僅發推挺，他的團隊成員還公開呼籲人們去買他女兒的產品。這已經涉嫌公權私用，引起譁然。不是拿出「反政治正確」可以辯護的。類似事情若發生在中國，為川普這件事叫好的，用什麼立場去揭露和批評？

為這類事欣賞川普的不少，隱隱感到圍繞川普，價值評判標準的反轉在悄然發生。當川普以他為線攻擊媒體、他幾乎不加掩飾的種族主義、摧毀美國政教分離的企圖……，得到國內部分自由派學人連篇累牘文字辯護，價值反轉就不再是悄然發生的了。

我認為，川普的具體政策，是可討論和有待觀察的路徑問題，對這方面的評價，也許得假以時日。但任用家人，毫不避諱其職務跟家族利益的衝突、憑藉權力搞利益輸送；拒絕公布稅單不惜官司打到最高法院；攻擊一切批評者，不管是民主黨人共和黨人或普通球員；上任後動輒向支持者喊話外加揮舞「愛國主義」旗幟持續地撕裂國家；無視並破壞權力制衡體系，用人之道是忠於他個人，稍不遂意便炒掉經國會同意的內閣成員，以任命「代X長」方式繞過國會培植親信；不遺餘力破壞媒體公信力、擺脫監督……。這些不同於具體政策，而是在系統地侵蝕美國制度，衝擊憲政民主政治的底線，溫水煮青蛙式甚至公開的改變美國氣質。

就對媒體的態度而論：把不如意的消息和媒體定性為「假新聞」、「人民公敵」，利用一切機會詆毀和攻擊媒體，敗壞媒體信譽消解媒體的社會功能……類似行徑若發生在國內，自由派人士一定會有清晰的判斷和尖銳的批判。新聞、媒體是真是假，政府沒有定性權，這是基本常識；對於宣布「人民公敵」和動輒揮舞愛國主義旗幟並把愛國跟對個人的忠誠劃等號，自由派也極為警惕。可是

換川普來做，常識就不是常識了，反送上讚譽；應該警惕和抵制的，
也變成辯護和擁抱了；而「假新聞」、「人民公敵」是什麼政治環
境的專屬詞彙？在慣用這類詞彙的國度，它們的指向和後果是什
麼？從川普那裡接過這些詞彙的自由派似乎也徹底忘了！

　　一個無底線者的成功，對部分人有特別的吸引力和鼓舞效應，
是並不罕見的心理現象。川普的粗野、無教養，不尊重人、低道德
水準確實鼓舞了部分人，挑逗、釋放出最醜惡一面，有逐臭傾向的
人為他的無德、放肆叫好，把無德等同「真性情」，把尊重和持守
文明規範說成「作秀」「虛偽」……。連他無休止推諉責任加自吹
攬功的低劣人格自我展覽，也能收獲大量讚揚。

　　這部分人不是本文關注的，精神同構的希毛斯粉擁抱川普，也
不是本文要關注的。但讚揚、擁抱川普的，包括很多我認為跟他價
值觀和人品很不一樣的知識界人士，這才是問題。

二

　　近年出現於中國知識界的強烈挺川人士，有一些共同點：對穆
斯林的敵視和歸罪；貶低黑人、推崇白人（尤其盎格魯—撒克遜新
教徒），認為是他們承載了美國價值，白人比例降低將導致美國主
流價值邊緣化並使國家淪落。日前看到一本名為《川普主義》的書
用川普標誌性金毛髮型做封面，內容尚不知，但封面堪為宣示華人
圈部分知識人種族意識的海報，它讓我想起見過的一個詞——「白
人統治集團皈依綜合症」；在社會保障很差卻稅收畸高且不透明的
國度時空錯位地攻擊社會保障；敵視和抹黑啟蒙運動、敵視和唱衰
歐洲；字裡行間溢出對歐洲、對所謂「白左」的仇恨；對一直為中
國人權呼籲的政治人物的仇恨，超出了對使人精神上淪為非人的體

制。對川普則無度美化，有知名學者甚至封他為「天選之子」——這些學者也聲稱追求憲政民主，卻不想想，既是天選定，還要選民的選票做什麼？對於憲政民主，這不是釜底抽薪嗎？

當川普競逐連任失敗，欣賞乃至迷戀他的知識界人士不願正視川普的問題，拒絕承認他是被選民用票選下去的事實。四年來他使很多美國人警惕和反感的種種做法；危機應對一團糟使得疫情失控導致美國人大量的感染和死亡。作為尋求連任的在任總統，他佔據主場優勢，選戰中又把權力資源用到極致甚至突破規則為己所用，病毒大流行期間無視民眾生命安全不斷組織大型聚會，並使支持者把不戴口罩作為政治姿態的宣示，促成病毒超級傳播……四年前川普的普選票就低，在位四年民調也低迷，上述表現進一步使選票流失。

但他們不承認川普敗在自己，不論身在國內國外，都以極強的代入感用本國歷史上皇權政治、宮闈密鬥和當代你死我活奪權鬥爭的思維解釋川普的失敗，一口咬定他輸在大規模舞弊上。儘管他們過去也許批評和警惕這種思維，其實並未清除，有合適契機就會被誘導出來而發作。川普就是這樣一個契機。

在他們眼裡，左右翼媒體、民調機構、美國國土安全部、司法部、整個司法系統——從地方法官、聯邦法官到最高法院法官（聯邦法官和最高法院法官很多是他任命的），各級選務官員和無數日以繼夜投入監票的兩黨（含獨立人士）志願者……協同策劃、組織或參與了一場大規模舞弊。連州長、議會、選務官員全是共和黨人的深紅州數次點票確認他失敗，也被認為是陰謀的一部分。美國整個體制洪桐縣裡無好人，助力在野黨偷了川普的選票。

要怎樣的超現實大腦才能構想出這樣的陰謀論？

大選之前，有些朋友無限溢美地稱美國是燈塔國、山巔之國。

如今看來川普才是他們心目中的燈塔，川普敗選了，美國這盞燈塔就滅了，山巔之國就成第三世界亂象國和落入深淵的邪惡腐敗舞弊國。說法跟當局內外宣高度契合。最可歎的是部分人抱著川普翻盤的虛幻願望，不惜鼓吹和期待兵變、軍管、抓人，武裝推翻大選結果。

國內知識人擁抱川普，起初無疑有願望投射的因素。糟糕的環境和無力感使一些人把這位對其他國家人民的苦難無感、對人權不在乎、氣質和言行很專制卻顯得強悍的人臆想成自由的拯救者。但這種投射和臆想建立於特別具諷刺性的誤判和對事實的高度選擇性上，對川普使美國向內退縮而騰出巨大國際空間視而不見，卻意淫他會「強撸」專制國當局、倒逼變革，在他身上編織的倒逼夢就只能是黃粱夢一場。現實發生的恰恰相反：他一上臺就解除了專制國當局最忌諱的那些壓力，他在任的幾年是後者對內更專制殘暴對外最瘋狂推銷其制度和意識形態的幾年。

不管怎樣，想打鬼借助鍾馗，作為這國環境的切身感受者，能理解。但四年來，跟著他攻擊美國主流媒體、攻擊所有杯葛他的無論政黨或個人，無論美國的還是歐洲的；他敗選後又跟他一起攻擊美國選舉制度，鼓吹推翻大選結果，編織「王者歸來」夢。以一個人敗選與否來論斷一個良好運行兩百多年的憲政民主國家是否腐敗、隕落了……，這就不是願望投射、打鬼借助鍾馗能解釋的了。

三

這四年有個現象特別引人注目，這就是反「白左」。迅速成為熱詞而高頻出現的「白左」，在中文語境下是個負面標籤，不管對觀點、對文、對人、對政治派別……，貼上這個標籤，就等於宣布

被貼標籤的是謬誤、禍害。論證，是不需要的。「白左」事實上已成奧威爾筆下的新詞。但它的氾濫，跟國內知識界某些人推銷中式保守主義、鼓吹美國基督教立國論、唯右獨尊緊密相連。這幾股交織重疊力量的攻擊焦點是啟蒙運動，或者說反啟蒙是聯結它們的樞紐。持續的攻擊，使國內思想界、異議界形成一種敵視啟蒙運動和法國革命的氣氛。

　　反啟蒙可以追溯到學界部分人始於上世紀90年代對法國啟蒙運動的非歷史苛責，以及在20世紀極權政治災難與啟蒙運動之間虛構因果關係。近十餘年有基督教背景的加入，跟他們推銷的保守主義合流，重疊形成對啟蒙運動長期和強勢的抹黑與攻擊。這種氛圍浸潤埋下的因子，之前尚不足以影響一些朋友的價值評判，但川普的出現使它迅速發酵。

　　一些曾經也是自由派的學人發表了大量「保守主義」文章。對保守主義的闡釋遠離原意而裝進他們心儀的白人至上、社會達爾主義和一教獨尊。而用基督教加持保守主義，迎合了很多信眾心理。這些文字，說的是保守自由傳統，但字裡行間透出要的是政教合一。中式保守主義的教父級人物，把有沒有傳統值得保守，跟保守主義混為一談。搞概念偷換和挪移，稱必須保守和收藏傳統才有自由。然而，即使西方，自由也不首先是靠收藏、保守，沒有爭取自由的行動去一步步拓展自由，收藏什麼？這些文章觀念先行，拼湊史實，漏洞百出，反啟蒙，則是不變的主題。（參見劉軍寧，〈逾越百年啟蒙，走向啟示元年——寫在2020年春節逾越節之際〉和筆者的批評文章〈說說〈逾越百年啟蒙……〉〉）

　　下面一段很多人不陌生的「神說」，集中了以反啟蒙為樞紐的中式保守主義、宗教角色僭越等要素，在近年反啟蒙話語中非常有代表性，被很多人重複：

啟蒙運動劣根性在於：高舉人的理性，以人的理性取代從上帝
而來的屬天的智慧和屬靈的能力，以政治權力去改造和塑造個
體，殊不知政府也是由一個又一個有罪，有限又有死的人組成
的，人的罪性和不受制約的權力結合必然會導致暴政，你不以
謙卑的心仰望上帝，你就會以被奴役的姿態去仰望專制暴君，
歐洲如此，有幾千年歷史的中國也是如此，20世紀的中國深陷
共產主義的泥潭，恰恰是來自歐洲的人本主義與中國大一統的
中央集權的君主專制結合的結果，中國最大的遺憾在於與同樣
來自歐美的基督信仰，清教徒精神，保守主義理念失之交臂。

　　然而啟蒙運動何曾「以政治權力去改造和塑造個體」？這樣幹
的國度何曾給過啟蒙思想容身之地？但發明此說的和眾多鸚鵡學舌
的，根本不在乎事實。

　　對啟蒙運動的批評和反思，從這個運動興起直到現代，從來沒
有停止過。但上引「神說」刻意歪曲歷史，並充斥著張冠李戴和栽
贓性密集斷言[1]，不是任何意義上的反思和批評，而是基於狹隘教派

1　這一段包含的密集判斷，沒有一個經得起事實驗證，所謂「不以謙
　　卑的心仰望上帝，你就會以被奴役的姿態去仰望專制暴君」，無數
　　事實可以證偽。而「以政治權力去改造和塑造個體」；「中國深陷
　　共產主義的泥潭，恰恰是來自歐洲的人本主義與中國大一統的中央
　　集權的君主專制結合的結果」，這類斷言則是典型的張冠李戴和栽
　　贓。歐洲人本主義與專制主義天然對立，49鼎革之後，一直受當局
　　防範和敵視。說二者「結合」，想當然；把深陷其中的泥潭歸咎於
　　莫須有的「結合」，結論猶如沙灘上的建築。但這樣的文字跟本文
　　提到的布道文一樣，散播對啟蒙運動的仇恨，誤導很多人的歷史認
　　知。

立場對曾經揭露和反對教權主義的運動和代表人物的否定、討伐。可是即使要否定或者討伐，也得首先瞭解要否定和討伐的對象。不僅要瞭解這場始於17世紀、18世紀進入盛期的思想運動本身，還必須瞭解這場運動發生之前的歐洲政治思想社會狀況；必須把過去的歐洲跟從那以後到現在的歐洲乃至世界的變化做個比較，然後誠實道出：到底想要什麼？是助推實現憲政轉型，還是回到一教獨尊甚至政教合一時代？

　　其實，他們要什麼，要回到哪裡去？一篇在教徒和非教徒中傳播甚廣的布道文表達得再明白不過。布道文用自創的歷史劃分歸罪啟蒙運動，稱「兩千年的歐美歷史，可以簡單劃分為，一千七百年的福音化，和三百年的異教化。同性婚姻的合法，公共生活的世俗化，伊斯蘭的全面復興，及一種扭曲的政教分離模式，標誌著整個歐美世界已經完成了異教化。」——「兩千年歐美歷史」說直接抹去包括古希臘羅馬在內的基督元年之前歷史；對兩千年作「一千七百年的福音化」和「三百年的異教化」的時間和價值劃分，把被稱為啟蒙運動世紀的18世紀暗示為遺禍至今的異教化禍首。而公共生活世俗化、政教分離，這些現代文明要素，都成了「異教化」。此類文字不僅影響很多信眾，也影響不少學人的歷史認知。

　　啟蒙運動從教權和世俗王權重壓下釋放出來的理性精神、它傳布的原則，這幾年基本上成了被歸入「白左」或「政治正確」予以否定，不管體現這種價值觀、言行準則的是左還是右，都不妨礙給扣上「白左」帽子！悲哀的是，對中國來說，這些價值原則和精神，文革後好不容易剛觸摸到一點，就遭強力遏制打壓[2]。理性的重要特

2　簡單梳理一下「啟蒙運動」在中國語境下怎麼演變成20世紀重大政治災禍的源頭。文革後八十年代曾有過短暫啟蒙，但很快被強力中

徵之一，是對一切事物進行審視。80年代中國人剛開始對過去不假
思索接受下來的東西、對已經習以為常的現象加以審視，很快就引
起恐慌。理性精神，在中國遠不到「高舉」時候，更不存在所謂僭
妄，而是尚且少而貧弱，就遭遇多股力量交叉圍剿。這個國家整個
價值觀上還很落後，還有很長很艱巨的觀念博弈。這種博弈中，知
識界的作用無可替代。但這一反，退很遠……

　　很不想說但不得不說的是，當知識人把「白左」「政治正確」
掛在口頭筆端當攻擊性工具，反「白左」和打倒「政治正確」[3]釋放
出很不堪的一面，一些知名學者對謾罵貶低黑人的種族主義視頻、
造謠文章、拼接圖片，對那些把16億穆斯林當禍害的文字，如獲至
寶到處轉，完全沒了學者的查證習慣。

　　過去一直自詡自由派、聲稱追求憲政民主的人，變得思維極端
化，缺乏對事物複雜性的理解和容納，非黑即白、非此即彼。這在
對「左」的仇視上表現得淋漓盡致。這種仇視，跟一黨專制對其他

（續）
　　斷。九十年代後期以朱學勤為代表部分學人關於西方近代史的文
　　字，揚英貶法，對英美革命跟法國革命的區別、所謂歐陸理性和英
　　美經驗主義之間的區分，雖然不無依據，卻有絕對化傾向，並在這
　　國鼎革後狀態跟法國啟蒙運動之間虛構因果關係。儘管這樣，我認
　　為在當時不失為一種反思性研究。但之後很多跟風者，把朱文這方
　　面論斷當定論，固化了原已存在的絕對化傾向並推向極端，對歷史
　　缺乏同情的理解，無限放大法國革命中暴力一面，完全否定作為美
　　國姊妹革命的法國革命對現代文明的貢獻。再後來，是有濃厚神學
　　色彩的中式保守主義對歐洲啟蒙運動的無據貶損、直接歸罪和極端
　　敵視。
3　反歧視，反叢林原則，傳揚普世價值……等被諷刺為「政治正確」
　　的，其實是文明社會價值觀一部分。如果說在歐美出現了過頭而需
　　要反思，在中國，不僅距立足尚遠，而且是當成敵對意識形態加以
　　打擊的。

政治傾向的仇視如出一轍。對美國民主黨和歐洲不管左派還是中右執政，都深仇大恨般的攻擊。唯右獨尊，視左如寇仇成了時髦。有知名學人文章直接宣布：「右派上天堂左派下地獄」。

　　然而，左、右、中左、中右……，都是現代國家政治譜系中不可或缺的。在歐美國家，左右互搏、兩種傾向此消彼長，是政治常態，也是正常格局。如果消滅其中一方而沒了博弈，對一國來說是禍非福，向我們這裡的政治生態靠攏並不遙遠。但近年華人寫作圈包括學界大量文章，完全無視歐美國家的左、右，在憲政民主基本政治原則上有底線共識；也不顧西方政治譜系中的左右跟半個多世紀中國語境下的左右不在同一個語言系統。對所謂白左的討伐，把西方政治光譜上的左翼描畫成萬惡之源，必欲滅之而後快；而且以川普是非為是非，川普欣賞的就是「保衛西方文明的右派」，跟川普不合的，哪怕政治觀念和立場分明右翼，也成了「白左」，是要消滅的禍害。啟蒙運動被說成左的淵源，歐洲作為啟蒙運動故鄉，在他們眼裡就成了淪落之地。

　　知名學者對川普的崇拜跟對白左、啟蒙運動的貶損和敵視，成一體兩面。這是很耐人尋味的。倒是學界之外普通人沒有被反啟蒙洗腦，憑著基本是非觀對川普的看法更準確。

　　用一段過去評價啟蒙運動的話結束全文：

　　18世紀啟蒙思想家提供的一切，兩個多世紀以後的人正在享用，而且以後還將繼續享用。世界在這幾個世紀能變得文明一些，有賴於他們清掃了野蠻和迷信，又發現和確立了自由、平等、博愛、寬容等原則；人類今天能更清醒更有效地認識自我、認識世界，則既有賴於他們對理性精神的解放，又有賴於他們在對既有的一切作審視、懷疑和批判時取得的豐碩成果。我們

今天無論是借助於他們的成就向前發展，還是把他們的思想反過來作為檢視對象，我們都站在已經由他們刷新了的人類精神的基礎上。

肖雪慧，學者，常住四川成都。主要著作包括《主體的沉淪與覺醒：關於倫理學的一個新構想》，《守望良知：新倫理的文化視野》、《伏爾泰》、《馬基雅維利》、自選集《獨釣寒江雪》、《教育：必要的烏托邦》、《公民社會的誕生》等。

中國常識自由主義的悲歌

吳 強

　　過去四年或者更早，有不少學者、記者深入美國中南部、北部和五大湖區的大片鏽帶，探尋那些支持川普的失業者和失意者。他們是美國主導的全球化造成的失敗者，也是川普利用社交媒體動員起來的民粹主義支持群體，因此有了一個超越傳統黨派的「川粉」標籤。整整四年，情形像極了德國納粹從1923到1933的十年上升，不過以民主衰落的加速和竊取民主的方式重演了一次魏瑪危機。

　　在中國，一場類似卻成功的柔性政變早在八年前就已展開。這場政變不僅在最高層顛覆了一個集體領導制度，而且全面摧毀了中國新興的公民社會，在中國社會內部、在中國與世界之間建起了高牆和鴻溝。對知識分子來說，公共空間急劇消失的同時，還意味著文藝生活的萎縮和整個思想市場的荒蕪。

　　它的後果是驚人的。譬如說，2018年初的修憲較諸此前的噤聲和清洗更為震撼，事後長久的沉默並不止表明中國自由派知識分子集體的政治懦弱，而更像是打在他們身上的一記悶棍，暴露了他們在政治判斷和政治意義上的雙重失敗。在那之後中國自由知識分子們集體轉向保守、轉向川普，也許算是一種心理補償。

　　如果說四年前川普上臺之際，中國的一大批自由派知識分子還只是羞澀地擁抱川普，如秦暉努力否認其中的新民粹主義，那麼隨

後爆發的中美貿易戰和2020年底美國總統的選戰，似乎給予了他們過去八年裡唯一的翻身機會，不僅可以借川粉的集體認同刷一次存在感，而且讓他們從自由主義向保守主義的轉向得以公開。這種政治和學理的轉向幅度是如此之大，不僅讓例如幾年前才試圖以左翼自由主義回應體制壓力的另一些自由派知識分子感到尷尬，而且不期然地重合了北京當下的保守主義威權及其對川普政府的惺惺相惜，彷彿再現1930年代德國知識分子的保守化和納粹化。

根據過去幾個月對北京自由派知識分子的觀察，不少大學的自由主義學者、曾經的著名公共知識分子、前南方系的記者，還有更多他們的追隨者，包括改革開放受益者的新中產階級、也包括許多長期不滿中共的訪民、被打壓的民主派，似乎均效法時下追星模式，以川粉作為某種心理出口。這次，自由派知識分子表現得和普通川粉無異，狂熱如同1968年天安門廣場上的紅衛兵一般而不自知。這樣的精神狀況，某種程度上堪比美國鏽帶的工人階級，卻是發生在中國知識精英群體和關聯階層當中的一個「鏽帶」。它同樣也是全球化的產物，卻非地域性的，而是知識性的，猶如中國田園自由主義者的悲歌。我們需要做的，尤其在2021年1月6日由「跛腳鴨」總統在白宮草坪發起「啤酒館政變」後，是對他們做一次快速的「知識田野」。

* * *

在金融危機之後新自由主義全球化面臨終結、強人政治興起的時代，當下的美國和中國或許共用著涂爾幹在《宗教生活的基本形式》裡所描述的情形：社會在這種充滿恐慌的泡沫時刻所表現出來的種種特徵，都被人們賦予某種神聖性，譬如外在性、超越性、不可預測性和不可接近性等。尤其在新冠肺炎如同黑死病席捲全球造成的新中世紀黑暗時刻的2020年，川普個人性格的乖戾和民粹主義

的煽動便在美中兩國變成了一場造神運動，湧現出大批川粉。中國的自由派知識分子居然難以意識到或者擺脫這種經典的群眾對領袖的依賴模式，自然是令人震驚的，對川普個人或者川粉們的精神分析恐怕也難以提供這些知識分子的畫像，需要從知識分子的知識立場入手。

　　對中國大陸的自由派知識分子來說，在1990年代末丟失兩大自由主義陣地，即《讀書》雜誌被「新左」把持、《方法》雜誌被禁，互聯網自由派寫手和公知興起，他們便逐漸集中到以鼓吹「回到常識」、「講常識」的主軸，呼籲以所謂常識作為政治判斷和政治倫理的依據，以此區別於官方意識形態的「講政治」及其所本的辯證唯物主義。這樣，既能避免直接沿用1980年代的民主、自由等抽象政治訴求而招致政治麻煩，又逐漸擺脫艱深、費力的理論探討，更迎合互聯網讀者和都市報紙的評論風格。經過二十餘年的演進，特別是2012年開始的連續打壓之後，在新起的左翼自由主義之外，以及更早就轉向國家主義的施密特主義者之外，中國大陸的自由知識分子和支持者們基本退縮到一個以是否「講常識」作為標記的模糊「常識派」，相對於江澤民以來官方意識形態的「講政治」口號。

　　在另一維度，1989之後逐漸興起的保守主義，在「告別革命」後分別以中國式新左派、新儒家主義和國家主義等等面目偽裝其他思想流派的同時，還借著自由主義的「常識化」改造，終於發展成與福音派相結合的極端保守主義。其中尤以劉軍寧、王建勛、趙曉等為代表，在過去數年以重新詮釋美國建國和民主的基督教基礎為樂事，以「山巔之國」的宗教狂熱鼓吹在中國建立政教合一的基督教國家作為憲政改革的目標。

　　雖然迄今為止並沒有人對何謂常識有過具體論述，但是大致奉潘恩的《常識》作為範本。不過，「常識派」通常選擇性地強調《常

識》中所強調的自然法論述，並且忽略潘恩與柏克的爭論中凸顯的自由主義，反而支持柏克的保守主義。其中，包含了以《聖經》文本為唯一常識依據的福音派自由主義，信奉哈耶克—奧地利學派自由市場信條的市場自由主義，在有限的公共空間裡繼續發表批評的「知道分子」，以及作為改革開放受益者迷信市場的小資產階級。

當川普出現，特別是川普在推特上所展現的「常識治國」，近乎為陷入失語的中國自由主義者注入了強心劑，也如注入了「吐真劑」一般，「俘獲」了大批此前在中國自由派媒體上活躍的公知，其中不乏專業社科學者，例如以講常識為座右銘的郭于華教授（社會學）和叢日雲教授（政治學）等。川普的成功商人和政治素人形象，迅速成為中國小資產階級的「成功」幻想，也滿足了市場自由主義者和資產階級長久以來的企業家執政夢想，他被看作「倒逼」改革和民主化的「天選之人」，甚至還成為福音派自由主義者心目中的彌賽亞。

逐漸，中國自由主義知識分子也從「講常識」演化出各種面目，並隨著川普的民粹話語和極化政策逐漸清晰化、極端化和狂熱化。他們或者轉向所謂保守主義的立場，批評任何進步主義運動和政策；或者以毫不掩飾的種族主義姿態公然仇視中國境內的非洲人口、批評美國的BLM運動；或者乾脆否定納粹的極右性質而將納粹歸入極左，似乎以此撇清自己的新納粹嫌疑；或者以通常在新興宗教地區才能看到的狂熱扮演著「川衛兵」，在塑造川普神話的同時不遺餘力地製造和散播各種假消息和謊言。而且，即使在2021年1月6日之後，這一川普主義的狂熱在中國自由知識分子和廣大「川粉」中，也沒有完全停息的跡象，可能長遠地影響未來中國的社會和思想運動。

歷史上，這種知識分子群體幾乎完全喪失主體意識的現象並沒

有發生在1930年代的德國，卻類似蘇聯崩潰之前的集體心理。卡爾・
波普在1990年1月29日接受柏林《日報》訪談時，做過一個著名評斷：
蘇聯內部雖然還有改革的意願，但是七十年的謊言和空話已經摧毀
了人們的鑑別力，人們失去了對於那些空洞無物的流行話語的鑑別
能力，分辨不出哪些見解是有內容的，哪些是毫無意義的。這種集
體心智的低能化可能既是蘇聯長期停滯的結果，也是原因之一，且
少有清醒的例外。現在我們知道，當時的最高層如勃列日涅夫決定
出兵阿富汗是不可思議的「拍腦袋」決策結果，爾後憧憬改革的戈
巴契夫和整個官僚階級對市場經濟都一無所知，民眾則順服地吞下
轉型失敗的苦果，並且最終擁戴新沙皇——普京的長期執政，俄羅
斯知識分子也再沒有出現像托爾斯泰、別爾嘉耶夫或者德國的哈貝
馬斯那樣的智者發出聲音。

　　然而，卡爾・波普，這位在中國思想界曾經大熱、而今卻被冷
遇的哲學家，早已經從科學哲學和知識論角度先後否定了蘇聯在冷
戰競賽和中國在未來全球科技競爭中獲勝的可能，以及常識自由主
義在民主轉型中的虛假希望。在科學哲學這邊，不僅因為源於柏拉
圖主義哲學統治的極權主義政權，作為「開放社會的敵人」和「歷
史決定論的貧困」，在歷史性競賽中必然破產，而且因為其意識形
態核心的辯證唯物主義，存在反理性的根本問題，在波普看來比辯
證唯心主義還要糟糕。例如史達林主義和毛主義，都從馬克思那裡
繼承了黑格爾的辯證法，特別是所謂「正題、反題和合題」的三段
式，都強調矛盾的絕對性，也把歷史描述為所謂圍繞矛盾鬥爭展開
的螺旋形上升。這種矛盾論或許有助於建構某種形式系統，例如中
共政權每代領導人都熱衷構造的理論體系，卻無助於引出任何推
論，只能形成「一種極弱的系統」，「必然導致批判的終結，從而
導致科學的毀滅」。波普的結論是，批判的瓦解就是理性的瓦解，

而且充滿任意強加的模糊性解釋。這很好預示了蘇聯在經歷了漫長的科技、經濟停滯之後的瓦解，而中國政治—社會—經濟系統的簡單性以及這種低容錯系統內生的災難可能，如大饑荒、文革動亂和新冠肺炎，也預示著中國作為一個非理性大國的崛起和長遠科學發展的失敗前景。而官方意識形態和外交都以「戰狼」或者「義和拳」式咄咄逼人的詭辯方式，掩飾著所有失誤和責任。

　　至於知識論，常識自由主義這種常識知識論和新自由主義的合體，是中國大陸自由主義知識分子和改革官僚們政治上擁護改革開放路線、思想上奉行經驗主義、哲學上遵照「實踐是檢驗真理的唯一標準」的結果。但是，其核心的常識知識論，正是波普晚年代表作、1972年出版的《客觀知識》的批判重點。對波普來說，對當下語境的中國知識分子們來說，常識都是一個「模糊不清並且變化不定的東西，即許多人時而恰當、真實，時而又不恰當、虛假的自覺和看法」，而常識知識論則意味著人們能夠「通過睜開雙眼看世界，通過觀察而獲得關於世界的知識」。這種亞里斯多德主義以來的實踐哲學觀，它的核心是實在論，以「有見識的常識」區分了現象和實在，導向一個客觀主義的或者絕對論的真理觀，而其常識知識論十分接近現代實證主義和經驗主義。對普通人而言，這樣的知識論無疑具有特別的迷惑性，似乎從生活實踐中來，包含著對日常生活的肯定，也內含著對傳統和權威的迷戀。

　　在波普早年的著作《開放的宇宙：關於非決定論的論爭》當中，這種常識自由主義已經被定義，或許是他對歐洲20世紀初某種時代精神的觀察：「常識傾向於認為每一事件總是由在先的某些事件所引起，所以每個事件是可以解釋或預言的……常識又賦予成熟和心智健全的人……在兩種可能的行為之間自由選擇的能力」。在哲學上，這一常識自由主義的源頭相當古老，大概不亞於諾斯替主義（沃

格林以他的保守主義推斷一切的左翼思想都源於此），可以追溯到
伊壁鳩魯的二難推理，儘管在現實政治思潮中他們總是更輕率地以
極端的自由意志主義的面目出現。

　　然而，在波普看來，他們的核心錯誤「可能是從事杜威所謂的
對確定性的探求」，對客觀知識的認識停留在「前達爾文」狀態，
即認為1. 存在有主觀意義的知識，如天啟的或者期望，同時2. 也存
在客觀知識，但是3. 認識不到主觀知識和客觀知識之間的重大差
別，而且4. 假設人類的認識是從白板開始，5. 知識增長則是被動的，
如水桶理論所示。結果，如波普所說，常識知識論的本質是主觀主
義的，「主張直接性或自覺性確立了真理性，或者是真理性的標準」。
這是唯心主義的根本錯誤，認識不到波普所提出的「世界3」的客觀
存量知識作為探求科學的共同知識背景。譬如這些常識自由主義者
往往只願意相信自己親眼所見，而嘲笑進步主義者是書呆子、掉書
袋，恐懼任何所謂「大詞」，也因此拒絕形而上的和道德的價值和
約束。這幾乎已經成為過去半年中國大陸許多自由派知識分子和新
中產階級爭相傳播假新聞、為川普極力辯解時的普遍口吻。連帶那
些曾為公知的社會學者如周孝正、孫立平等人也缺乏足夠的知識參
照，而致其批判能力長期停留在「名嘴」層面，與歐洲意義上的公
共知識分子相去甚遠。

　　相反，波普提出世界上有三種知識：物理世界的知識為「世界
1」，意識經驗世界可為「世界2」，書、圖書館、電腦儲存等等構
成的邏輯內容則為「世界3」。「世界3」作為客觀知識的儲藏和背
景在過去兩百年的現代化進程中累積，已經成為所有主觀知識的依
賴，也是展開批判的依據，而常識知識論的根本問題就在於沒有認
識到「世界3」，忽視客觀意義上知識的存在，並且否定推測性知識。
推測性知識，典型如胡適所說的「大膽假設、小心求證」之科學假

設和批判以及不斷的批判，才是科學知識的來源，即所有（客觀）知識都可謂一種假說，都是無限逼近真理或追求「逼真性」的知識探求。而且「世界3」所包含的海量的客觀知識，正是戰後歐洲社會理論和冷戰結束之際發展出來的後馬克思主義所強調的現代性和複雜性所在，如福柯的「知識考古」方法所揭示的，頗類大約一個世紀之前的詹姆斯·弗雷澤坐在書齋裡進行人類學「田野」，卻更像科學方法的對人類社會進行批判性分析。這或許就是知識概念所對應的拉丁文 scientia，也就是今天的科學science概念的同根詞，在現代社會所具有的最新意義。

然而，在知識論意義上，與辯證唯物主義的反科學殊途同歸的，常識知識論最終「不得不放棄科學知識」，走向反智和宗教化。他們不僅反對由「猜想與反駁」的批判範式所構成的科學認識論，而且厭倦幾乎任何稍微複雜一點的理論解釋和批判，不願面對「世界3」所呈現的客觀知識的複雜性。在這一點上，支持川普的中國自由主義知識分子和美國本土有著反智傳統的清教主義者的合流也就很自然了。後者在民粹主義政客煽動仇恨和種族主義下，已經演成極端右翼的新法西斯主義，對任何民主來說都是最為嚴重的內部威脅。

當然，人類知識或許還有第四個世界，即邁克爾·波蘭尼所稱個人的默會知識，如工匠技藝等等不可言傳的知識，與實踐有關，但肯定不屬於常識，缺乏足夠的確信可能。中國過去四十年改革開放的市場經驗，可能是中國常識自由主義雖未明言但是最可能或者「默會」的常識，但若放諸全球化，卻能發現等同於新自由主義的中國常識自由主義，對全球化這一共同背景——客觀知識——缺乏反思，從而缺乏對全球化的充分認識。這一點或許能夠解釋那些川粉—自由主義知識分子們對川普熱愛的另一面。他們大多以自澆塊壘的腔調，解釋對川普的好感來自川普對中美關係的強硬，如果川

普連任就可能扮演中國民主化的推手。

　　但他們似乎不理解，新自由主義的全球化以及中國佔據的全球供應鏈，代表著一種全球暴力對勞工權利的剝奪，如同19世紀美國西部大開發的華工苦力，區別只在於中國以國家暴力的方式管理這一苦力模式的世界工廠，黨國體系和華爾街、和全世界的資本主義合謀，也因此受益，得以延續政權，接管和延續著新自由主義的全球化，而美國的工人階級與中國的工人階級都是其中的受害者。他們更看不到川普在雷聲大雨點小的表面強硬對華政策下，幫助中國領導人鞏固了權力、通過了無任期限制的修憲，也輸掉了對華貿易戰。那些迷上川普的中國知識分子，常識自由主義者，宥於自身有限的中國市場經驗和過去八年以來橫亙在中國內部以及中國和世界的鴻溝，儼然如烏爾里希‧貝克所形容的全球化「僵屍」一般：他們所謂的常識在「把握全球現代性急速變化的經驗狀況時捉襟見肘，對民族國家內外迅速變遷的社會現實置若罔聞」，也對新自由主義在2008年金融危機爆發就面臨終結的社會事實毫無覺察。貝克自己就曾提出「第二現代」即現代性的現代化問題，作為理解全球化和未來風險社會的關鍵，也是過去幾十年圍繞全球化已經大大擴充的客觀知識中的一個批判性例子。

　　相形之下，對中國的常識自由主義來說，知識的貧乏尤其是對「世界3」的忽視，決定了他們的知識立場和政治態度，那是與一百多年前的義和拳民沒有多大分別的。哪怕僅僅在繼承新自由主義的意義上，中國的常識自由主義者和黨國接收全球化的立場就高度吻合，還有什麼民主化的可能？與這種強調市場自由第一的新自由主義相比，卡爾‧波普的立場倒更接近古典自由主義，以「修正的本質主義」抨擊源自無論柏拉圖還是亞里斯多德的解決，像科學方法一樣尋求不斷擴展的普世主義方案。例如他的學生索羅斯最近直接

將中國當作開放社會的敵人，如同吹響了「新冷戰」的號角。而大洋彼岸的另一側，中國的田園自由主義者卻在川普如同小丑般的政治退場中陷入了悲鳴，他們或許如同那些1月6日沖進國會山的川粉一般，也是全球化的另類犧牲品。

　　吳強，德國杜伊斯堡政治學博士，前清華大學講師，現居北京，從事獨立政治評論和諮詢，著有《東南亞抗爭政治》、《習近平如何成為一個超級政治強人》等。

極權主義認知障礙

張千帆

一、中國自由派的再分裂

新年1月6日，美國國會發生短暫騷亂後完成各州選舉人投票的認證；川普承諾「順利過渡」，這場史詩級總統大選終於基本落幕。史詩級大選催生史詩級大劇，大選前後一直亢奮不已的挺川者仍舊「川流不息」。在太平洋兩岸的中國自由派圈子，支持川普總統的大量「鐵粉」不願意接受自己的偶像敗選的事實。去年11月3日投票結束後，我所在的自由派微信群每天都能看到大量諸如賓州參議院聽證爆出百萬選票失蹤、計票軟體作弊等驚悚消息[1]，幾乎所有這類聳人聽聞的爆料都是未經核實或已被證偽的假消息[2]。大選落幕後，這些人仍然高燒不退，一如既往地散布大選舞弊的各種陰謀論。

1　譬如 https://hk.epochtimes.com/news/2020-11-09/76142338;https://www.epochtimes.com/b5/20/11/6/n12530395.htm;https://www.facebook.com/110699089014688/posts/3822700494481177/

2　《紐約時報》已經證實，許多這類假消息來自中文媒體《大紀元》，https://cn.nytimes.com/technology/20201027/epoch-times-influence-falun-gong/zh-hant/

在他們眼裡，川普這位完美無缺的「天降偉人」承載著「讓美國再次偉大」的偉大「天命」，對他連任的任何障礙都是違背上帝旨意的邪惡力量；既然主流媒體造假、選舉舞弊、法官從下到上被集體收買，下一步只剩下「人民」的武力自衛了，「天降偉人」必須「林肯再世」，施展霹靂手段才能再造美利堅。大選之後的短短兩個月之間，美國從他們的「上帝燈塔」淪落為黑暗不亞於此岸的「深層國家」。

央視、《人民日報》、《環球時報》等所有大陸官媒以及大外宣加起來都常年達不到的效果，居然通過這次美國大選中的各種右翼媒體造謠輕鬆達到了，而且確信得那麼堅定不移，其中不乏自由派「公知」和學院派「高知」。誰知道呢？也許，貌似不可理喻的背後確實有「大外宣」的影子。這麼說聽上去有點「誅心」，但這麼多年來，誰在朝思暮想「搞亂」美國呢？其實，他們沒有能量實質性干擾美國的民主政治[3]，但它確實有能力抹黑乃至熄滅自由派心中的那盞「燈塔」，攪亂自由派的憲政信仰並加劇其內部撕裂。最有效的辦法不正是把憲政美國抹黑成和極權中國一樣，讓他們對美國的新聞自由、選舉公平乃至司法獨立喪失信心嗎？當然，內因仍然是主要的，外因通過內因起作用。自由派分裂的根本原因還在於其中相當一部分人長期生活在極權體制下，對憲政民主形成了認知障礙。

有人指出，這是中國自由派在1990年代初和新左派決裂之後的第二次大分裂[4]。此次自由派內部分裂之所以值得重視，是因為它是

---

3 有趣的是，川粉們一直在渲染大外宣的「滲透」功夫法力無邊，執意要把它打扮成「深層國家」大規模「舞弊」的「幕後黑手」。

4 參見鄧聿文，「中國自由主義群體因美大選分裂」，德國之聲，2020年11月10日。

中國轉型「第二天」的一次劇情預演。「第二天」也許不會到來，因為「第一天」沒有如期而至；但是如果「第二天」真的來了，中國也有了類似於2020年的美國大選，我們能否抓住機會？我們會不會像這次眾多川粉表現的那樣，只要不是自己的人贏，就認定大選舞弊？為了一個自己眼裡的「天選之子」如癡如狂，幾乎一夜之間否定美國兩百年憲政的一切成就──基本中立而準確的新聞媒體、自由而完整的選舉體制、政治中立的聯邦和地方公務員、獨立而公正的司法系統，甚至不惜揚言再來一次「內戰」？如果未來中國選舉選出的不是自己中意的人，我們會善罷甘休、願賭服輸嗎？從這次自由派的表現來看，大概會發生你的人當選了，我就說是「舞弊」；我的人當選了，你就說是「造假」，最後還是由槍桿子來決定勝負。

美國大選也是對中國自由派的一次相當真切的「民調」，暴露了許多自由派的認知障礙──是的，認知障礙（cognitive pathology），而一旦患有這種極權體制下長期形成的認知障礙，「自由派」就不得不打上一個引號。我知道這麼說可能會得罪很多人，也許會讓許多原來的同道感到難堪，但我仍然必須這麼說。一是因為我只是在陳述一個事實，並未刻意貶低或抹黑任何人。此次大選暴露出來的表現，說明自由派中的許多人成天喊著憲政、民主，實際上是很不適應多黨民主政治的，因為他們的思維就是一黨制邏輯。二是因為有障礙就得治療，而不是怕別人說；既然聲稱是「自由派」，總不能在思維和表現方式上和自己成天批判的對象高度一致吧？再說，面子真的有那麼重要嗎？但凡身體有問題都知道治，思維有問題難道就應該「諱疾忌醫」嗎？

二、再析川粉現象

　　儘管有些朋友對「川粉」這個標籤很反感，我還得說說「川粉」
現象。看到眾多自由派川粉甚至不少「高知」信謠傳謠，我不免由
衷感到悲哀。毋庸置疑，這是一種必須深刻反思的恥辱，連我都感
到恥辱——在很多支持中國憲政事業的民主派眼裡，原來你們中國
人就這個素質？連口口聲聲要民主的「自由派」都這樣？原來你們
什麼都不行，造謠傳謠卻「世界第一」，難怪……。遺憾的是，川
粉們似乎還把這一切當作是榮耀，還在一口一個「造假」、「舞弊」——
對於他們來說，反正目的是好的，用心是善的，傳個謠算什麼事嗎？
別人指出不僅不反思，反而惱羞成怒、惡語相向……。正常的尊嚴
感和廉恥感的喪失比信謠傳謠本身可怕得多，它體現了長期極權教
育造成的惡果。

　　本文論述「川粉」只是作為一種客觀存在的現象。它確實帶有
貶義，但是沒有道德貶低的意思——有的川粉很執著，甚至有點可
愛。我當然並不在普遍意義上反對川普或共和黨的政策支持者——
儘管我不支持這種立場，這完全是他們的自由。然而，「川粉」不
只是一般意義上支援川普，而是為了無條件支持川普這一個人，乃
至失去了正常的判斷標準——任何關於他的負面消息都是假消息，
任何針對他的不利結果都是有問題的，甚至是深層國家幕後操作的
結果；如果川普輸了選舉，則不是因為大規模舞弊，就是因為多數
選民被「白左」洗腦。總之，他們寧願聽信各種自己願意相信的小
道消息，而不願意查實這些消息的真偽。如果你不是這類人，那麼
沒有必要自己對號入座；如果你是，也沒必要否認；如果你認為自
己共用了川粉的某些問題，那麼對你來說更重要的是解決這些問題。

　　根據我對微信群言論的觀察，川粉大致可分為三類。一類是比較庸俗的偶像派，他們不論什麼原因，就是喜歡川普這個人的做派，或羨慕他的財富、伊萬卡的美貌、商業帝國的成功、家族政治的霸氣、隨心所欲的風格、接地氣的實在……。「庸俗派」在華人圈子大有人在，但不值得多說，有此情結的知識分子也不好意思說出來，但骨子裡可能就是偶像崇拜，沒有更多。

　　第二類川粉則不論他個人如何，只因為川普對華強硬而將其視為中國「救星」，便無條件力挺他連任。這本來是一種可以接受的立場，但是如果一廂情願到了完全拋開美國憲政規則不管不顧，把一個人置於整個制度之上，則無疑入戲太深。畢竟，這是美國人在選自己的總統；絕大多數「救星派」並無選票，本來心平氣和吃瓜圍觀選戰即可，美國人選誰就認誰，而完全不必徒勞把自己的偏好強加於美國政治。但「救星派」不甘錯失千年機遇，只要美國人不選出自己鍾情的「救星」就認定大選「舞弊」、「燈塔」沒落，所有不積極挺川的華人公知也都有心懷叵測甚至帶了大外宣「任務」的嫌疑。

　　和以上兩類相比，第三類川粉最高大上，因為他們有理論或價值「自信」：他們之所以喜歡川普，或是因為他是神所相中的天選之子、天降偉人，或是因為他是保守主義的傳承人和代言人，或是因為他們堅信再也不能讓社會主義、政治正確、「黑命貴」在美國氾濫下去，否則「山巔之城」、「燈塔之國」必將榮光不再……。總之，他們有一套自認為絕對正確的教義，也找到了一個信奉這套教義的「組織」，這個組織現在終於有了一位千年一遇的領袖。這樣的人敗選，真是天理不容！美國大選發生這樣的事情，只能有一種可能，那就是「深層國家」的大規模「舞弊」——虔誠信神的美

國人眼不瞎，怎麼會把那麼多票投給拜登這樣的「敗類」[5]？在認定
自己真理在握的同時，三類川粉也直接把川普的對立面——美國民
主黨——打成和中共一類的「白左」[6]，拜登兒子的「硬碟門」等海
量證據無疑坐實了民主黨和中共暗地勾兌的「事實」。美國大選就
是正義和邪惡的較量，「正義必勝」構成了「理論自信派」的自信
基礎。

　　上述三類川粉並不互斥，而完全可以互通兼有。許多川粉貌似
支持他的對華政策或治國立場，但骨子裡很可能只是崇拜他這個偶
像。第二類川粉可能出於救星崇拜情結，對民主黨有先入為主的偏
見，因而樂得相信各種抹黑謠言，然後和第三類川粉一樣對毀滅美
國「燈塔」的邪惡力量咬牙切齒……。由於第三類川粉「中毒」最
深也最有誘惑力，可以說是極權主義思維模式的標本，以下重點分
析他們的思維特徵。儘管他們常常高調反對極權主義，但一個主義、
一個組織、一個領袖的極權崇拜情結在他們身上以極其自信的方式
展露無疑。

三、中國自由派的認知障礙

　　我在另一篇文章中曾提到，自由派內部分歧主要是因為認知而
非根本價值觀差異所致，因而並非和極左的價值觀差異那樣不可彌
合[7]。然而，認知模式同樣是一個不可忽視的問題；事實上，價值觀

5　「敗登」、「白等」等戲謔語一直是川粉對拜登的流行稱呼。

6　參見張千帆，〈中西左右：一場跨洋誤會〉，中國：歷史與未來網，
　　2020年10月2日，https://www.chinese-future.org/articles/9bebalsph4dz
　　3eleflcmpcwknf7brn

7　張千帆，〈中國自由派的大選陰謀論與美國契約的危機〉，《紐約

是建立在對基本事實的認知基礎上，錯誤的事實認知會直接推導出錯誤的價值判斷。支援川普的部分中國自由派不只是誤判了大選的事實細節，而且發生了長期在極權體制影響下形成的認知障礙，以至在背離常識的判斷中越陷越深、不可自拔。

極權主義認知障礙體現了極權思維的三個特徵。**第一，價值觀上的教條主義**──認定一種意識形態、政策偏好或宗教傾向為絕對正確的「天條」，任何與之相左的思想立場都是「通往奴役之路」的異端邪說。1949年以來，中國走上了左翼極權的不歸路，文革等各種極左運動為害慘烈；但是在反「左」的過程中，「右」似乎又變成了一種新的絕對正確。隨著哈耶克學說被翻譯引進、基督教信仰的有限興起、川普──彭斯在福音派支持下當選，加上原有的歧視弱勢族群、反對福利社會大政府體制、反對「一人一票」等右翼思維，種族歧視、性別歧視、政教不分、反平等、反民主等中世紀的落後觀念貼上一個「保守主義」標籤，搖身一變反而成了新的「宇宙真理」。

第二，人性二元論和階級善惡觀。既然存在一種「正確」思想，即必然存在著掌握正確思想的「先進」階級或黨派，以及誤入歧途並堅持錯誤思想的「落後」階級或黨派。憲政民主體制下正常的政治利益鬥爭被認知為正確和錯誤、真理與謬誤、先進與落後、正義與邪惡之爭，黨派之間也勢不兩立、形同水火，不是正義的右消滅左，就是邪惡的左壓倒右，沒有中間道路。為了國家的「自由」、「人民」的利益，千萬不能讓邪惡勢力上臺，否則必然萬劫不復。

第三，領袖崇拜和自以為是。既然一個政黨持有「真理」或「先

（續）─────────────

時報》中文網，2020年11月12日，https://cn.nytimes.com/opinion/20201112/chinese-liberals-social-contract-us-election/zh-hant/

進」理念，那麼這個政黨的領袖也是不容質疑的，任何批評領袖的
言論都是邪惡勢力製造的謊言。反之，攻擊邪惡勢力的言論則被不
假思索地推定是真實的，無論其是否得到主流媒體的證實；如果主
流媒體拒絕報導的話，只能說明它們被收買或「滲透」了。在這場
和價值觀攪在一起的事實之爭中，患有極權主義認知障礙的人自然
相信自己就站在正確的一方，而自己願意相信的就是「真相」或「事
實」。

近百年前，極權主義認知障礙突出體現在中國左翼知識分子身
上，造成了後來的致命選擇。可悲而諷刺的是，百年之後，同樣性
質的認知障礙體現在不少右翼知識分子身上；他們無視前車之鑒，
以為以前左派走錯了路，所以「右」就是絕對正確。國內沒有兩黨
之爭，就把自己根深蒂固的教條主義認知模式投射到美國大選；代
表「先進」的共產黨現在變成了共和黨，「偉大領袖」變成了「天
選之子」川普，而這一切竟然都發生在資訊管道極大豐富的今天。
他們反對極權體制，卻毫不吝嗇對「天降偉人」的個人崇拜；他們
反對一黨專政，卻主張在美國實行實際上的共和黨一黨統治；他們
反對中國的官方意識形態，卻吹噓自己掌握一貫正確的「真理」，
只是把無神論換成有神論、把共產主義換成保守主義。他們帶著巨
大的價值自信，可以為了一個人而拒絕相信美國的一切——主流媒
體的輿論、千萬選民的投票、各州認證的選舉結果，甚至無視總統
律師團隊在各級法院的數十場敗訴，卻唯獨堅信微信圈瘋傳的自己
喜聞樂見的各種小道消息就是「真相」。

他們平時在微信群裡發表的言論到處洋溢著滿滿的價值和信仰
自信，這樣的言論真可謂罄竹難書。1月6日前後，一位知名學者到
處轉發一則謠言帖：「新年第一天民主黨就眾議院提案不認爹媽子
女」，後面加注了一句評語：「上帝燈塔照耀的國家，不能被妖婆

統治。」一度與「賀衛方們」商榷的女網紅發了一篇評論：「以上帝的名義，我拒絕老敗當選」，聽上去自己儼然是上帝使者。他們堅信自己信仰的就是正義，和自己對立的就是邪惡；他們所見的就是「事實」，不接受這些「事實」就是裝瞎。實際上，有的川粉連「事實」的定義和邏輯層次都沒有弄清。另一位知名學者和我在微信群裡辯論，堅持他看到的小媒體謠言是「事實」：這個人發了這則帖子，這難道不是客觀事實嗎？我只能啞然失笑——那能說明帖子的內容也是事實嗎？一幅廣為流傳的微信圖片上畫著套在薩達姆頭上的絞索，上面印著幾行文字：這個獨裁者曾經獲得過100%的選票，可見選票不重要，「民心」才重要　　言下之意，發帖人自己顯然比美國上億張選票更知道美國人的「民心」是什麼。

　　事實上，川粉們確實沒有必要那麼糾結於大選。既然總統是「天選之子」，多數選民的選擇其實是無關緊要的，因為「人民」也會犯錯，即便一場沒有舞弊的選舉也完全可能選出一個腐敗分子來。如果說整體主義「人民」觀是通往左翼極權之路，那麼近年來頗為得勢的保守主義則堅持有神論、天選論，以反對多數人暴政的名義否定個體意義的人民和一人一票。在他們的人性認知中，至少一部分人民是不行的；這些人或者是對邪惡（如極左）理念的危害渾然無知，或者是特別易於受到蠅頭小利的誘惑而放棄自由，或者就是簡單的好吃懶做、甘為被國家圈養的食色奴隸……。總之，在普遍趨利避害的人性面前，只有某個「拒腐蝕、永不沾」、大公無私、不領工資、「全心全意為人民」的「天降偉人」才能救民於水火。保守主義的結論注定是，多數主義民主是一場人類「致命自負」的災難；「天選之子」的神教統治才是正道，而貪婪、愚昧、短視的大多數完全可能用合法選票將其拒之白宮門外。有了上帝「啟示」的指引，誰還在乎那幾張選票呢？

四、回歸憲政民主的基本邏輯：社會契約與人格平等

極權主義認知障礙與憲政民主的基本邏輯背道而馳，難怪某些所謂的自由派不信任、不尊重民主程序所產生的正常結果。憲政民主的邏輯起點是人性一元論，社會契約只能建立在人格平等、相互尊重的集體認知基礎上。簡言之，人在道德和智識上是大體差不多的，因而他們的人格是平等的。美國憲法之所以起點高遠，並不是因為立憲者偉大，而恰恰是在於他們明確否認任何一個人、一個階級、一個黨派的「偉大」。回到《聯邦黨人文集》第10篇，它奠基了美國的政治多元主義（political pluralism）。在這篇經典文獻中，麥迪森將社會分為一個個各自抱團的「派系」（factions）──並無貶義，但也絕非溢美之詞。在政治多元主義世界觀裡，不存在高尚的聖徒，不存在為了某個高尚目標獻身的無產階級，也不存在某個成天陰謀害人的邪教或專想賺人便宜的惡黨。派系是基本平等的，無所謂高低、優劣、正邪之分；無論是宗教的還是世俗的、白人還是黑人、窮人還是富人、民主黨還是共和黨，他們在各自的疆域內都有合法活動的自由──也就是通過和平手段爭取選票的自由；一旦超越了這個疆域，尤其是訴諸暴力和強迫，那麼無論多麼自命不凡的派系都沒有合法自由。

事實上，美國立憲者自己顯然是有局限性的，譬如他們中的多數人當時都認可了蓄奴制，甚至自己就擁有多名黑奴。但是他們至少都接受了麥迪森所描繪的政治多元主義，一方面承認每個派系都有平等的合法活動自由，另一方面也承認每個派系的活動自由都要受到憲法和法律限制。麥迪森的《聯邦黨人文集》第51篇將這個邏輯表達到極致：

假如人都是神，那麼政府就沒有必要存在了；假如能夠以神來
統治人，那麼無論外部或內部的政府制約也就沒有必要存在
了。要形成一個以人管理人的政府，最大的困難在於：你首先
必須使政府能夠控制被統治者，其次必須迫使政府控制自己。[8]

　　這段話的潛臺詞是，我們誰都別裝神弄鬼，以為自己或自己的
崇拜者有高人一等的道德和智慧。正因為我們的人格是平等的，所
以我們才要坐下來談而不是打，任何一黨一派都沒有權利把自己的
立場以暴力的方式強加到別人頭上。儘管美國立憲者未必把「社會
契約」掛在嘴上，但是通過否定人格和階級歧視，他們實際上接受
了社會契約的基本前提──人格平等。假如我在某種意義上比你優
越，那麼你乖乖接受我的領導就對了，我們之間還有什麼「契約」
可談的？在先進和落後、正義和邪惡、高貴和卑鄙之間，有任何談
判的可能嗎？

　　正是因為我們都差不多正義、差不多邪惡，所以才會為了各自
的利益而鬥爭，所以我們也才需要坐下來談判並形成利益鬥爭的基
本規則。在這個意義上，美國立憲者並不否認階級（派系）鬥爭，
但是他們明確否認任何階級比其它階級更「先進」，以至應當「領
導」其它階級。《聯邦黨人文集》第10篇相信，哪裡有自由，哪裡
就有鬥爭；派系鬥爭是不可避免的，不守底線的派系鬥爭則是有害
的。聯邦立憲就是要讓憲法體現第一修正案等契約原則，為民主政
治的多數主義遊戲規則設置底線，讓平等派系之間的「階級鬥爭」

8　Alexander Hamilton, James Madison and John Jay, *The Federalist Papers*, Clinton Rossiter（ed.）, NAL Penguin（1961）, pp. 320-324.

永遠和平進行下去；哪天這種鬥爭停止了，憲法裡出現了「領導階級」甚至這個階級的「專政」，那麼自由即蕩然無存。

如果你不認同這個基本邏輯，而是認定某些人在某種意義上比其他人更「好」，因而天生是領袖或「領導階級」，那麼你就是來搞無底線「階級鬥爭」的，因為你已否定了人格平等和社會契約的可能性。既已認定這個領袖或階級具有天然的統治正當性，如果這個人或集團未能統治，那一定是某種陰謀或舞弊造成的，你也一定不會認賭服輸、善罷甘休。如果你的終極信仰是某個「天選之子」或「先進」階級或絕對正確的政策偏好（如反對福利制度「養懶漢」），那麼你一定不會信服建立在人格平等基礎上的「一人一票」產生的政治結果，並會傾向於不擇手段實現你認為「正確」的統治，不論是以什麼名義──神的意志、保守主義、無產階級的「先進性」、歷史發展的必然規律……事實上，左右已不重要，因為極左和極右的思維方式驚人地一致。

川普在中國大陸（或美國一代移民中）的支持者之所以不接受敗選結果，除了不願服輸的人之常情之外，很大程度上是因為內心深處已把自己神聖化、把對方妖魔化：川普是高貴的，「敗等」是猥瑣的；共和黨是講原則的，民主黨則為了選票不擇手段……這種思維很接近孫中山形象總結的極權「三合一」：一個領袖（大公無私、一貫正確的「天降偉人」）、一個政黨（共和黨光明磊落、民主黨黑暗邪惡）、一個主義（低稅、低福利、反同性戀等宗教信念或「保守主義」），為了一個自以為絕對正確的立場（右）無條件支持某個黨派乃至領袖，進而徹底無視憲政規則並作出種種違背常識（譬如在成熟的民主國家很難發生大規模選舉舞弊）、常理（譬如美國大媒體是基本可靠的，不靠譜的恰恰是基於政治立場和利益的小媒體或個人自媒體）的判斷。

這種思維方式其實不難理解，它正是常年極權主義教育或「反教育」的結果。歷史上，中國從來沒有社會契約思維，儒、法、墨等主流思想流派具有明顯的集權乃至極權主義傾向；近年來流行的保守主義不時泛起政教不分、反人格平等、反「一人一票」的沉渣，雖常以基督教原教旨主義名目出現，實際上和儒家教條主義與等級秩序似曾相識。數十年極權洗腦更是強化了「好人—壞人」、「朋友—敵人」、「救星—惡魔」的黑白二分思維模式。當這種極權土壤生成的思維模式被用到一個基本正常的自由民主社會，就產生了此次大選映射出來看似不可理喻的獨特中國現象。

我在〈中西左右〉一文中曾提到極權體制的「逆向洗腦」，即便極權體制的反抗者也會染上非黑即白、唯我獨尊的極權思維習慣，對川普的無條件支持其實映射了自己不會犯錯、一貫正確的自我認知模式。這樣也使他們容易在沒有確鑿證據的情況就偏信拜登家族腐敗、川普團隊接連不斷發現「驚天陰謀」、投票軟體存在系統性漏洞、「左媒」已全體淪陷等違背常識的「事實」……邏輯上，當然任何事情都可能發生，但是你至少要拿得出經過核實的證據，而要核實以上資訊並不難——只要谷歌搜索一下，很快會發現幾乎所有這類消息都是假的。當然，你也可以說，谷歌和臉書、推特一樣，都被「收買」、「滲透」了[9]。假如這樣的話，美國豈不是比中國還可怕！中國只有政府壓制言論，美國則所有私人大媒體和社交平臺聯合起來口徑一致欺騙你！這可能嗎？如果你真這麼想，我只能說你是以中國的極權主義認知想像美國。

9　1月12日，推特對川普永久封號加深了這樣的猜測。https://www.usatoday.com/story/tech/2021/01/08/twitter-permanently-bans-president-trump/6603578002/

　　歸根結柢，部分中國自由派的認知障礙是極權體制下養成的自大和無知造成的，真可謂「一葉障目」。諷刺的是，哈耶克的許多右派粉絲經常嘲笑別人「致命的自負」，其實他們自己往往是很自負的。他們需要放下自己，學學美國憲政的ABC，看看美國民主政治是怎麼運作的：《紐約時報》發表一篇報導或評論需要經過哪幾關？各州如何登記選民、發選票，又是如何收集和記點選票？在法院指控選舉舞弊需要提供哪些證據？……中國因為什麼都沒有，所以需要向美國等成熟民主國家學習的地方太多太多了，而如果我們保持自負無知的話，必然不惜以自己熟悉的黑暗去揣度相當透明的美國大選。這樣下去，到頭來還是對憲政民主的常規運作一無所知，而到中國大選到來的那一天，也依然帶著唯我獨尊、黨同伐異的思維習慣，為了實現自己的「正確」目的可以不擇手段，目的沒有實現就要滿大街造謠、鬧事——這樣，即便中國獲得了民主轉型的機會，我們的民主至多也只能是拉美、非洲、泰國那個水準，而當國民厭倦了民主滋生的各種亂象之後，會像民國初年那樣再次放棄民主、選擇極權。

　　我們學習美國，首先要接受人格平等的立約和立憲邏輯，尊重和自己意見不同的人。政治競爭固然是一種鬥爭，但是憲政民主的競爭是有底線的，我們自己就需要接受這種底線。只要沒有確鑿證據表明選舉存在系統性舞弊，那麼無論誰當選，我們都應當接受選舉結果的合法性，而不是繼續帶著先入為主的有色眼鏡信謠傳謠。對於我們並不熟悉的美國，我們尤其要尊重美國人自己的判斷，信任美國的言論與新聞自由、選舉和司法過程的基本完整，而不要顯得我們似乎比他們更知道該選誰做總統。假如有一個美國人基本不懂中文、沒有在中國生活的經歷、只是從一些花邊新聞對中國略知一二，卻總是要告訴你中國怎麼回事，會不會讓人覺得很可笑？正

確認知的起點首先是最基本的自知——大致知道自己知道什麼、不知道什麼，自己在哪些事情上判斷大致可靠，而在哪些事情上要信任別人的判斷，至少不能替別人去判斷自己雲裡霧裡的事情。如果我們仍然停留於自己無所不知、一貫正確的極權認知模式，那麼中國注定是跳不出極權體制的。

如胡適所說，自由的前提是寬容，而寬容的基礎是承認人格平等，而非將任何人神化或妖魔化。自由主義意味著左和右都是可以接受的選項，而非一個絕對正確、另一個絕對邪惡。當然，你可以支援右，甚至繼續支援川普執政時期的內（低稅）外（孤立主義）政策，但是如果你還想用「自由派」這個名號的話，那就不可以繼續認同他對美國憲政體制的破壞，或繼續陶醉在各種未經核實的假消息，為了支援他一個人而拒絕信任美國的新聞體制、選舉民主、行政中立與司法獨立。本質上，這是反憲政的極權主義個人崇拜。即便他是中國憲政民主的「救星」，我們也不能寄希望於一個獨裁者來反獨裁，因為那樣即便成功，我們迎來的也將是換了個名號的另一場獨裁。

五、中國自由派的自我救贖

至少從去年12月14日各州選舉人投票之後，川普敗選已是鐵板釘釘。既然在數十場訴訟中，各級法院沒有發現任何系統性舞弊、各州官員相繼確認勝選人之後，自由派即應承認此次大選的合法性以及美國的新聞自由和司法獨立，而不要繼續一廂情願地堅信中國式陰謀論，更不能認可在任總統為謀求連任而採取各種違背憲法規則或慣例的行動；否則，中國「自由派」確實只能打上引號。勝敗乃選舉常事，也是憲政民主的常態。選舉好比押寶，寶押錯了很正

常；這次押錯了，認輸就完事了，四年後可以再押共和黨候選人。然而，如果為了某個自己認定（很可能是認錯了的）「天降偉人」而拒絕認賭服輸，不惜違背憲政民主邏輯和自己在一個契約共同體應當作出的承諾，那就徹底輸了。

遺憾的是，眾多中文自媒體不僅沒有停止造謠，反而在QAnon陰謀論者等發布的英文假消息基礎上，添油加醋編造各種翻盤的「好消息」，而許多自由派不願意接受敗選結果，繼續樂此不疲地蕩漾在陰謀論中，個個都自信滿滿、正義感爆棚，一副真理非我莫屬的樣子。按照這個架勢，如果中國有朝一日舉行美國這樣的總統大選，任何一方失敗都會指責對方大規模「舞弊」，即便走完了體制內一切程序都依舊不服，因為只要自己不贏，任何體制都是玩弄幕後陰謀的「深層國家」，那麼每一次大選都將是一次內戰，最後只有靠槍桿子解決問題。這真的是中國自由派想要的嗎？美國大選已經鐵板釘釘，連川普本人也都接受了敗選事實，眾多川粉沒有必要因為面子下不來而選擇繼續活在陰謀論中。他們應該認真反思自己的問題，去除自己的認知障礙——如果可能的話，最好能夠公開發表立場聲明。

其實，在缺乏憲政民主實踐的環境下，自由派存在認知障礙幾乎是必然的。中國改革四十多年來，儘管引進了不少西方理論學說，但是思想不能代替實踐，新聞自由、「一人一票」這些理念以自己不願意看到的方式發生在自己身上，就情不自禁地產生了抵觸。更何況近年來公民社會的實踐空間日趨狹窄，自由派在國內重壓下尋求外援心切，而一個貌似對華強硬的「保守派」總統上臺執政，極大促進了保守主義在國內的傳播，其中某些主張和政教分離、人格平等、「一人一票」等憲政理念發生直接牴觸……這些都是可以理解的現象，但是這些現象本身體現出自由派對憲政民主的認知短板

甚至障礙。承認認知障礙並沒什麼丟臉的，死不認錯才是真正的恥辱。反過來，反川者也不應該把認知模式和立場之爭變成羞辱對方的機會，而是應該積極歡迎從前的盟友儘快回到憲政民主的陣營中來。

對於中國憲政民主而言，最重要的不是誰當選美國總統，而是美國依然是憲政民主的「燈塔」。此次大選向我們顯示，美國的社會契約發生了嚴重的破裂，但是它有自我修復的能力；它的言論與新聞自由、選舉民主、地方自治、行政中立與司法獨立仍基本保持完好，因為多數美國國民仍然信奉這些政治自然法則，並依靠它們約束了試圖破壞這些法則的獨裁總統[10]。中國憲政歸根結柢是中國人自己的事情，而這件事情只有在相當多數的中國人接受了社會契約之後才有可能。美國大選是一面鏡子，照出了我們的認知差距。自由派需要彌合這個差距，接受人格平等和社會契約，才能重返中國憲政民主的陣營。

面對這次大選暴露出來的認知障礙，我們可以有兩種態度：一種是既然「第二天」不好玩，索性「第一天」也不要了，至少不急著要；另一種是趕緊補課，爭取在「第二天」到來之前克服自己的認知障礙。我希望，我們都能採取第二種態度。我們應當慶幸，這次是美國（而非今後中國）大選暴露出這些問題，或有助於防患未然。在這個意義上，我們要感謝美國，在自己契約破裂、岌岌可危的情況下利用現有的制度資源，不僅有驚無險、轉危為安，而且給我們上了生動一課。但能否從中汲取經驗教訓，要看我們自己的造

10　參見張千帆：〈美國契約的破裂與重建〉，FT中文網，2020年12月 1 日， http://www.ftchinese.com/story/001090425?adchannelID= &full=y

化了。

　　對於中國自由派，美國大選是一次撕裂，但也可以是一次啟蒙。我們一直以為自己在抵抗一個魔鬼，卻沒有看到它也在我們自己心中；要反外部的魔鬼，首先要去掉自己的心魔。如果自由派不能反思自己並革除極權體制遺留下來的認知障礙，那麼這次大選就只是一次撕裂；今後隨著類似的國際政治事件發生，這種撕裂還會繼續不斷進行下去。

　　張千帆，北京大學法學院教授、人大與議會研究中心主任。主要研究憲政原理、比較憲法、中外政治與道德理論，代表作有《西方憲政體系》、《憲法學導論》、《憲政原理》、《憲政中國的命運》、《為了人的尊嚴》、《新倫理》、《憲政中國：迷途與前路》。

悲壯而滑稽的「出征」

張魯生

　　堂吉訶德身穿破盔甲，騎著瘦弱的老馬出征了。他一心要剷除天下不平，實現自己的夢想，不惜屢敗屢戰。這個是一個古老的西班牙故事，故事的「變形」在世界各地都發生著，也同樣發生在中國。但這次，堂吉訶德式的「出征」，卻不是一個人，而是一群人，一群在艱難處境下最具有反叛精神的人。

　　其實，這群人已有著幾十年的反叛傳統。其中少數人已挺身而出，不惜以身試「法」，身陷囹圄，或流亡海外；多數人則形似安然於職業之內，卻長期懷著批判和反對立場。這應該是中國大陸最優秀的一批人，至少是「之一」。但這次確實是與最明顯不過的「風車」激戰，比賽凡提斯筆下的風車更像風車。

　　如果在中國大陸的社交媒體上發生兩場以下這樣的對話，這在2020年歲末，的確算不上奇怪。

　　對話一（與A）：「如果你在美國有投票權，你會投給誰？」「拜登。」「為什麼不是川普？」「……（略）」「換個民主黨人呢？」「也投。」「那麼……換個共和黨人呢？」「也可能投。」「你的意思是，只要不是川普，投誰都可以。」對方可能語頓一下，答：「其實川普當選，也沒什麼，我畢竟不是美國人，他國的大選和我們有關，但關係不大。對美國而言，如果川普當選，也不過再

蹉跎四年，讓美國受傷害更大，最終還是會糾偏……」

對話二（與B）：「你呢，你會投給誰？」「當然是川普。」「為什麼不是拜登？」「你瘋了麼？你會投給一隻沼澤裡的大鱷魚？你會投給一個大選舞弊者？你希望黑命貴運動登堂入室，躋身主流文化？……」「你怎麼確定拜登一定是舞弊？」「那麼多證據，那麼多人起訴，你難道看不見嗎？」「見過，華文自媒體，鋪天蓋地，可主流媒體上卻沒有；法院要麼不受理，要麼駁回……」「主流媒體已全部墮落；法院，包括聯邦高法，都在恣意妄為，讓美國人民看清了那些叛國者準備把美國變成什麼樣的國家……」「？」

在上述兩場類比對話中，如果你以為觀點對立的A和B是兩個思想陣營的人，那就大錯特錯了。他們同屬於「中國自由派」，在過去幾十年裡，幾乎擁有相似的思想立場和政治理想，只不過這次在遙觀美國2020大選時，卻幾乎分裂成兩個陣營：反川者罵對方「腦殘」；挺川者則斥責：「在這個時候還挺拜，非蠢即壞。」

這樣激烈的論辯和指控方式，以往只是發生在AB雙方同屬的自由派與肯定文革、崇拜毛澤東的毛左派之間，甚至「腦殘」也是自由派形容毛左派時最常用的網路用語。如果你置身於論辯的現場，並有著同樣的歷史和思想背景的話，一定會有時空錯亂、歲月滄桑之感。

我承認，我屬於A方，我注意到大陸自由派反川者也有極端之論，最初的挺川者在川普敗選後也有不少朋友能接受敗局並開始反思。但不可思議的是，在美國大選結束兩個多月、國會認證結束兩周後，在大陸自由派微信群裡，質疑大選結果和美國憲政制度，為暴力衝擊國會者叫好或嫁禍於「安提法」成員的挺川熱情，一直持續高漲，並沒有歸於沉寂的跡象。越來越多的觀察者，把這種挺川的狂熱，比附於毛時代的狂熱；在挺川的很多做法中，看到了當年

文革時的做法。一幅漫畫，乾脆給川普戴上了紅衛兵袖章，讓他在武漢的黃鶴樓上揮舞大批判式的拳頭。

對這種自由派內部的思想亂象，時評家笑蜀描述為「這就是一百多年前布爾什維克的邏輯」——「我主張民主法治，但民主法治必須操之於我，必須有利於我，否則一定是假民主假法治，不惜軍管政變內戰，堅決用專政的鐵拳摧毀之」；學者林垚則用「燈塔主義」（「政治燈塔」＋「文明燈塔」）概括這種思想現象的深層邏輯。我想接著這些話題，進一步討論：何以會如此？一種在中國大陸歷時40多年、孕育了兩代人的思潮，何以會讓這種思潮中的許多人，走到了今天這一步，甚至走向了其所追求的價值的反面？

這就不得不回到這一思潮的出發點：反叛文革，反叛毛時代。

其中最為悖謬的是，這是一群「文革之子」對文革的反叛，一群「毛時代之子」對毛時代的反叛。因為第一代自由派（那時還被稱為「新啟蒙」）幾乎全部是在文革中度過自己的青年或少年時代，他們大部分是40後和50後，少部分是30後和60後，共同的特點是，幾乎全部是被毛時代的意識形態塑造了自己對世界的最初感覺，並形成了自己對世界最基本的把握方式和思維邏輯。而且「反叛」本身，又大多伴隨著自己對歷史的一種「震驚性發現」，即突然意識到自己所信仰和依賴的「至善」存在，充滿了罪和惡。

這一發生在每個個體內部的集體性的精神反叛故事，遂使反叛者走上了一條全面離棄毛時代的精神之旅。但精神的夢魘並不都隨著自己的決心和意志而全部醒來。當一隻腳決然走出毛時代，另一隻腳，一隻無形的腳，卻還留在原地。更確切地說，當軀體和實體性「思想」（如民主、自由、人權、憲政等）已告別了毛時代，但「靈魂」或者說那在青少年時代形成的對世界的最初感覺，那種對世界的把握方式和思維邏輯，卻無意識地留在了毛時代。

　　比如，對「理想之地」的嚮往，便由1950年代喊出來的「蘇聯的今天就是我們的明天」，轉變為1980年代雖未喊出卻實際信奉的「美國的今天就是我們的明天」；比如，對毛時代的全面離棄本身，就如同毛時代對「舊社會」（民國）的全面離棄，形成一種「歷史清潔歸零」心理和文革式「政審邏輯」，以致無意中哼出一句「公社是棵常青藤」，也惶然於自己體內「毒奶」仍未肅清；比如，一旦將某個對象設定為敵人，便用毛時代黑白分明、勢不兩立的方式對之，其中也包括那種一旦真理在握，便無視其他存在或其他道理的高度自信……

　　凡此種種，都顯示我們在1970年代末出發時，秉承的恰恰是毛時代賜予的二元對立思維邏輯和「全面清洗」的感知方式（「要掃除一切害人蟲，全無敵」）。假如「後文革」時期的改革開放，能夠如當初啟蒙者預期的那樣，進行政治、經濟、文化等的全面改革，自由派能夠全面介入這一歷程之中；假如上帝對中國青眼有加，讓通向憲政民主的道路像歷史直通車那樣便捷，那麼這種遺傳自文革和毛時代的思維邏輯和「全面清洗」的感知方式，還能在實踐的磨礪中被不斷矯正和糾偏。但這一切的可能，都隨著三十多年前的八九事件而煙消雲散。

　　那次歷史的失敗，本可以讓人們痛定思痛，不僅反思事件本身，也反思更多的內容，包括「我們是誰？」「我們從哪裡來？」「我們身在何處？」，以及「我們出發時的起點是否有偏差？」等等。尤其應重新啟動1980年代曾響亮提出卻又悄然放下的「主體性」問題，使之得到真實有效的思考和落實。

　　但可惜，受害者身分和堅定的自信，不但讓我們在那一刻錯過反思的契機，也在接下來由官方主導的市場經濟改革中，一如既往地保持著「出發」時就攜帶著的思維邏輯和感知方式。

　　當然有過妥協性的思路，如「市場經濟就市場經濟吧，由市場
經濟而中產階級，而市民社會，而憲政民主」，但這僅僅是外在的
對時代的判斷；此後政治環境的逼仄，伴隨著內在的二元對立思維，
遂釀造出一種「決戰」的姿態和心態，即一旦確立了自由民主的目
標，就只計算著當下這一刻和自由民主的那一刻之間的距離，彷彿
「今天晚上打一個衝鋒，明天一早就把蔣介石的幾百萬軍隊全都消
滅掉」（電影《南征北戰》臺詞）。為此，少數人挺身而出，以決
戰的姿態進行血肉踐行，成為悲劇式英雄；但大多數人只在內心裡
和言語上（私下言語和網路言語），進行著「決戰」的主觀演練。

　　這種「決戰」的主觀演練，培育出的現實感和歷史感，不是建
基於當下現實和我們所由之出的歷史，而是建基於「革命後的第二
天」。換言之，很多人思考的出發點，既非現實，也非歷史，而是
想像中的「未來」；對現實的思考，也總是習慣地遵循著「應然」，
而非「實然」。由此而生發出一種非現實的現實感（政治幻覺）和
非歷史的歷史觀（一種對待歷史的天使／魔鬼二分法）。

　　這種政治幻覺及其背後的政治理念，對很多擁有者而言，並無
任何實踐的可能，也就缺少通過與現實碰撞，通過在實踐中的磨礪
而得以反省和糾偏的機會，從而讓自己回到堅實的現實土地上，反
而放任自己，以「對著幹」的邏輯，在主觀的疆域裡縱橫馳騁。

　　比如，曾讓中國陷入巨大災難的毛的烏托邦社會主義實踐（曾
被稱為「左禍」），便讓大陸自由派主流逢「左」便反，逢「社」
便反；當經濟改革帶來社會巨大變動，已不復是後文革初期時的際
遇，這種逢左便反，逢「社」便反的邏輯卻仍一如既往，不少人甚
至死抱哈耶克，而排斥羅爾斯，更不覺得平等、公正也像自由民主
一樣，屬於當代中國的稀缺之物。

　　而那種天使／魔鬼二分法的歷史觀，也同樣不能使眾多擁有者

去認真反思毛時代,既反思到它的極權主義邏輯,反思到那種秦皇制的制度特徵和列寧主義政黨的組織特徵,也反思、發掘出這一歷史結果之前的中國革命中的啟蒙要素(如「與工農結合」的平等意識,「從群眾中來,到群眾中去」的結合方法及倫理意識,「為人民服務」這一被普及了的民本思想等等)。正是後者,雖然在與極權主義結構、與烏托邦社會實踐結合時,曾發生過惡的歷史效應,但也在中國革命過程中作為一種現代性文化因素,深入普及到國人心中;同時也具有在脫離「原結構」後的正面再生效應。於是,啟蒙知識者在最初對毛時代採取二元對立的棄絕方式,並一直延續至今時,也就無從理解毛時代何以會有那麼大的歷史慣性,不但在告別文革的二十多年後創生出「毛左派」,也創生出數以億計的毛粉。啟蒙知識者也沒有利用曾經有過的二三十年相對寬鬆的輿論環境,創造出更多銜接於、適合於中國民眾的知識產品,反而不斷生產出只在「決戰」時刻才用得著的思想意識。

更重要的是,這種歷史觀會讓當初反叛和出走的文革之子、毛時代之子們,對自己的出身及原罪天然有一種豁免感,從不意識作為追求自由民主的自己,與看似陶醉在舊時代的毛左派之間,一直分享著同一種思維邏輯和感知方式,分享著同一種由毛時代塑造出來的心理底色。在隨後的歲月裡,儘管接觸的可能都是自由民主知識,但卻從未或很少觸動上述原罪或底色,反而以「凡是敵人反對的,我們就要擁護;凡是敵人擁護的,我們就要反對」的邏輯,規定著自己獲得、追求什麼樣的知識和理念,反對、排斥什麼樣的知識和理念,形成了諸多觀念禁忌,也自我訓練成一種永不成熟的觀念人。

絕少實踐磨礪的觀念人,主觀領域裡的「決戰」心態,加之背後的那種非現實的現實感和非歷史的歷史觀,使自由派主流長期秉

有一種難以克服的教條主義和絕對主義；也使當事人只能在內心深處寄寓未來，而無法在現實中獲得自己合適的政治位置（少數挺身而出者例外），獲得與民眾真實連接的結合點（包括視民眾中的毛左、毛粉為自己的同胞而給予具體體察和理解）；使當事人只滿足於高高在上地「哀其不幸，怒其不爭」，滿足於宏觀把握和終極判斷，而不是扎扎實實從一點一滴的小事做起，並由此帶來踏實充盈的個人身心慰藉；更沒有給自己開掘出寬裕的精神空間——不是僅僅服膺於自由民主理念，而是把自由、平等、博愛、民主、憲政、人權等觀念，化為一種內在的血肉感覺，以此來取代毛時代賜予的心理底色、感知方式和思維邏輯（進而對毛時代的某些要素，可能給予開放的態度）。

以上主體性問題，在面對國內事務，並有機會借助網路進行輿論干預時，尚不顯得有特別大的差池，有時還相當有力量。但在面對國際事務，尤其是在輿論條件已非往昔相對寬鬆，政治環境日益逼仄的情勢下，面對美國大選這種國際事務時，便顯出了令人難以置信的錯亂和荒謬。

一則配有圖片的短文帖也許最能說明問題：「沒有什麼川粉，挺他只是想看他揍那些我想揍又不敢揍的人。」正是川普在貿易戰中的強硬立場，征服了眾多中國自由派網友，讓他們從心理投射一個國家或一種制度，到投射一個人；從癡迷一個人，到敵視這個人的所有政敵。正是在那一刻，文革邏輯不再以隱形狀態，而是以顯形方式，突然發酵了……

已有批評者用文革時的「三忠於」「四無限」「一句頂一萬句」來形容這種錯亂和荒謬。沒錯，對川普的陰謀論和「竊取」論，眾多自由派網友深信不疑，幾乎下意識地遵循著「指到哪，打到哪」的邏輯，攻擊當選的候選人，攻擊勝選的民主黨，攻擊中立的州法

官，攻擊川普提名的聯邦大法官，攻擊共和黨參眾議員，攻擊共和黨現任副總統，幾乎到了遇神斬神，遇佛殺佛的地步。甚至鼓吹軍隊和民兵武裝政變，熱衷傳遞各種武裝政變的謠言，不知今夕何夕，不知大西洋彼岸並非「槍桿子裡邊出政權」的聖武之地。

這一大規模的群體精神現象，如果讓不知內情的外國人看到，一定會驚訝不已。但在長期觀察當代中國思想進程和內在邏輯的內部人士看來，則幾乎是必然的現象，只不過沒人預料到，竟然是以這樣一種亂象和荒謬的形態出現。

這是一群當代中國的堂吉訶德。他們在中國大陸存在了四十多年，也行動、言說了四十多年，雖然大部分行動都停留在心理層面。我也是其中的一員，而且不後悔成為其中的一員。只是這次，我和另外一些同道，沒跟隨這次看似悲壯、實則滑稽的「遠征」。而且，我也切切實實認識到：只有承認我們自己的失敗，才是再次出發的真正起點。

張魯生，學者，現居廣東珠三角。

對華人川粉成因的一種社會民主主義透視

王江松

一

　　川粉，不同於一般挺川者，更不同於共和黨的傳統基本盤，而特指具有如下（一個或一組）特徵的一群人：

　　1. 深信川普是天選之子，或是拯救美國免於衰敗、讓美國再次偉大的不二人選，是歷史上足以躋身拉什莫爾山群雕的偉大總統。

　　2. 川普贏得了2020大選，但被拜登民主黨犯罪集團以系統性的舞弊偷走了勝利果實。

　　3. 川普總統擁有一切合法權力和手段來反轉大選舞弊結果，包括宣佈緊急狀態、軍管、抓捕拜登民主黨人和背叛的共和黨人，直至訴諸於人民推翻暴政的武裝起義。

　　4. 各州、最高法院和國會的共和黨人，副總統彭斯和川普政府的大多數成員，參謀長聯席會議……依次背叛川普和美國憲法，美國國家政權被深層政府全部攻陷和掌控。

　　5. 雖然如此，一切都在川普總統的預料和掌控之中，劇本早已寫好，只不過讓隱藏的大鱷一一暴露出來而已，種種跡象表明，川普總統將率領軍隊和人民將其一網打盡。

6. 即使拜登於1月20日成功就職，川普也雖敗猶榮，川普主義已經深入人心，川普和他的人民必將勝利歸來，讓美國再一次偉大。

7. 最後川普指控1月6日國會山上的暴力行為和暴徒，承諾和平、有序、無縫交接總統權力，表明川普背叛了自己，背叛了川普主義，背叛了信仰和上帝，背叛了支持他的人民，理應受到嚴厲的懲罰，一個極右翼組織甚至憤怒地喊道：「吊死懦夫總統！」

以上七個特徵，具有一定的前後因果聯繫，即可以由後一個追溯到前一個，但有了前一個不一定有後一個，如果能夠根據其他約束條件止步於某一環節並抽身而退，就是程度較輕的川粉，只有堅持到第七個特徵的，才是極品的川粉。

關於美國川粉的成因，就由美國人自己去分析。本文關注的是，是什麼原因讓華人川粉異常亢奮、高潮迭起，成為川粉隊伍中一道格外亮麗的風景？為什麼會有那麼多具有相當影響力的政治反對派、海外民運、異議人士、啟蒙公知、意見領袖、自媒體人、人權律師、網路大V……成了狂熱的、不願回頭的、雖九死而不悔的川粉？

二

首先來分析華人川粉的表層思維邏輯和價值觀。

上個世紀90年代以來，西方自由主義第二次傳入中國。20世紀之初由嚴復、梁啟超、胡適等人傳入中國的自由主義，都或多或少帶一點社會主義或社會民主主義，但這一次則完全以米瑟斯、哈耶克、弗里德曼等人的新自由主義（20世紀的古典自由主義或原教旨自由主義）為絕對主流。最近十餘年來，與世界範圍內出現的政治極右化逆流相呼應，在中國一直沒有取得話語主導權的保守主義思

潮也突然高歌猛進，英國人柏克、德國人施特勞斯和施密特、美國人柯克以及基督教基要主義和福音主義，在中國變得大紅大紫。

　　按照中國的右翼自由主義和保守主義的理論預設，凡是在它們左邊的，都是理性建構主義，都是致命的自負，都志在破壞自由市場經濟，都必然成為通往奴役之路、導向極權主義。左翼自由主義、社會民主主義、白左政治正確、共產主義以及美國民主黨、歐洲社會民主黨、共產黨，這些東西性質相同，只有程度差異，彼此可以劃等號。它們都是對自由世界和西方文明的腐蝕和威懾，必須嚴加防範和打擊。川普政府和川普主義就是對走火入魔的、極左化的西方進步主義運動的撥亂反正，而拜登、民主黨和美式自由主義（左翼自由主義和進步主義）必定會將美國社會主義化和共產主義化，從而顛覆美國的憲政民主和市場經濟制度，使美國淪入極權主義的深淵。

　　中國極右化的自由主義和保守主義，與美國極右化的保守主義即川普主義在價值觀上的同構性，是華人川粉得以產生的第一層次的原因。

三

　　普通挺川的人或者共和黨的基本盤，絕大多數都不是狂熱的川粉。隨著選後川普團隊一系列起訴拜登、民主黨選舉舞弊的訴訟接連失敗，一步一步地展示出事實真相和法理邏輯，他們都比較平靜地接受了川普敗選的事實和結果。但是少數極右翼組織不願意和不準備接受。他們不接受是可以理解的，因為這與他們的生存和命運息息相關，他們認為自己是直接的政治受害者和利益受損者，獨有一大批美國推特上和中國微信裡的華人，雖然絕大部分與美國大選

沒有直接關係，卻以一種高漲的國際主義精神，不依不饒地追責大
選舞弊，鼓動川普戰鬥到底，甚至不惜以顛覆美國現存和正常運行
的憲政民主法治秩序的方式，以政變和革命手段來達到川普連任總
統的目的。他們不惜破壞他們一直嚮往的美國憲政民主制度以捍衛
川普的權力，而當這一目標實現不了時，就誇張地宣佈美國已經淪
陷，民主的燈塔已經熄滅。這究竟是為什麼呢？

　　這就要追溯到更深層次的思想感情了。

　　原來，這些身處大洋此岸的川普擁躉們，雖然可以以彼岸的白
左（拜登和民主黨）為假想敵，盡情和任性地予以口誅筆伐而沒有
絲毫風險，但在真實的生活中，卻無時不刻必須承受此岸的打壓，
令他們切齒痛恨而又無可奈何。無邊的黑暗一眼望不到頭，以自己
的力量走出這種黑暗，也是完全不可能的。唯一令人精神一振的是，
大洋彼岸的同道中人，川普政府、共和黨人、美國樹大根深的右翼
自由主義和保守主義，卻是有力量的，並且自川普執政以來，通過
貿易戰等方式重拳出擊，一掃過去數十年來的綏靖主義！俗話說，
敵人的敵人就是朋友，何況川普還與我們有相同的價值觀呢？美國
是世界的燈塔，是世界的救星和希望，美國垮了，世界就會被魔鬼
統治了，讓美國再一次偉大起來，才能夠拯救中國人民和自由民主
世界。這是正邪之戰，這是人類命運之戰，我們不站在正義一邊，
竭盡全力支持川普戰勝與邪惡國家勾結起來偷竊選票的民主黨叛國
集團，難道我們甘心世世代代為此岸之奴嗎？

　　只有這樣一種深刻的代入感，這樣一種痛徹心扉的緊迫感和危
亡感，才能解釋華人川粉這麼不把自己當外人，這麼全情地投入，
這麼全天候的關注和吶喊，這麼歇斯底里地搧風加油，這麼不假思
索地相信、接受和極力轉發各種荒唐的謠言，而對各種如頭上蝨子
一樣明擺著的事實視而不見，並且反覆聲稱自己就代表了真相、真

理、道義和正義，而反對者都是喪失了起碼良知的人，是五毛和大
外宣，至少客觀上是與魔鬼同向同力的傻瓜和蠢貨。

四

　　但是，為什麼另一些數十年來同樣追求自由民主並且處境也同
樣糟糕的中國人卻沒有成為川粉呢？這裡面既有對川普、川普政府
有褒有貶的人，也有反感川普、川普政府和共和黨但對拜登團隊和
民主黨並不寄予厚望的人，還有支援民主黨理念和政策的人，他們
基於普世價值和憲政民主規則看待這次美國大選。難道他們都變成
了大大小小的五毛和腦殘嗎？

　　這就需要更深層次地挖掘華人川粉的成因。

　　華人川粉為什麼把自由民主的希望寄託在川普這個主張白人優
先、美國優先的外人身上了？因為他們對自己失去了信心，對中國
人憑自己的努力獲得自由民主失去了信心，抓住一根好像能夠救命
的稻草就當作神來崇拜。

　　他們為什麼對自己和所有中國人都失去了信心呢？那不是因為
中國人真的沒有自我解放的可能性了，而是從他們的世界觀、歷史
觀、價值觀出發，他們看不到任何希望，除非上帝和耶穌來救贖這
片罪惡的索多瑪之地，除非有川普這樣的大力神，來清掃這個骯髒
的奧吉亞斯牛圈。

　　因為他們的世界觀、歷史觀、價值觀是偏右的甚至是極右化的
自由主義和精英主義，在他們眼裡，大眾要麼只是消極被動等待拯
救的一群，要麼就是被極左分子煽動起來造反、搶劫、殺人的烏合
之眾和暴民。我在2013年就把這種自由主義稱之為「中國特色的自
由主義」，最近左翼自由主義者張雪忠稱之為「中國特色的保守主

義」。之所以是「中國特色」的，是因為它雖然表面上與「中國特色的社會主義」勢不兩立，其實都是歧視和蔑視民眾、高踞於民眾之上的，兩者遵循非常相近的深層政治邏輯。

他們完全地、無批判地繼承了毛左、極左的左右二分法，只不過顛倒過來予以評價而已：他們欣然自認就是右派，而右派就是正確的、好的、追求自由民主的；左派，無論以什麼面貌出現，都是錯誤的、壞的、通往奴役之路，即使是西方同樣反對共產主義的中左、憲政民主左派、社會民主主義，也是虛偽的，必然會導致極權主義；即使是左翼自由主義、社會自由主義、現代自由主義、新政自由主義、進步主義，只要它們在左邊，就會不可避免地向極左方向演變。

在他們的眼裡，在他們的思想政治光譜裡，完全沒有憲政民主左派的位置。不言而喻，當他們把所有左派都推到極左之後，他們也就把自己推到極右的位置了。

他們在低人權和奴役之地反對積極自由和實質平等，在全球基尼係數最高之地、在教育養老醫療居住領域的公共產品極度缺乏之地反對福利、再分配和社會保障，在遍佈血汗工廠之地反對獨立自由民主工會，在官商勾結、權貴官僚資本專制之地反對集體維權和罷工抗爭……

他們所理解的憲政民主只是保護私有財產、自由放任市場經濟、企業經營自主權和按資分配的憲政民主，而不同時也是保護勞工權利、底層民眾權益、勞資平權和共享市場經濟成果的憲政民主；他們對於底層民眾的政治參與要求，充滿了恐懼的記憶，認為只要民眾一起來，就必然會發生毛澤東式的、民粹主義的、消滅資產階級和知識分子的工農民主革命。

他們的確是堅決反對權貴官僚專制和權貴官僚資本主義的，只

不過，連他們自身的淵源與已經擁有的一切，都和他們所反對的對象有剪不斷理還亂的關係，他們根本不能憑自身的力量去完成這樣一場偉大的憲政民主革命。他們完全不敢甚至堅決反對喚醒十幾億普通民眾一起追求自由平等和憲政民主。他們注定孤芳自賞、軟弱無力。但他們真的不甘心，於是就把希望寄託在敵人的敵人身上了。

五

　　他們沒有想到的是，慌不擇路、饑不擇食的結果，卻是認同了一個極右化的保守主義者、白人至上主義者、美國優先主義者。他們因此走向自己的反面，竟然歌頌和讚美一個貪戀權位的總統號召他的支持者衝擊和破壞憲政民主法治制度的行為，甚至呼籲和鼓勵他採取更加瘋狂的舉動。

　　他們如果繼續下去，會沿著極右化的方向越走越遠，成為一種民間的新極右力量，他們與掌權的老極右力量之間的鬥爭，與大多數中國普通民眾無關。即使他們憑藉外力或者偶然、天意上臺，也不會給這個國家的人民帶來自由民主。

　　中國三千年未有的偉大的社會轉型，有賴於憲政右翼和憲政左翼的政治大聯合，有賴於越來越多的保守主義者和古典自由主義者成為社會自由主義者、現代自由主義者和進步主義者，也有賴於越來越多的激進左翼甚至極左派能夠轉化為憲政民主左派、中左派和社會民主主義者。只有當這些力量足夠強大時，才能逼迫極右派放棄對權力的壟斷，才能夠遏制新極左力量的崛起，才能在中國建立以中右力量和中左力量的競爭與合作、制衡與輪替為主體的憲政民主法治的政治結構，實現中國的長治久安與偉大復興。

王江松，原任中國勞動關係學院教授，2016年以來成為圖書管理員。主要研究領域為哲學、勞資關係，著有《悲劇人性與悲劇人生》、《悲劇哲學的誕生》、《勞動哲學》、《勞動文化學》、《致敬底層：當代中國的勞工運動》、《中國社會民主主義論綱》等。

美國的宗教與政治與華人基督教保守主義

郭婷

　　2020年美國大選，在眾多宗教之中，基督教選民最多，占64%，但和2008年大選的79%比，已經有所下降。同時，自我認同有宗教信仰的選民幾乎翻倍，從2008年的15%到2020年的28%，但通常被認為傾向政治保守的白人福音派基督徒有所下降，從2008年的21%下降到2020年的18%，非福音派白人基督徒則從2008年的19%下降到2020年的13%，白人天主教徒從17%下降到12%。不過共和黨選民中，依然有79%是基督徒，沒有明確宗教組織的（religious unaffiliated）只占15%。相比之下，民主派只有52%是基督徒，有38%沒有明確宗教組織。從這些數據看，宗教或者說基督教依然是美國政治取向的一個風向標，尤其關於政治保守主義。以上數據來自美國民調智庫皮尤研究中心（Pew Research Center），該中心的大選分析始終將宗教作為重要的分析類別。

　　儘管美國奉行政教分離，但美國宗教之繁盛、對社會和政治生活影響之大，經常和同樣作為工業化民主社會的西歐形成強烈對比，儘管華語世界通常以「西方」通指。著名社會學家彼得·伯格（Peter Berger）主持的論文集《宗教美國，世俗歐洲？》[1]關注這個

1　Peter Berger, et al., ed., *Religious America, Secular Europe?: A Theme*

學界和日常觀察都常有的疑問：在西歐普遍世俗化的同時，美國看起來卻依然是一個宗教顯性、且主導社會與政治生活的社會。論文集本身來自波士頓大學的「世俗歐洲」研究計劃，認為歐洲政治與社會生活缺乏美國那樣的基督教話語和福音派組織，而美國的教會在歷史上為來自世界各地的移民提供了網絡和支持，使得種族、族群和宗教成為密不可分的組合。世俗主義或政教分離的概念，在不同國家有不同的意義和實踐。例如法國以限制宗教來保護公民權利，從二十世紀起限制天主教教會干預軍隊、教育和政治，今天依然用相似的理念對應宗教基要主義；而美國則強調宗教自由，世俗主義既意味著政府不能干涉宗教實踐，包括憲法第一修正案防止國家宗教和國家強制性宗教行為，也意味著宗教團體享有極大自由，社會生活可以充滿宗教元素。在新冠疫情中，不少美國福音派人士認為，疫情期間禁止外出、聚會和保持社交距離就是限制了他們的宗教自由。川普反對某些州限制大型禮拜活動和宗教聚會，卻被認為是拯救了基督教。

但數據也告訴我們，美國宗教對政治的影響在逐漸減少，宗教組織是否是有政治影響力的機構，也值得商榷。在《同情的終結：為什麼白人新教徒不再愛鄰人》[2]一書中，克朗普頓發現宗教領袖不再主導政治議程，而是信眾影響教派。這不僅意味著保守派領袖未必能影響大眾，也意味著自由派領袖未必能改變保守派。比如卡特作為福音派裡的政治自由派，試過以總統和基督徒的身分抵抗基督教保守主義，但他失敗了。克朗普頓認為，從19世紀到20世紀初，

（續）―――――――――――――――

　　　and Variations, 2008.

2　John W. Crompton, *The End of Empathy: Why White Protestants Stopped Loving Their Neighbors,* 2020.

美國新教確實是改革進步的組織性力量，但上世紀60到80年代開始，主流教派失去了那種作用，甚至著名的福音派領袖葛培理（Billy Graham, 1918-2018）都並不代表宗教組織影響民眾的政治取向。事實上，美國宗教與政治之間的關係，比因果更複雜，許多研究者都認為基督教保守派從根本上來說還是世俗的。哈普在《新教與美國保守主義》[3]中提出，保守主義本身並沒有神學體系，而是功用性地以宗教之名支持世俗的政治社會觀。賈克柏森在《性癡迷：美國政治中的變態和可能性》[4]中以性／別政治為例，挖掘宗教標籤之下更廣泛的社會生活，承認宗教是不容忽視的力量，宗教和性別也是美國政治生活中重要的因素，常被作為一對二元因果關係，比如墮胎權等等。但性／別政治根植於各種社會關係中，不僅是通常與性別相關的愛情、家庭、親密關係，還包括世俗定義上的自由、種族、殘疾、資本主義、民族、住房、環境等等。羅斯基在《宗教左翼的興盛》[5]中則認為，雖然宗教保守領袖其實已經從美國公共生活消退，但是宗教進步領袖也同時消退了，因此才造成了今天宗教保守主義依然影響政治的現象。

　　但有一個尚未包括在數據統計之內、不過已經被廣泛觀察到的現象，那就是福音派作為組織性保守力量與有色人種、尤其華裔川普支持者之間的關係，雖然他們目前還不是「主流」。與其問美國保守主義何以吸引保守派華裔，可以更細化地問為何標榜基督教民

3　Gillis J. Harp, *Protestants and American Conservatism: A Short History*, 2019.

4　Janet Jakobsen, *The Sex Obsession: Perversity and Possibility in American Politics*, 2020.

5　L. Benjamin Rolsky, *Rise and Fall of Religious Left: Politics, Television, and Popular Culture in the 1970s and Beyond*, 2019.

主大國的話語能吸引他們。

　　第一，從「西方」傳入亞洲的民主和進步概念，本身就是種族和性別化的。奧森的《廢除白人式民主》[6]深化了黑人社會學家杜波依斯（W. E. B. Du Bois, 1868-1963）的理論，認為美國民主與種族主義相輔相成，民主制度並不是消減種族主義的方法，因為白人至上主義並不作為種族問題，而作為統治結構存在。今天美國的民主依然帶著這樣的種族包袱。同時，如唐納在《靈魂的自由：廢奴後佛吉尼亞州的黑人宗教政治》[7]中指出，教會是組織黑人政治參與的重要機制，但爭取政治自由和宗教自由是相輔相成的過程。對照之下可以看出，基督教未必產生政治保守主義，決定性因素依然是世俗的問題，比如種族，階層或族群。

　　第二，如果說「牆」是雙向的，那麼政治操縱和民族思想的形成也是雙向的。在國際權力角逐之下，更容易出現意識形態對立方，以及它們對彼此的影響和塑造。從歷史角度來看，西方知識界也曾被基督教精英壟斷，以凸顯文明特殊論，區別基督教文明與其他文化。杜克大學神學院教授連曦曾經記載，傳教士如何在巡迴中國時將基督教與現代科技結合以打動中國人[8]。1910年代，美國基督教青年會領袖和世界各地的十字軍成員在普度大學科學家羅伯遜（C. H. Robertson）的陪同下，在中國進行了一次宣傳福音之旅。羅伯遜在講座中依靠演示使用電、陀螺儀、收音機和無線電報來吸引聽眾，

6　Joel Olson, *The Abolition of White Democracy*, 2004.

7　Nicole Myers Turner, *Soul Liberty: The Evolution of Black Religious Politics in Postemancipation Virginia*, 2020.

8　Lian Xi, "'Cultural Christians' and the Search for Civil Society in Contemporary China," *The Chinese Historical Review*（May 2013）, 20（I）: 71-88.

傳教士埃迪（Sherwood Eddy, 1871-1963）則發揮了中國年輕人的愛
國主義精神，以及他們對西方科學和文明的欽佩，並把基督視為中
國的唯一希望、有效的建國指南和治愈社會政治弊病的一切方法。
傳教士知道愛國青年正在努力通過現代化來拯救自己的國家，因此
他們發現了一個有用的傳福音公式，將基督教與西方科技和立憲主
義聯繫在一起。李大釗、陳獨秀、孫中山等人在追尋中國現代化方
式的過程中都曾受基督教影響。實際上，他們是受到了將立憲民主
等現代性與西方基督教相連的思維所吸引。佛羅倫斯・夏在《陌生
土地上的旅居者：中華帝國晚期的耶穌會士與科學傳教》[9]中也展現
了傳教士如何因應亞洲知識精英對西方科技的好奇和渴慕，將科
技、進步主義和傳教結合，從而形成東西方對立的傳統。

傳教士也通過傳送耶穌和聖人的個人旅途和犧牲主義來強調基
督教的道德情感力量，這種基督教式的道德情感力量受到了現代中
國早期的知識分子追捧，比如李大釗也曾在1921年前後推崇基督教
的情感力量，以代替中國人的信仰和情感需求。換言之，華人知識
精英和自由派接收西方的方式，與西方思想傳入中國的方式有關。
在尋找方法將中國現代化的過程中，華人和西方知識精英都曾將中
西方文明對立，而華人更將西方文明等同於兩希：希臘，希伯來，
其中希臘代表理性，希伯來代表宗教、情感與審美。筆者於2000年
代在中國大學讀書時，不少學者依然傾向以此為基本論調，可以說
代表了一個多世紀以來幾代人的世界觀，其中東西方對立的觀點非
常明顯，將西方視為進步和民主的標榜，或是中國落後和傳統的對
立面，不但本質化了「東方」，也理想化和本質化了「西方」。

9　Florence Hsia, *Sojourners in a Strange Land: Jesuits and Their Scientific Missions in Late Imperial China*, 2009.

　　在現代歷史上，雙方政權也在許多歷史關鍵時刻製造和加深這種對立，譬如冷戰時代。在冷戰時期，基督教色彩濃厚的美國成為有自己思想體系的超級大國，可以和無神論共產主義蘇聯對抗。基督教思想被化作「美國思想」，美國研究興起，肯尼迪、里根等政治家開始公開使用基督教式話語。里根著名的「上帝保佑美國」（God bless America），是有史以來第一次有美國總統在公眾講話中用到這樣基督教式的表達。今天大家都耳熟能詳的「我們信仰上帝」（In God We Trust）在1952年才成為官方用語，也就是冷戰時代的政治和司法話語。換言之，蘇聯或共產主義參與塑造了20世紀美國的自我形象，反之亦然。在這樣的冷戰脈絡下能更清楚地看到英美對香港、韓國等亞洲教會的扶持背後，有其抵制共產主義滲透的目的。而今天的華人燈塔主義者，尤其是基督教福音派川粉，也是成長於冷戰世界權力格局後的一代。在川普時代，川普的「讓美國再次偉大」（make America great again）是一個具有歷史維度的聲明，可以被解讀為回到一個想像中的從清教徒到冷戰時期白人基督教更占主流的時代。而對福音派華人川粉而言，這種歷史性聲明是回到一個清晰的分野，以基督教文明的純粹來劃清與共產主義中國或落後華人文化的界線。

　　歷史上主流教會傳教時已經帶有這樣由知識精英、教會和政權共同構造的「西方現代白人基督教」與「華人傳統文化」對立的二元思維，也可以從社會學的角度來解釋當代傾向於政治保守的華人福音派。教會對移民而言是融入陌生社會的方式，為移民帶來歸屬感和生活上的支持，擁有龐大網絡的華人教會也幫助移民協調基督徒、華人、美國人的三重身分，儘管認為這三種身分之間充滿矛盾依然帶有上文提到的對立思維。另外，主流教會已經不再積極傳教，福音派教會則大為興起，以積極傳教為目的，也提供了有別於移民

曾經熟悉的華人社會的政治參與形式。

　　同時在華人世界內部因為殖民等原因帶來的權力勾結，殖民政府通過精英吸納勾連當地勢力，進一步加強傳統保守主義以穩固統治和保護雙方的利益；在香港，1997年以後不同新教教派都由基督教協進會代表參選選舉委員會基督教界別委員，也淡化了政治光譜和教派之間的直接關係，以及主流教派和福音派之間的界線，許多主張保守言論的福音派基督徒甚至是活躍在教育和政治領域的意見領袖。這也是華人無論移民與否，對福音派的政治保守主義並不那麼敏感的原因之一。

　　從神學角度而言，福音派的神學特色也帶來政治保守主義傾向，包括基要主義（fundamentalism）、救援論（soteriology）和性別上的互補主義（complementarianism），譬如福音派救援論認為信仰是得到拯救的唯一途徑，反對講究理性和社會公義的自由派神學和解放神學等；互補主義則認為男女有上帝既定的不同角色，是福音派保守性別觀念的神學基礎。同時，福音派緊密的組織結構、滲透社會生活的組織架構，也是這個相對保守但在傳播上非常積極的教派影響華人的方式，並通過特定的社交網絡從在美華人影響到華人世界，反之亦然。

　　限於篇幅，本文無法系統地討論華人福音派川粉的形成，僅希望探討其中的一些方面，那就是文化上的對立思維作為歷史中雙方不斷自我塑造和雙向塑造的產物。一個文化、一個國家、一個社會的刻板印象，譬如西方民主、東方保守，基督教進步、華人儒家文化落後等等，也是歷史上通過意識形態刻意製造出來的結果，無論意識形態製造方是政府、媒體、教派還是知識精英。

　　郭婷，現任教於香港高校，關注宗教與政治、性別、科技之間的關係。正在撰寫學術專著*Politics of Love: Religion, Secularism, and Love as a Political Discourse in Modern China*，相關論文刊於*Critical Research on Religion*。教授課程包括性別與宗教、批判理論與華語文學。下一個研究計劃希望從科幻和反烏托邦作品看亞洲的數位時代。

網路時代與華人川粉的崛起

戴瑜慧

一、離譜的川普，爲何獲得華人的支持？

　　220年前，被擊敗的約翰‧亞當斯將白宮交給對手，確立了權力和平交接這一民主制度的根本原則，此後沒有任何一位在任總統在敗選後企圖否決選舉人團的權威。但這個民主運作模式，卻在川普任內遭到挑戰。2020年11月3日投票後的幾天，川普為了扭轉敗選的結果，維持總統位置，使出諸多手段，介入政府的運作。包括在週末與喬治亞州選舉主管官員布拉德‧拉芬斯伯格通話一小時，逼迫他在該州「找到」足夠支持他的選票；致電喬治亞州和亞利桑那州的共和黨州長，要求他們出手干預；將密西根州議會共和黨領袖召入白宮，催促他們改變該州的選舉結果；多次致電賓夕法尼亞州眾議院的共和黨議長，要求對方協助推翻那裏的選舉結果。他和幕僚甚至提出推遲拜登就職儀式的想法，以及與公開呼籲實施戒嚴的前顧問見面。強硬要求副總統潘斯阻止國會對拜登勝選結果的正式宣布。對於持續的被拒絕，他憤怒的在推特上發文：「共和黨內的『認慫黨團』會因為他們的軟弱而遺臭萬年，沒能有效『守護』我們的國家，他們甘願接受對虛假總統數字的認證！」川普聲稱自己的大

選勝利被竊取了，向數十家法院提出訴訟，但是連他自己的司法部
長巴爾也表示這場選舉沒有舞弊。

　　最後，世界驚訝的看著，2021年1月6日，大批死忠「川粉」化
身暴民攻占美國國會山莊，釀成五人喪生（包括一名警官殉職）、
多人受傷的慘劇。這些川粉當中不意外的有著諸多白人至上主義
者、陰謀論者等。例如在媒體畫面裡相當吸睛的上身赤裸、頭戴牛
角狼皮頭飾、手上的長矛還懸掛著星條旗的男子錢斯利，就對匿名
者Q的陰謀論深信不疑，自封「匿名者Q薩滿」（QAnon Shaman），
他聲稱美國正使用精神藥物秘密洗腦民眾，電視、廣播放送的頻率
則悄悄影響觀眾的大腦電波；大選充斥欺詐舞弊。前往華府是為了
與眾多「愛國人士」一同加入打擊「深層政府」（deep state）的行
列，而他上身的北歐圖騰刺青，則是近年來在極右翼白人群體中相
當流行的圖樣。

　　川普不惜公然種族主義歧視、性別歧視、滿口謊言，以及企圖
以政變手段搞垮美國民主制度，能夠召喚白人至上主義者的支持者
不難理解。但此外，卻還有一群相當特殊的族群也是他的支持者，
一群有時被稱為「華川粉」的華人，即使總體而言，亞裔美國人支
持民主黨總統候選人的比例，大於共和黨候選人。川普的華人支持
者雖是少數，卻正在發生微妙的變化。如同美國耶魯大學學者林垚
在〈燈塔主義與中國自由派知識分子的『川化』〉一文中的論點，
中國「公知圈」出現一股強烈的「川化」潮流，一種是「川粉化」，
另一種是「川普化」，前者是對川普的能力、視野、膽識及手腕表
示欣賞，後者則鄙夷川普的言行，但支持他所代表的政策立場，至
少是反對其反對者的立場而支持川普。他們之所以支持川普，是因
為有「燈塔主義」情結，即「出於對毛式極權主義的慘痛記憶、以
及對習式再極權化的恐懼，而對西方（尤其是經濟體量上唯一堪與

中國抗衡的美國）政治產生一種殷切的投射。」

　　這個現象不僅引起美國主流媒體的注意，也造成華人知識圈的爭吵與分裂。目前對此變化，開始有諸多的討論切入點，例如是哪些類型的華人會支持川普；出於何種動機；家裡的衝突與分裂；川黑與川粉之間的互動等等。本文則認為當今的傳播形式，是造成華人支持川普這個現象出現的重要因素。特別是兩個層面，第一是英文假新聞與中文假新聞的匯流，第二是海外華人儘管生活在美國，但依舊較難融入美國社會，少接觸主流美國新聞媒體報導。在媒體使用上高度依賴原來的華文媒體（如微博、微信）和人際傳播，當中的過濾泡泡效果，使這群人成為濃厚的同溫層，增強鞏固彼此的想法，讓假新聞成為心中真實的信念，並且願意為其而戰。

二、網路時代讓川普的謊言與假新聞如虎添翼

　　為什麼川普的離譜行徑可以被接受、被相信，其渲染力足以號召人民成為暴民，進攻國會大廈，意圖扭轉美國總統大選結果？當中一個重要的因素是今日的網路媒體時代讓謊言與假新聞可以快速流傳，持續變造、擴送以及改變和鞏固認知。

1.傳統的新聞媒體報導慣例成為騙子的舞台

　　首先是既有媒體的報導形式強調「客觀中立」，因此要「兩面併陳」，以及「平衡報導」。而以電視實境節目《誰是接班人》走紅的美國地產大亨川普，熟悉擅長今日的媒體操弄術。與其他政治人物不同，川普不但不謹言慎行，甚至無懼信口開河，大肆任意編造謊言。但是在既有的新聞媒體報導慣例中，記者與編輯用詞謹慎小心，為求客觀，用字遣詞皆小心翼翼，像是用「口誤」（misstate）、

「錯誤」（falsehood，有可能是弄錯或誤解，並不一定有說謊的意圖）之類字眼，而避用「種族歧視者」（racist）、說謊（lie）等字眼。儘管川普曾經說過「歐巴馬是『伊斯蘭國的創辦人』，而希拉蕊是共同創辦人」，主持人也只會澄清歐巴馬反伊斯蘭國的立場，而不會直指川普在說謊。

　　這種結構之下形成了有利川普的局面。這種形勢在2016年就清楚呈現。參選初期，川普的民調並不高。他宣布參選當天，民調是共和黨參選人的第9名，但他的誇張言論為他博得版面和報導量，隨著報導量增加，也提高他的民調數字。此舉如同獲得免費的新聞宣傳，甚至因為喧嘩的舉措，比其他候選人如希拉蕊獲得更多的免費新聞宣傳。因此傳統的新聞媒體報導慣例，遇到川普這種非典型的總統候選人，就如同將麥克風送到詐騙集團手上，讓他四處兜售他的謊言。

2.假新聞的生產

　　社交網站時代，也促成了新興的假新聞跨國產業鏈。根據《報導者》2019年的報導〈助川普當選的藏鏡人，竟在北馬其頓〉（劉致昕，2019年4月23日）[1]，美國總統大選中，極右媒體將製作假新聞的業務外包到國外，包括知名的北馬其頓共和國小城偉萊斯（Veles），還有其他境外網軍之地如菲律賓、巴基斯坦、喬治亞、克羅埃西亞、印度、科索沃、阿爾巴尼亞等。報導指出北馬其頓生產的故事和新聞很多，以下是其中3例：

1　劉致昕（2019年4月23日），〈助川普當選的藏鏡人，竟在北馬其
　　頓——深入全球假新聞之都，看「境外網軍」是如何煉成的？〉，
　　《報導者》，取自https://www.twreporter.org/a/cyberwarfare-units-
　　disinformation-fake-news-north-macedonia

教宗震驚全球，支持川普擔任總統！

ISIS領袖要美國穆斯林投給希拉蕊！

希拉蕊：「我樂見像川普一樣的人參選總統，他是誠實而且無法賄賂的。」

　　假新聞的特性之一是澄清的速度永遠跟不上瘋傳的速度，看見澄清的人遠遠少於看見假新聞的人，在網路上一旦流傳就無法全部刪除。上引第一則假新聞的互動數高達近百萬，還讓教宗緊急召開記者會澄清；後兩則新聞在網路上的按讚、轉傳、分享也高達五十萬。

　　時間流轉到2020年美國總統大選，假新聞的製造已經不只有英文的，還有大量中文的假新聞存在，並且兩者之間已經匯流成為一個系統。根據台灣事實查核中心做的查核報告（編號691），紀錄出現假新聞如下：「在美台人回饋最新消息，加州也被要求重新驗票，因為選舉局要求拿出總選票數，而最早開票完成的加州卻拿不出來，並在其他州發現大量加州選票，所以目前被要求重新計算，因此急徵驗票志工」，以及「當局注意到Gwinnett county註冊選民為40万，結果投出81萬票」，最後強調選舉結果出現問題，要重新計票，「加州要重新計票，需要一些監票義工」。此則假新聞被檢測出來為虛假有幾個理由如下：

　　一、美國並無選舉局，選務是由州和地方政府執行。

　　二、截至11月10日下午5點截稿時間，加州選委會尚未公布正式開票結果，傳言所稱「加州被要求重新驗票」不是事實。

　　三、傳言所提的志工，為加州橙縣徵求公民參與監票，並不是傳言所稱「因加州重新驗票，而急徵驗票志工」。

　　四、傳言指稱喬治亞州格威娜特郡（Gwinnett county）「註冊選民為41萬，結果投出81萬」，所引述的數據錯誤，並不是事實。

　　另外奇怪的點也包含此文所指是「在美台人」，但是內文當中卻使用中國大陸所使用的簡體中文。但總而言之，是要宣傳2020年美國總統大選是「被民主黨灌水的被偷竊的選舉」這個謊言。

在美台人回饋最新消息，加州也被要求重新驗票，因為選舉局要求拿出總選票數，而最早開票完成的加州卻拿不出來，並在其他州發現大量加州選票，所以目前被要求重新計算，因此急徵驗票志工。

另外內文留言中有提到，當局注意到Gwinnett county註冊選民為40万，結果投出81萬票！GA註冊截止日期為10月5号，該市並沒有當天註冊當天給你投票的服務。

加州根本沒有算票完畢就宣布拜登贏，再加上在別的州（亞利桑崩，內華達州等）發現大量加州的選票（可能這就是暫停計票，等票送來），選舉局要求提出總選票數，加州都拿不出來，所以必須重算

OMG，加州（民主黨的大本營）也要重新計票了！

请转发给加州的朋友：加州要重新计票，需要一些监票义工，至少需要填上本周五（明天）、周六和下周一的shifts，请问谁有兴趣去监票？该工作难度不大，但需要高度集中注意力，对体力挑战也略大，戴上你们的眼镜，穿舒服的衣服鞋子。

OCROV observation 急需监督计票义工
- 4 hour shift
- must register with ROV
- campaign affiliation: OCGOP
- must notify OCGOP of sign up, tell them you work with Saga.

登记链接：

CALENDLY.COM
In Person Election Observation Reservation - Registrar of Voters
Before reserving a time, please check this calendar to see if an observable activity is scheduled. You may also want to check the schedule before coming in to the office to ensure an observable activity is occurring.In...

👍😮😲 1,438   38則留言 105次分享

　　另外一則假新聞，內容為「今年下半年，因病去世的川普弟弟

Robert Trump今天被發現他投票給了拜登😊😊」。此則假新聞值得注意的地方在於其圖文引述自「@CHIZMAGA」Twitter帳號的英文版推文「BREAKING: Robert Trump voted for Joe Biden.」，但實際上檢索「@CHIZMAGA」帳號，未找到該帳號發布此推文。第二，羅伯特‧川普於2020年8月15日晚間逝世。而美國提前投票的時間是2020年10月24日至2020年11月1日。此時羅伯特‧川普已經過世，不可能投票。第三，這則沒有來源的推特文，卻被中國大陸的微博帳號流傳。顯示英文的假新聞已經和中文的假新聞匯流在一起，共同影響英文使用者和中文使用者。

　　當前的影像造假技術已經突飛猛進，幾可亂真，更使假新聞具有煽動性和渲染力。2020年11月14日社群平台開始流傳多張照片，照片為遊行空拍照，並指稱是2020年11月14日華府遊行。社群貼文訊息指稱：「他的眼淚震撼了我。如果你長期感受被壓抑，突然有人，即便他是為自家或是看不慣，向施壓者做一些事說一些話，讓你從旁獲得舒壓感，你怎能對這個人無感，你怎能對他不動容？從來沒有比這次更關心外國的選舉，從來沒有比這次更掛心外國的選舉。當知道支持者將在華盛頓特區為他舉行百萬人站出來的遊行，這位狂人與梟雄流下了眼淚，這是我見過最震撼人心的眼淚……」

挺川百萬人遊行，結果台媒都轉發CNN 等偏頗美媒，說只有千人遊行，跟港府說反送中遊行只有少數人，有何不同？

查核的結果指出支持川普的民眾確實於2020年11月14日，曾於華府市中心遊行，該活動名稱為「百萬MAGA遊行」（Million MAGA March）。但是當中只有一張照片是真的來自當天遊行。其他都取自其他的活動照片，包括2016年6月22日，NBA總冠軍隊伍克里夫蘭騎士隊，回到克里夫蘭主場城市，舉辦冠軍封王遊行活動的照片。2019年美國職籃NBA總冠軍多倫多暴龍隊，在多倫多舉辦的封王遊

行活動。甚至還有一張來自2009年美國總統歐巴馬就職典禮的照片。

　　至於川普的落淚照片，則是2020年7月15日《法新社》記者於白宮拍攝。原始照片中，川普的眼白並沒有變紅，也並無眼淚。網路上眾多的圖庫，以及各種以假亂真的修圖技巧，都使得這些假新聞的容易剽竊和捏造出訊息，例如這則假新聞透過人山人海的照片，除了讓讀者誤以為川普有超級多的支持者參加遊行外，也批評台灣媒體對川普不公平。並且將台灣主流媒體等同於香港特區政府對香港媒體的打壓。此則假新聞容易吸引厭惡中共，同情香港、台灣、新疆處境的華人。而煽情的落淚照，則再度營造川普直率、真性情的一面，換言之，也是一種合理化他經常出言不實的手法。

　　還有一則假新聞自2020年11月20日起，在社群網站與通訊群組流傳，賀錦麗的一張照片，搭配簡體文字訊息宣稱：

　　民主黨副總統候選人Kamala Harris在演講時點燃大麻，告訴公眾她是長期癮君子，承諾一定會讓吸毒販毒在全美合法化。簡直一副不搞垮美利堅，她誓不罷休的態度，德不配位必有災殃！

　　這張照片同樣取自主流媒體《美聯社》，照片是2015年1月30日，賀錦麗擔任加州總檢察官，在加州大學洛杉磯分校法學評論研討會的演講照片。通過修圖，在她的手上加上一根燃燒中的大麻。此則假新聞值得注意的是，也同時用繁體中文版本進行流傳。而其塑造的訊息，顯然可以針對意識形態保守的華人，營造民主黨過於放任、自由、開放，不利孩子教育的敵意態度。這種出於保守價值對川普的支持，可以擴大扣連（articulate）到其它的態度，包括對民主黨的LGBTQ政策、中性廁所政策、支持弱勢族群的教育政策、移民政策和稅收政策等等。

民主党副总统候选人Kamala Harris在演讲时点燃大麻，告诉公众她是长期瘾君子，承诺一定会让吸毒贩毒在全美合法化。简直一副不搞垮美利坚，她誓不罢休的态度，德不配位必有灾殃！

7:00 PM - 20 Nov 2020

416 Retweets　**750** Likes

💬 139　🔁 416　♡ 750

三、同溫層效應

　　據估計美國有500萬華裔，而他們儘管身在美國，最主要使用的媒體卻依舊來自原鄉、且因審查而惡名昭彰的微信（WeChat）。主要原因是微信是一個集多功能於一體的工具，用戶可以發短訊、分享照片和影片、閱讀新聞、支付，甚至發送虛擬紅包，這是中國過年的傳統。所以如果身在美國，要想和在中國大陸的親朋好友、事業夥伴維持聯繫，因為中國政府防火牆的關係，除了微信幾乎沒

有其他的選擇。

　　除了和在中國大陸的親友聯繫之外，美國的主流媒體也不會特別關注華裔美人。因此弔詭的事情是，微信成為了解他們身處的美國社會最主要的新聞來源。也因此，儘管身處美國，這些華裔美人卻身處於微信圈起來的濃重同溫層中，在當中他們分享生活、情感、八卦、新聞和政治判斷。

　　但是在微信上面流動的新聞與資訊來源，其消息來源的可信度、多元化程度都相當有問題。微信上吸引關注最多的敘事往往將華裔美國人與其他少數族裔群體對立起來，中國人被描繪成霸凌和歧視的受害者。例如2016年，微信群動員數以千計的華裔走上美國街頭，抗議紐約市華裔警察彼得‧梁（Peter Liang）在殺死黑人阿凱‧格利（Akai Gurley）案中被判過失殺人罪。他們關注的不是警察濫用國家暴力殺害黑人，反而認為華人警察也應該比照白人警察的「特殊待遇」，「同樣」獲得輕罪的機會。同樣，另一個最容易挑動華裔美人神經的議題就是孩子的教育問題。美國政府為了給弱勢族群孩子公平教育機會的措施，透過微信群的誇大、謠言散布，反而成為討好西班牙裔、黑人的措施，損害了勤勉的華裔學生就學權利的不平等政策。在這些指控高中和大學招生歧視亞裔美國申請人的活動中，微信發揮了重要的組織作用（Hong, Nicole, 2020.10.9）[2]。

　　美國哥倫比亞大學Tow數位新聞中心在2017年發表一份研究報告，79%的人在聊天群裡讀取政治新聞，71%的用戶參加了超過100人的聊天群。微信群成為華裔美人了解他們生活環境的主要甚至唯

2　Hong, Nicole. （2020.10.9）. WeChat, wild rumors and all, is their lifeline. Washington may end that. *The New York Times*. Received from https://www.nytimes.com/2020/10/05/nyregion/us-wechat-ban.html?_ga=2.82381846.1025978222.1612902998-1156482387.1599779886

一消息來源。這份報告關注微信中的錯誤訊息和不實消息如何在美國華人圈中傳播。研究發現，美國華人微信圈更多關注平權行動（對華人是否公平）、人口數據以及非法移民問題，而不是就業、經濟和健保這樣的話題。由於當地新聞對華人關注的某些事件缺乏報道，與此有關的不實訊息在微信中愈傳愈烈，非常典型的例子就是聳人聽聞的「殺一個中國人，換一張綠卡」的假消息（〈「只能微信，不能全信」微信成為美國華人假新聞溫床〉，2018年04月25日）[3]，也再次強化中國人是受害者的心態。

研究也發現，微信圈子裏面保守派更活躍，導致來自右翼的英語媒體的訊息可獲得更廣泛的推動力。其它還有與美國華人有關的，被政治化的移民社區熱點話題。比如無證移民Haissam Massalkhy在加州開車撞死華裔公民邵琪的事件。在華人微信圈中，Massalkhy被謠傳是為了留在美國而蓄意撞人，而法庭判其兩年徒刑是因為受害者是華人而輕判。該報告認為微信是散播假新聞的樂土，而且私人網絡的傳播方式也讓微信假新聞遍地開花。

華裔美人在日常生活中高度依賴使用微信，形成一個濃厚的同溫層。同時過濾泡泡（filtering bubble）的效應，使他們看不到不同的觀點或資訊，造成認知過於單向，並且持續甚至越發強化既有的意識形態思維。例如強烈的將自身視為受害者的心態，使其出現要求輕判華人警察殺死黑人的組織行為，而這種態度就會繼續延續，使他們對於Black Lives Matter運動，以嘲弄的口吻稱為「黑命貴」。不管是出於保守意識形態價值而支持川普（厭惡中性廁所、LGBTQ權利等）、或是相信川普是抵抗邪惡中共的流亡者，都身處於以微

3　〈「只能微信，不能全信」微信成為美國華人假新聞溫床〉，（2018年04月25日）。《德國之聲》。取自 https://www.storm.mg/article/429158

信為主的社交媒體同溫層和過濾泡泡中，持續強化自身既有的想
法，並與同伴互相取暖，致使再誇張的假新聞都獲得立命之地。

　　戴瑜慧，國立交通大學傳播與科技系副教授。研究領域橫跨傳播
政治經濟學與文化行動，曾獲公民新聞獎，並與遊民共同策辦六次
攝影展。

華川現象和種族主義問題

程映虹

　　川普作為美國總統，為什麼在中文知識分子和社交媒體圈裡贏得大量的欣賞、支持和崇拜，尤其在2020年大選失敗後？本文試圖從種族觀念的角度切入，提供一些分析和解釋。本文不使用「川粉」或者「華川粉」這些褒貶立場過於鮮明的詞彙，而是用「華川」指稱跨國中文圈子裡的擁川政論群體，用比較中性的「種族意識」指稱他們在言論中反映的和種族問題有關的思想，既包括一般的種族觀念，也包括赤裸裸的種族主義。必須說明的是，從種族觀念的角度提供觀察和思考只不過是一個角度，並不構成一個對華川現象完整的解釋，但對於全面和深入理解它是必要的。

　　應該說，川普一進入美國選舉政治，其言論和姿態就被輿論和種族話題掛了鉤，隨著他入主白宮而固化為觀察和評論他的一個視角。即使川普自己和擁川派一再否認他是種族主義者，但公眾輿論把「川普主義」和種族主義相聯繫，甚至認為川普應該為他上任以來日益激化的種族問題負責。同時，擁川派中的極端分子包括了白人極端種族主義者，他們視川普為白人至上主義的政治代表，以至於川普自己有時也迫於無奈要作出和他們「切割」的姿態。這些都是公認的事實。

　　基於這些事實，本文不討論「川普主義」是不是種族主義，而

是在川普被很大一部分公眾輿論視為白人至上種族主義的政治代
表,也被美國極右翼尤其是白人種族主義者奉為政治領袖這個既定
的語境下,討論華川現象。換句話說,本文討論的是為什麼在華川
現象中,一個突出的方面恰恰就是對川普作為白人種族主義領袖這
個公眾形象的讚賞和期待:川普被華川視為扭轉美國在種族問題上
的「政治正確」傾向,從而將美國文明挽狂瀾於既倒的天降神選之
人。

　　我認為和其他問題相比,這一點是華川在具體的政治問題(例
如中美關係)之外更長期更具有戰略性的判斷和期待,所以是認識
這個群體繞不過的話題。可以說華人反川派之所以反川,主要是認
為他危害了美國民主;而華人擁川派之所以擁川,現在看來是寄望
於他在「文明」的意義上拯救美國、西方以至人類。這裏的「文明」,
根據一些具有代表性的華川言論,其基礎是種族,相比之下,川普
政府具體的社會和外交政策都是次要的。

　　很多論者在評析華川現象時已經指出種族意識是原因之一,而
且是有具體社會背景的:或者和大陸社會狀況有關,或者和在美華
人處境有關。中國大陸的周大可在〈為什麼中國有這麼多特朗普的
支持者和同情者〉中把華川分為幾類人,其中第四類喜歡特朗普是
因為「他是個有強烈種族主義傾向的總統,他推崇白人利益至上,
不喜歡有色族裔移民,還給穆斯林七國簽發移民禁令。這種傾向迎
合了中國國內越來越嚴重的對有色人種和穆斯林的焦慮情緒,給具
有這種焦慮的人出了口氣,他們暗自拍手稱快。」在美國的子皮在
〈川粉解析:美國危機和華川粉〉文章中分析北美華川現象,認為
華人精英和中產人士心理不平衡,覺得華人應得的機會被黑人、墨
西哥人和穆斯林移民通過政治正確搶走了。他們對社會資源配置的
不滿轉成種族主義的怨毒,最後的結論是「川主席將帶我們打敗穆

黑墨,奪回我們應有的果實。」

對華川現象背後的種族意識也有更學術性的分析。社會學家郝志東在〈中國知識分子的極右傾向批判〉中認為「中國有極右傾向的知識分子擔心歐美和中國會被伊斯蘭化,會被黑人化,所以非常推崇川普的種族主義政策。」文章中列舉了一些著名中國知識分子擁川的種族主義言論,例如認為支持種族平等的多元文化是文明的毒藥;擔心黑人數量超過白人;穆斯林和異教移民不可能融入美國社會,只會擠占福利,破壞美國的秩序。而川普主義則是「阻止西方文明的自虐、自殘與慢慢自殺。」所以,支持川普就是「維持主體民族的人口優勢,維持原有的結構和體制。」郝認為中國的極右、極左、國家主義和威權主義都有種族主義的因素。

學術方面的英文論述,有在美國的政治/法律學者林垚和在歐洲的政治學者張晨晨的論文為代表。它們因發表於國際專業期刊,學術性更強,更重要的是都在一定程度上把問題放在中國近代政治思想史的脈絡中分析。林垚的英文論文〈中國自由知識分子的川普化和燈塔主義〉(2020),用「川普化」指稱中國很多被認為是政治自由主義(即支持和追求在中國實現民主憲政)的知識分子對川普的認同和支持,用「燈塔主義」指稱他們對美國制度和社會的理想化,也稱為「燈塔情結」。「川普化」和「燈塔主義」的聯繫就是視川普主義為當代世界的燈塔。這個燈塔主義有政治意義上的和文明意義上的,前者是狹義的,主要是對美國政治制度的崇拜,後者是廣義的,指對美國國家和社會作為文明體的崇拜。林文認為僅僅是崇拜美國制度不一定會導向種族主義,但是文明意義上的燈塔主義把美國文明等同於歐洲白人後裔基督教的文明,所以認為移民和種族/文化多元會侵蝕甚至毀滅美國文明,而放任移民和多元化的「白左」則是美國文明內部的破壞者。林文指出了自由派知識分

子中「燈塔情結」的來源是晚清輸入中國的科學種族主義和社會達
爾文主義,但囿於文章的主題,並沒有對這個來源和當今的華川現
象之間的聯繫做更充分的考察。

張晨晨的英文論文〈中國特色的右翼民粹主義?網路世界政治
討論中的身分,他者和全球想像〉(2019)抽樣分析了中國互聯網
中針對歐洲難民危機的討論。張此前有一篇專論「白左」一詞在中
國社媒流行的文章,可以視為這篇論文的前奏("The curious rise of
the 'white left' as a Chinese internet insult," 2017)。張這項研究的對
象是當代中國的右翼民粹主義,並不專門是華川現象,但分析的觀
念和華川高度重合,可以視為華川的社會基礎。研究得出的結論是,
在中國社會裡,移民、文化多元和身分政治正在毀滅西方文明、「白
左」則是罪魁禍首這樣的看法有相當的普遍性。這種觀點和西方的
右翼民粹主義重合,但在中國民族主義的語境內就造成了一種內在
矛盾和緊張,表現為一種「反西方的西方中心論」。在解釋這種思
想的來源時,張的文章也引述已有文獻,上溯晚清,認為維新派知
識分子和革命派政治家一開始接觸西方理論時就不但受西方種族主
義和社會達爾文主義的影響,而且是主動地選擇了這些觀點,這個
脈絡延續至今。

把林垚和張晨晨的研究放在一起,可以看出不只是著名自由派
知識分子,而且相當一部分受過教育的並關心世界事務的網民也把
西方文明視為白人文明,現在西方面臨的是「野蠻要毀滅文明」的
危機。這種觀點當然有很明顯的種族色彩。同樣一批人也用相同的
邏輯和立場來看待中國國內的族群、移民和宗教問題,認為以漢族
為中心的中華文明也面臨相同的危機。

以上論者都涉及但不專論華川與種族意識之關係。我在自己
2019年初出版的《種族觀念與中國崛起》書中,試圖對種族觀念和

種族主義思想自文革結束至今的發展作系統的考察，中心觀點是認為，隨著民族主義的復興和中國的崛起，種族觀念甚至很大程度上的種族主義，已經成為當代中國官方意識形態和民間思潮相重合、號召力最廣泛也最有凝聚力的成分。當代中國的種族意識首先反映在對「中華民族」的定義和認同上，其次反映在中國與世界的關係上，再次則反映在如何看待歐美國家內部的社會問題上，並且把歐美由移民、宗教和文化多元引起的問題和中國的族群和宗教問題相聯繫。書中將中國社會的種族意識和對世界的看法相聯繫，分析「川粉」和「白左」這些新概念，觀點基本和上述論者是一致的。本文依據此書的觀點，結合兩年來尤其是華川對2020年美國大選的反應，對華川與種族意識之關係做一個大略的歷史和理論的梳理。

從種族意識的視角可以對華川的演化史做如下描述：它始於2015年左右開始的「白左」一詞，其流行基本上框定了華川此後的思想路徑和話語表達，經由2016年後支持川普政治中的種族主義因素，對2019-2020年的BLM（黑人生命權）運動的否定，最後是2020美國大選後，認為美國面臨的與其說是選舉是否造假，不如說是西方白人文明的生死存亡。

「白左」這個概念是華文世界特有的，它是對西方社會主張「政治正確」貼標籤的貶義詞，初現於網路討論中對西方尤其是西歐一些國家接納來自中東和北非的難民的強烈反應，後來泛指西方社會對種族、族群、宗教、文化、婚姻與性別中各種弱勢或者少數群體的同情和政策，也包括環保主義和動物保護主義，西方社會原來就有的左翼思想當然也包括在內。「白左」的批判者認為這種同情和政策使得西方敞開了大門，麻木了維護自己文明特性的敏感，損害了經濟增長的動力，甚至喪失了捍衛自己文明的意志，成為瓦解西方文明的內部因素。

　　為什麼我認為「白左」是一個種族概念？這是因為它把政治立場與特定人群的種族或者族群身分掛鉤。回顧歷史，上個世紀西方知識界和文化界有太多的前往蘇聯、中國、古巴和其他社會主義國家朝聖的左派，甚至包括教會的親蘇親華人士，還有政界的社會民主黨和社會黨、工黨、以及美國民主黨中的左派。很多人以社會主義國家和政治領袖為參照批判西方制度，可以說比今天的政治正確更左。這些人絕大多數都是歐美白人，但是他們在中國一向被稱為「西方左派」，而不是「白左」。反過來，當今西方社會的種族和族群背景遠比當年複雜，尤其非白人對社會活動的參與遠遠超過當年。為什麼當年貨真價實的白人左派在中國被稱為西方左派，而今天歐美膚色各異的政治正確信奉者卻得了「白左」的標籤呢？我認為這是因為隨著中國的崛起，種族意識從幕後走到台前，進入了日常語言，「西方」的概念過去還被階級、民族和地域遮蓋（這就是為什麼過去稱「西方左派」），現在卻在很多人那裡被完全種族化了：西方文明就是白人的文明，背叛這個文明的白人就是種族的叛徒，所以稱為「白左」。而西方其他族群本來就是他者，被排除在「西方人」之外。

　　中國人對自己國族和文明的定義，也可以佐證「白左」是個種族概念。例如「漢奸」一詞：中國是漢人的國家，中國文明就是漢人的文明，背叛中國的人就是漢奸。這是一種國族概念上的排斥和忽視。我在自己的〈「白左」與「漢奸」：民族國家內部的他者〉中提出這個問題，一些人說這是咬文嚼字，因為這裡的「漢」早已超出狹義的漢族泛指中華了（說這話的可能漢人居多）。但我覺得這恰好說明以「漢」代「華」這樣的漢文化中心主義已經潛移默化，到了不以為錯的地步了，指出這樣的文字表達問題並不是無事生非，不是走過頭的政治正確。大陸和台灣都廢除過很多有關族群的

沿用已久的排他性和貶抑性的用詞，這些用詞都反映了主體族群的意識。「漢奸」一詞用單一族群的叛徒指代國族的叛徒，這樣的概念只有中國才有。日本的王珂教授在〈「漢奸」的誕生：近代政治認同的塑造和弔詭〉一文中說清了這個問題。在這個種族性的國族觀下，用漢奸指稱對本國的背叛者，也用「白左」指稱對西方的背叛者，二者在邏輯上同構。所以，由中國人發明這個在西方沒有人使用的「白左」並不奇怪。

華人世界反「白左」的話語在2016年美國大選中找到了正面和反面人物：川普和希拉蕊。通過這次選舉，反「白左」的意識形態話語進入了現實政治。在美華人（無論公民與否）一反平素的政治低調，對川普的支持非常熱烈，出現了川普粉絲團（助選團）。而在中國大陸的知識分子和社媒圈裡川普的崛起也成為熱門的公共話題，有各色人等都「川起來了」的說法。雖然對川普的支援有很多政治和社會因素，甚至也有看政治素人真人秀的心理，但認為川普反對政治正確，捍衛白人基督教文明，而希拉蕊身為白人女性職業政治家，其政治正確和道德虛偽會進一步損害這個文明，也會損害美國華人的利益，這樣一個基於種族意識的推斷無疑是一個重要方面。川普執政後，他在國內族群關係、移民和宗教一系列問題上明顯帶有種族色彩或者後果的政策受到廣泛的批評，尤其在非白人群體中，但人數眾多的華川群體不但不接受這個批評，反而把川普的言行視為糾正政治正確的舉措，在非白人群體中顯得很另類。

此後的BLM運動推動了華川種族話語的進一步發展。BLM被很簡明地譯為「黑命貴」，這個譯法在偏離這個名詞本意的同時強化了華川對黑人的偏見，似乎黑人在利用自己的種族身分做非分之想，要求特殊對待，我認為這就是「貴」的潛在心理含義（貴於他人）。此外，這個翻譯中的「黑命」，由於省略了「人」，在中文

裡有一種輕佻感（英文中的black在這個語境下就是「黑人」）。對
比之下，很多西方國家的媒體直接搬用BLM，如果有意譯，至少德
文、法文、俄文和西班牙文中都沒有中文「黑命貴」的含義。日本
媒體也用BLM，如果要意譯，大意是黑人命也珍貴，也重要，這符
合BLM的本意（這裡根據的是在這些國家生活或者研究這些國家的
朋友的回饋）。中文世界也有不同於「黑命貴」的譯法，它們都用
全稱「黑人」，也沒有「貴」，比較常見的是「黑人命也是命」。
但「黑命貴」恰恰是華人世界中最流行的，尤其在知識分子網路社
群中，也包括一些媒體，這不僅僅因為它更簡明，而是反映了對這
場運動的評價和心理反應。

華川認為黑人在美國已經被政治正確過分優待甚至嬌寵成習，
不用工作也能生活，而華人雖然各方面更優秀，卻成為對黑人傾斜
的種族政治正確的犧牲品。這就是對把社會資源配置的不滿（且不
說這種不滿有沒有根據）種族化，是種族主義最常見的來源和動力
──種族主義從根本上說不是抽象觀念，而是反映了以種族為群體
的利益，儘管這裡的「種族」常常是一種想象和構建。所以，「黑
命貴」從種族政治的角度先入為主地塑造了對這場運動的描繪和解
釋，發展了由「白左」開始構建的對西方尤其是美國政治的種族話
語：對想像中的西方左派使用「白左」，對具體可見的黑人運動使
用「黑命貴」，加起來就是一套完整的種族話語。值得指出的是，
一些政治上反川普的華人也仍然使用「黑命貴」，對美國民主黨政
治家在運動中單膝下跪表示不屑和鄙視。可以說，華人反川派拒絕
川普的理由主要是他危害美國民主，對華政策是出於機會主義和國
內政治的需要，而並不太在意川普政治中種族主義的因素。

2020年的美國總統大選前後，尤其之後，華川現象進入了一個
新的階段。這個階段始於對川普獲勝的強烈期待，發展成對選舉合

法性的質疑，在過程中，認為川普獲勝與否將決定美國和西方文明的生死存亡的觀點逐漸凸顯，直到最後階段出現「文明高於制度」的說法，濃縮了華川的觀點。「文明高於制度」是大陸社會學家孫立平在12月初提出來的，離美國大選結束已經一月有餘，當時川普支持者在很多州提出的對選舉結果的質疑和挑戰都被證明是沒有根據的，國際輿論，尤其是美國的盟國都認為拜登選舉的勝利難以動搖。理性的華川到了這個時候當然會看清（不是認可）這個現實。就在這個時候，被認為是擁川派的孫教授在他的個人網頁「孫立平社會觀察」中發布了一則非常簡短的評論：

> 關於美國大選的結果，關於誰勝出的意義，關於未來世界的走向，關於賀張觀點引起的爭論，關於與此有關的林林總總，特別是論證與邏輯，我只想說一句：文明高於制度。

孫教授是大陸著名公知，對本國社會的觀察和評論敏銳、深刻、理性，影響廣泛。此前，11月3日，美國大選當日，孫教授曾發布〈大選之下，美國面臨什麼真問題？〉的文章，認為美國有三大危機：民主政治結構的危機、社會的撕裂，和文明衝突內部化，一個比一個更深層。「文明衝突內部化」是指西方國家內部「主體人口」喪失多數地位，社會被迫向新結構和新體制的轉換，他認為這種轉換究竟是「風和日麗」的還是「腥風血雨」的還有待觀察。到了12月初，孫教授「文明高於制度」這段沒有任何說明的宏大話語自然會引起猜測和評議。幾天後孫教授專門發文，仍然很短，內容第一是說美國面臨的已經不是選舉制度的問題，而是他此前提出的文明衝突內部化。第二是「解決這個危機的窗口期在時間的意義上已經極為有限，其部分原因可以見之於蕭功秦教授下面的一段話」：

　　　　一位白左教授來我家，我向他談起我的擔憂，說若干年以後，
　　　美國黑人數量超過了白人，並且按照黑人要求，修改了美國的
　　　憲法，美國將變成南非，你們怎麼辦？他居然說那也沒有辦法，
　　　因為每個人都是平等的，他們人數多，他們說了就應該算。我
　　　立即意識到這樣的討論已經無法進行下去了。

　　從這些文字來看，孫教授有關美國文明危機的討論中唯一具體
的事實是黑人人口要占多數，會從根本上改變美國，而且有緊迫感。
他把白人描繪成被民主原則束縛手腳而軟弱認命，這無疑是反「白
左」話語。黑人是至今為止美國人中間的異類，美國文明的危機就
是黑人人口要超過白人的危機。我這樣的解讀，可能並不過分。華
川中，尤其是在微信圈裡，黑人由於其膚色而被當作一個全球性的
同質群體，對黑人的種族歧視不但很普遍，而且其表現有時用仇恨
和詛咒都不過分。從美國到歐洲和南非，黑人的存在導致了文明的
衰落，在華川那裡這些似乎成了無需證明的公理和事實。

　　孫教授接著說：「請不要在種族歧視的意義上解讀這段話，我
要討論的只是一個事實。」但這段話離開了種族歧視是無法解讀的，
何況其內容也並非事實。歷史上黑人民權運動的主流和精英都是在
美國立國原則和憲制範圍內爭取權利的，美國憲制發展和完善的歷
史也就是黑人人權得以實現的歷史，憑什麼認為黑人占了多數就會
修改憲法？從經濟、政治到文化，黑人參與了美國文明的創建和發
展，他們難道不是美國人？即使從人口來看，黑人人口的增長相比
其他族群其實是穩定的，有什麼根據說他們會超過白人？美國今天
的種族概念早已非常複雜，很多自認黑人的其實和過去概念中的黑
人很大程度上是不一樣的，其內部有很大的政治和社會差異，單憑

族裔很難將之視為具有同一利益訴求的整體。反過來，也不存在一個和黑人對立的白人整體。黑人和白人之間，即使在種族關係上，也存在著你中有我、我中有你的交錯，何況還有其他族裔和混合人群。把美國種族關係簡化為黑白分明、利益對立，認為黑人甚至對美國國家制度有根本性的異見，一旦成為多數就要修改憲法，這些知識和判斷恐怕多半基於自己種族主義的臆想。

孫教授還說美國當前的問題「也許只有在這種視野中才能得到真正的理解」，所以「不是簡單的制度失效問題，而是文明面臨的挑戰……制度不是萬能的。」結合上下文，我的理解，這是說美國文明是在白人占多數的歷史條件下建立的，人人平等的美國制度只有在白人占多數的情況下才有效，所以當白人不再是多數時，這個制度就失效了，文明也就崩潰了。建立在白人多數基礎上的文明高於建立在人人平等基礎上的制度，所以身處緊迫的窗口期，維持人人平等的制度就應該讓位於保衛白人占人口多數的措施，這就是「文明高於制度」。文明取決於人種，人人平等的民主制度只有在白人多數的情況下才是可行也可欲的，如果它導致或者不能制止白人數量相對大幅降低，就不是一個好的制度。這個推斷，是把一個在發生學意義上有一定根據的過程（即現代民主制度確實是在以白人為主體的國家首先建立的）當作規律和法則。如果它是對的，那當代西方絕大多數人文社科理論都可以大大簡化甚至重寫，例如憲政民主和自由人權的前提就變成了種族比例。不但如此，按照這個邏輯，非白人國家能否實現民主化不也成問題了嗎？

有關民主和西方文明盛衰的討論在西方汗牛充棟，但就公開的而言，似乎沒有把民主歸之於種族構成的。值得注意的是，和中國當代知識分子有相似歷史經驗的當代俄國知識分子也有類似華川的觀點，甚至要早二十年，理論性更強。我在兩年前的〈拒絕西方「政

治正確」，維護俄國「特殊性」〉的文章中介紹過這方面的情況。
簡單來說，自蘇聯晚期開始，一些蘇聯／俄國民族主義知識分子就
對西方政治正確正在造成種族和文化多元，最終將改變西方人口比
例，造成文明的衰落甚至滅亡而擔憂。弔詭的是，這些人在蘇聯時
期很多是反共的異議人士或者自由主義知識分子，後來是大俄羅斯
沙文主義者，但他們都不願意看到西方喪失白人的種族特性。例如
著名社會學家庫茲洛夫（Victor Kozlov）是俄羅斯學界民族主義代
表人物之一，自稱在蘇聯時期是體制的不合作者，所以選擇了官方
教條性相對不強的西方族群研究。他前期是一個族群融合論者，後
來認為西方的種族平等和文化多元是「反科學的人道主義」，意為
人種在生物學上就是不平等的，所以種族平等的政策雖然符合人道
主義，但卻反科學。

　　另一個很早就批判西方政治正確的學者是亞歷山大・季諾維耶
夫（Alexander Zinoviev）。他是蘇聯著名哲學家，政治異見者，1978
年被驅逐到德國，1999年回國。他是蘇聯解體後「何謂俄羅斯」以
及如何定義「俄國性」這些討論中非常有影響的思想家，但這種關
注是和他對「何謂西方」的理解分不開的。他創造了一個Zapadoid
即「西方人」的概念，認為西方人首先是一種獨一無二的生物性的
存在。他說美國在人口構成上「始終保持它本來的形式，就是美國
永遠存在下去的基礎和保障。」非西方移民不但不會被西方同化，
反而會對西方帶來不可逆轉的退化性影響，使得西方非西方化。季
諾維耶夫在西方多年的生活，使得他對西方政治正確性逐步滲透社
會生活有了切身體會。他認為如果要討論西方文明，就必須考慮創
造這個文明的特殊的「人類材料」，而不僅僅是社會性因素，然而
「西方有自己的禁忌……從客觀的學術角度把創造西方文化的人作
為一個社會歷史性存在來討論，總是會帶來種族主義的指控。」

俄羅斯民族主義者以白人種族自居,在國際上它對西方國家的非白人移民特別敏感,反對各種導致族群和文化多元的政策;在國內它認為俄羅斯要從西方喪失文明特性中吸取教訓,堅持單一種族的國族意識,壓制和排除非俄羅斯族尤其是亞洲民族在俄羅斯國族身分中的地位,強烈反穆斯林。俄羅斯的這些種族民族主義思想,在中國完全有它的對應:認為「黃種人」和白種人同屬優等種族,文明就是優等種族創造的,種族多元化會從根本上毀滅文明,反黑反穆,國內堅持大漢種族主義,壓制非漢族群。

在大致梳理了華川種族話語的脈絡之後,進一步的問題是為什麼種族意識或者種族主義在華川尤其是知識分子中如此強烈,甚至可以說是毫無顧忌?這個問題已經有一定的研究和文獻,本文受主題所限,僅僅從思想史的角度提供兩個想法。首先,最重要的是,中國近代啟蒙運動並不是一個獨立的以個人權利為中心的思想運動,西方啟蒙思想是和進化論及種族主義同時介紹進中國的,探討群己權界的人也是把種族主義和社會達爾文主義介紹進中國的人。和進化論及種族主義同時進來的還有民族主義和國族觀念,這些在當時的語境下都很容易用種族優劣、優勝劣汰的話語來表達。反清革命在當時就被宣傳為優秀的漢族反低劣的滿族的種族革命。因此,種族主義和其盟友社會達爾文主義從一開始就在近代中國思想中留下了結構性的影響(即成為對世界的知識和觀念的一部分,例如很多人心裡的世界秩序就和種族優劣有關),和進步、發展、國族等等現代性觀念糾結在一起,在很多人那裡是不自覺的、天經地義的。有關自由主義在中國的討論中,一個重要問題是個人和集體(國家)的關係。種族觀念和種族主義都是強烈的反個人的集體觀念,因為它們認為個人的身分和認同都是由所屬的種族決定的。在西方,從啟蒙運動中成長起來的以個人為本位的自由主義,和以種

族和國家為本位的種族主義、國家主義基本是兩個觀念體系,但在中國卻出現了「自由主義者」也是毫不掩飾的種族主義者的怪相。

其次是和華川知識分子的知識結構和興趣導向有關。如上所述,中國近代啟蒙思想中先天就有種族觀念,但中國大陸的教育從來就是把種族主義作為西方帝國主義和殖民主義的意識形態來批判,而不是一個帶有普世性的人類現象,導致反種族主義在很多人——尤其是自由主義知識分子——那裡變成共產黨的宣傳或者左翼的反西方理論。西方種族主義的歷史和現實在中國自由派知識分子那裡並不是完全不存在,而是不屬於他們關心的世界,感性上就被排斥在他們心目中的西方之外。他們對西方的了解從一開始就是政治導向的,以中國為中心的,關注那些能夠和中國的現實做對照的,尤其是對當前他們的政治議程有用的。例如對納粹反猶,很多人主要是從對極權主義的批判出發,把它和文革做對照,很少有人在知識和感性上把它置於對「西方」的整體了解中。種族科學在納粹之前並不是專門針對猶太人的,也不是必然要和某個極權制度相聯繫的。德國早在20世紀初就在它的非洲殖民地試驗過類似的種族滅絕了,而美國在同一時期種族主義的理論尤其是科學種族主義,對納粹理論也有相當影響。然而,這些歷史並不在有關「西方」的知識範圍內。(附帶說一下:中國有影響的知識分子中幾乎沒有研究非西方世界的,這又和西方的公共政治討論形成了鮮明對照)。總之,凡是不利於一個自由民主人人平等的西方形象的歷史和現實都被本能地過濾,其典型表達就是「美國確實有過奴隸制和種族隔離,但是⋯⋯」。這種對西方種族問題的迴避,其實是他們自己思想中的種族意識對反種族主義的本能的抵制,在這次華川現象中暴露無遺。不要說在奉行政治正確的西方知識界,就是亞洲其他國家的知識分子群體中,如此大量的、公然的種族主義言論也是罕見的。

　　程映虹，美國特拉華州立大學教授，研究興趣在現當代中國政治、意識形態和與世界之關係。著有 *Discourses of Race and Rising China*（2019）, *Creating the New Man: from Enlightenment Ideals to Socialist Realities*（2009）, 在 *The China Quarterly*, *Journal of World History* 等國際學術刊物上發表十多篇論文。另有《菲德爾·卡斯特羅：二十世紀最後的革命家》、《毛主義革命：二十世紀的中國與世界》和《紅潮史話》等中文作品。

川普對美國社會認知體制的顛覆
兼評華人挺川派的文革思維與民粹主義

任 賾

　　本文考察川普當政四年中一個突出現象:以謊言顛覆人們的正常認知,構造「另類事實」世界,損壞了美國社會一個基石。在此背景下分析華人挺川派的認知偏誤,可以看到兩個重要因素:文革思維方式和民粹主義立場態度。

　　川普從上臺後幾乎天天說謊,而且一再重複已被證偽的謊言。他的謊言涉及簡單事實,例如參加其就職儀式的人數為歷史最高;涉及基本常識,例如美國進口商繳納的關稅變成了「我們從中國得到了數百億美元的關稅」;涉及蓄意扭曲,例如感染病毒人數增加是擴大測試的結果;還涉及陰謀論,例如舞弊「偷」了他的大選勝利。

　　川普說謊的危害不僅僅關乎具體事實真偽。確實,真相是頭等重要的,事實核查是必須的。但是,幾年來海量的事實核查,對遏制川普說謊而推動大眾接受真相,成效甚微。很多民眾一直相信川普的謊言。原因何在?

　　《紐約時報》專欄作家布魯克斯最近在一篇評論中指出,美國現在陷入一場「認知危機(epistemological crisis)」,點出了要害。運用文中的術語來說,任何社會都有其認知體制(epistemic regime),那是一個思想市場,人們在其中集體確定事實真相。在

美國這樣的民主、非神權的社會，學術界專家、教士、教師、傳媒業者及其他人們共處在一個非中心控制的生態系統裡，大家爭論無數的問題，但同意遵循一套共用的規則體系來核查證據從而建構知識。這是一個漏斗式的體制：各種思想觀點包括「另類事實」都可以發表流通，但只有一個狹隘的通道允許經過集體驗證的思想觀點通過，積澱下來，成為在教科書、經同行審議的論文、嚴肅媒體的報導、專家意見等載體中陳述的事實、知識。人們通過這個體制瞭解事實、學得知識，形成健全的常識。川普竭盡全力破壞這個規則體制。

美國的認知規則體系經歷了長期演化而逐漸完善。建國之初就在憲法中確立言論出版宗教自由。在這個基礎上，每個人都可以運用自己的理性、經由經驗實踐去認識世界，在和他人交流、合作、爭辯中共同探求真相。後來，在試錯演化過程中確立了相應的體制和規則。大學以探求真理、開拓知識為業。嚴肅的媒體遵循行業規範、職業操守、專業素養標準，基點是準確報導事實。研究機構、學校、教會、社會團體等各行各業也開發了整套規矩，有認定事實、辨識觀點真偽的公認標準。這個規則體制並非完美無缺——人們會出認知的錯誤，會犯規違例，媒體也會有傾向偏差。但它有多元競爭導致的內在糾錯機能。歷史顯示，這個規則體制無比珍貴。缺了它，自由民主法治的政體無從運作，有了它，開明理性開放寬容的社會才得繁盛。

美國總統說謊，史有前例。詹森總統在越戰中、尼克森總統在水門事件中說謊，都嚴重敗壞了民眾對政府的信任。但那是為特定目的、對特定問題說謊。川普則是對整個認知規則體制造反。川普慣於造反。他在大選辯論中肆無忌憚地違反辯論規則，蓄意阻擾拜登發言，是眾目睽睽下的造反行徑。四年來川普以同樣方式對認知

規則體制造反。他把不利於他的報導一概歸於「假新聞」，宣佈主流媒體是「人民的敵人」，攻擊學術界是腐朽的精英，謾罵防疫專家「福奇和那些白癡們的嘮叨」是「災難」，聲稱只有他的推特傳播真相。川普竭力摧毀使事實得以建構、知識得以確認的規則體制。他推動信徒們去懷疑、藐視、否定知識產生以及傳播機構的地位和可信度、專業人士所依據的理性和科學、事實核查從業人員的誠信和實證程序。這使他們堅信主流媒體遮罩了真相，而沉湎於異端管道來的「另類事實」。川普顛覆了社會正常運作所依賴的重要基石，惡果彰著。他成功地使一部分民眾寧願相信他的謊言和陰謀論謠言，而排斥事實。

四年來筆者一直試圖理解很多華人支持川普的理由。顯然，價值觀念是一個原因。保守派民眾一般贊成小政府、低稅收、少赤字等基本原則，對福利、移民、墮胎、同性戀、私人擁槍等傳統政策議題，對氣候、環保等領域的前瞻性政策（例如以新能源逐步取代煤、石油），都反對自由派的主張。部落政治也是一個原因。一部分民眾把自由派、民主黨視作「非我族類」的「他們」，拒絕「他們」的一切主張，無需考量任何具體事實和理由。還有一些人是「單議題選民」，只根據一個議題（例如墮胎或任命保守派大法官）投票。在部分華人中，對抗中共就是首要單一議題。

筆者認為這些理由並不充足，經不起挑戰。事實上，川普沒有原則信念，非左非右，絕不是傳統保守主義者。2016年共和黨保守派大員在初選中毫不含糊地嚴厲批判川普的混亂政見，可為證據。後來川普挾持了共和黨。共和黨議員曾經為反對赤字擴大而不惜讓政府停擺，但他們臣服川普後，助推川普把赤字和國債送到歷史最高水準。川普的人品不合保守派價值標準，許多政策違背保守主義信條，重要領域的諾言（例如實現全民醫保、由墨西哥出錢造邊界

牆、推行史上最大的「中產階級減稅」、輕鬆贏得對華關稅貿易戰）
──落空。持保守觀念的人,如果堅持原則,如何能繼續支持他?
面對那麼多被證偽的謊言、破產的諾言,如果秉持健全見識,怎麼
還能相信他?

　　筆者還曾努力與朋友圈中挺川派交流,希望找出重疊共識。但
是,或者不得回應,或者受到激烈攻擊。以事實闢謠,說道理糾偏,
均不見效。看中文網站、微信群的言論,包括一些著名論者的長篇
文章,多半支持川普而且態度激烈。細究這些言論,體認到狂熱挺
川派的基點是:盲信盲從川普。從川普就職演說中「美國生靈塗炭」
(American carnage)的彌天大謊開始,到今年大選舞弊的陰謀論,
一路跟進。「盲」在棄用正常認知規則體制,偏執封閉於邪門歪道
來源的另類事實。

　　中國改革開放以後來美的華人,普遍認同美國自由民主法治理
念,讚賞美國體制,也享受了美國社會提供的各方面利益,特別是
1960年代民權運動推動的社會變革給移民、少數族裔帶來的好處。
國內改革派也一直視美國為自由民主燈塔。從這樣的認知到贊同「美
國生靈塗炭」說,到狂熱挺川,是重大的轉折。轉折並非始於川普
當政,但川普推波助瀾,以另類事實顛覆正常認知。在這個過程中
有兩個特定因素發揮了作用,一個是文革思維方式,一個是民粹主
義立場態度。

　　先說文革思維方式。那是一種「以階級鬥爭為綱」的思維方式。
許多在文革中有慘痛的經歷、曾經反思、批判文革的人,把這種批
判移置美國,把美國民主黨視作中國共產黨。川普攻擊民主黨搞社
會主義(而且是委內瑞拉式的社會主義,下一步是共產主義),成
了他們期待的領袖。他們又慣於按文革思維方式行事,甚至像文革
中擁毛一般擁川。他們沒有領會民主政治的精粹──按寬容、妥協、

求共識的運行原則，通過民主程序特別是定期大選來處理政見的分歧。相反，他們套用文革派別鬥爭模式，把美國左右兩翼民眾的常態分歧視同文革中兩派鬥爭一樣勢不兩立。他們把對手當敵人，定為「邪惡的左派」，要像文革中對付階級敵人一樣地壓倒、消滅。

大選中，筆者在微信群中經歷了一場爭論，真切體驗到這種文革思維方式。先有人宣示：「現在再與老川作對，就是美國的敵人！」筆者批評：「這種主張不符合本群一貫堅持的『言論自由』原則。」挺川派正告：「事情正在起變化！現在某黨完全背離了道德或者說價值底線，這就不是什麼民主制度下的正常辯論，性質已經變了！」筆者指出：「『事情正在起變化』是毛澤東為反右鬥爭寫的文章的標題。」「在『事情正在起變化』一語下，毛自行宣佈民盟等組織性質變了，就剝奪了一大批人說話和其他權利。你聲稱某黨『性質已經變了！』，『這就不是什麼民主制度下的正常辯論』。」按照這種毛式套路，「大批本來是『人民』的人變成了『人民的敵人』。」顯然，脫口說出「事情正在起變化」的毛語錄的人，腦子裡固有毛著積澱，而且像是安裝了歷經實戰考驗的應用程式，隨時可以調用來投入戰鬥。實際上，確有挺川派遵循這個套路主張以「雷霆手段」鎮壓反川派。

再說民粹主義立場態度。對當下美國，華人挺川派多作如此判斷：在全球化過程中，商界、政界、學界、媒體等重要領域的精英們，勾結起來控制了社會，犧牲底層民眾利益而謀取巨額暴利。這既與川普「美國生靈塗炭」論合拍，也與文革至今黨媒批美詞同調。挺川派以此確立了其核心意識，那就是對「我們」的定義。這個定義的關鍵是，不僅視政見不同的民眾為敵人，而且視民主黨、共和黨建制派、美國體制為腐敗黑暗勢力。這是上述以民主黨為敵人的觀點的重大升級。

　　筆者在微信群中看到挺川者如下發言：我們知道川普實際上並
不是共和黨，他代表了兩黨之外的民眾。美國的民主已被蹂躪，民
主黨、共和黨輪流執政，坐地分贓。川普的出現不是偶然的，他發
起對政治正確的挑戰，高喊「抽乾沼澤」，衝擊了被粉飾的體制，
使得建制派和媒體的勾結得以暴露。狂熱川普信徒說「美國民主的
狀況比俄羅斯還要糟糕！」「大法官也靠不住，可依靠的只有民眾。」
「如果文的不行，只能來武的了！」最極端者傳播如此荒唐謠言：
「川普已經準備好隨時宣佈國家進入緊急狀態 美國各大軍區已經
宣誓向川普效忠 只等川普一聲令下就開始平亂」。

　　說得明白清楚：「我們」是兩黨之外的人民，與建制分離，與
精英對立。因為民主、共和兩黨「輪流執政，坐地分贓」，美國自
由民主社會制度已經變質。只有依靠堅持正確觀念、保守正統道德
的「我們」，聯合起來，在川普領導下蕩滌「深層政府」。這是典
型的民粹主義立場。

　　普林斯頓教授穆勒在《什麼是民粹主義？》一書中對民粹主義
作如下界說：民粹主義是對政治的一種特定的道德化的想像，對政
治世界的一種認知方式，其要旨，是把政治世界看作是兩種勢力的
鬥爭，一方面是道德純潔而聯合起來的人民，另一方面是腐敗或者
在其他意義上道德低下的精英。顯然，川普信徒自我設定的「我們」，
完全符合穆勒對民粹主義的描述。正是川普本人以言行推廣這種民
粹認知、這種「道德化的想像」。川普一貫以「運動」領袖自居，
鼓動信徒跟隨他造反。川普信徒也有相應的明確的自我意識。

　　自川普上臺，一些自由主義者反覆建議要堅持與挺川派對話溝
通。筆者依此建議數年來努力與對方理性說理交流，但幾無成效。
重大障礙在於對方的態度。挺川派在群中劃分「同類項」，一類是
「社會精英」，一類是「我們」。挺川派說，「我們」看待美國社

會問題，是憑「樸素的階級感情」，憑常識，憑經歷，憑感覺。這是典型的民粹主義態度，而且是結合了文革因素的民粹主義態度。「樸素的階級感情」是紅色年代流行的毛式話語，指的是工農兵大眾的階級感情。文革中發動「革命群眾」以這種「感情」為武器，批駁「封資修階級敵人」基於事實、知識的思想觀點。現在川普信徒又憑以判斷事實真偽、觀點對錯，以它取代共用的認知規則體系，築起一堵護衛「另類事實」世界的高牆。

以上的考察表明：在川普破壞社會認知規則體制的背景下，華人狂熱挺川派按文革思維方式，以民粹主義的立場態度，形成對美國社會的扭曲看法，又追隨川普，拒絕識別、認證事實的正常程序，陷在謊言謠言中自以為是。事實驗證對他們無效，事實驗證無法解決認知體制被顛覆的惡果：他們主動地、有意識地選擇資訊來源，只相信自己願意相信的「另類事實」。真相由他們判斷，不再通過社會共用的規則體制確定。

這種扭曲認知行為在挺川派對川普任期末日最大謊言的反應中昭然顯現。按照正常認知規則體制，川普勝選被偷的謊言毫無依據，川普敗選的結果明確定案。但是，在行政系統（五十個州的選舉委員會認證了計票結果）、司法系統（川普陣營發起六十多起選舉舞弊訴訟，除了一起涉及賓州少數選票的案件，在各地各級法院包括最高法院全部失敗）、立法系統（參眾兩院聯席會議在國會山暴亂之後確認拜登當選）全部程序完成之後，還有很多挺川派繼續相信川普的陰謀論。如果問：究竟是否存在一定體制、程序，我們能夠一起確定事實真相呢？這些挺川派的答案顯然是：我只相信我所相信的川普和揭發舞弊者的說法。這委實表明川普顛覆認知規則體制的惡果難以在短期消除。

川普依靠民粹主義浪潮上臺，力圖成為獨裁領袖。美國的建制，

包括媒體、軍隊、司法、行政和公民權利系統，經受了考驗。人民用選票擊敗川普。川普用謊言鼓動暴徒攻擊國會山，最終被兩黨議員聯合擊敗。現在美國社會亟待回復規範。

　　川普四年加劇了社會撕裂。對川普謊言的認知差異造成大裂痕。彌合之道在重修共用的認知規則體系，延伸到改善人際互信、維護體制尊嚴、回歸民眾對政府及官員的謹慎信任與嚴格問責。還需要看到本文沒有涉及的認知差異的基礎層面。一項緊迫要務是提升全球化過程中疏離在外而未曾同等受益的群體，改善東西海岸之間和大都市區域之外的鄉鎮地帶的發展滯後狀態。任重道遠。

附注

　　文中提到的布魯克斯專欄文章見David Brooks: "The Rotting of the Republican Mind: When one party becomes detached from reality," *New York Times*, 2020.11.26. https://www.nytimes.com/2020/11/26/opinion/republican-disinformation.html

　　任賾，經濟學博士，現居美國。夫婦合譯阿馬蒂亞·森著《以自由看待發展》（任賾、于真，2002北京）。近期文章包括〈對身分政治的考察與思考〉、〈文化多元主義與文化相對主義〉、〈「程序性正義」與「糾偏行動」〉、〈民眾福利與政府角色〉等。

「完美風暴」與港式挺川：
以袁弓夷爲案例

葉蔭聰

　　川普在美國政治中冒起，不單關乎美國，更牽引出全球和應，華人世界亦不例外。當中最受人注目的是中國大陸的所謂「川粉」。自2016年川普參選至今，他們在互聯網及思想界皆非常活躍，在去年的總統選舉中更進一步擴張，捲入美國政治，也發展出愈來愈完整的論述，高舉旗幟，具有「中國特色」，又與全球右翼保守主義連結。相對中國大陸的「川粉」，香港的「川粉」出現得較晚，雖然有類似的中國政治背景，但單從表面看，已顯得有所不同。例如，他們的出現較晚及突然，嚴格來說，大約是2020年才算是開始。同時，當中雖沒有一些在思想或知識界中有領導地位的知識分子，卻在某時刻或某些相關議題上，不同的意見領袖發出挺川言論，甚至彼此合奏，因此，要分析及討論起來也不容易。我選擇了在這段時間冒起的一位網絡紅人袁弓夷作爲案例，嘗試在他身上看出港式川普主義較深層的動態。

「國際線」的出現

　　正如不少分析中國「川粉」的文章所指出的，川粉現象與中國政治變化有很大的關係。很多人認爲，中國政治在習近平當政下變

得日益專權，黨政機關打壓異見及公民社會力度加大，無論是關心政治改革，或致力投身公民社會建設的人，都感到現狀一潭死水，而川普被視為一種改變現狀的超常態政治力量，甚至代表了「西方文明」，帶來一種新可能，把中國推回自由民主之路。香港出現支持川普的聲音，也有類似情況，簡言之，就是在地政治挫敗及無能感下的一種反應。

香港近幾年的政治局勢，隨著2014年北京人大常委的「831」決定而展開。嚴苛的提名門檻，否決較為開放合理的提名方法，令反對派對香港的政治改革感到失望。之後的雨傘運動雖然在集體行動中維持了短暫的激情，但由於運動取不到任何體制改革的成果，領導人物如戴耀庭、黃之鋒等被檢控入獄，所以，在政治失望中更助大了反對派中主張更激進、更全面否定「中國」一切的本土派以至港獨派。反過來，這情況又成為北京及特區政府擠壓香港反對派及公民社會的藉口。例如，2016年初的旺角騷亂，本土派稱之為「魚蛋革命」，令「暴動罪」成為日後政權擴大使用的罪名，也令北京政府決心要取消違反「愛國」及「一國兩制」原則的候選人的參選資格，而且打擊面不停擴大。因此，在2019年之前，在不少反對派支持者眼中，香港政治改革可以說是一潭死水。

2019年的反修例運動，可以說是一個鐘擺過程的結果，是消權（disempowerment）後尋求充權可能的激烈過程。當反對派陷入絕望之時，特區政府借助一宗港人涉嫌在台灣殺人的案件，推出《逃犯條例修訂》，大幅更改香港對外，包括中國大陸的逃犯引渡機制，觸發了大量香港人對「送中」的恐慌，對兩制之間的司法防火牆崩塌的恐懼。鐘擺於是一下子擺向另一個方向：反對聲音及絕望情緒轉化成史無前例的反抗運動，前線參與者也因為之前運動的失敗，採取了更激進的行動方式，令本土派及港獨派的訴求變得更響亮，

例如「時代革命，光復香港」很快便成為運動的重要口號。

在這場持續了超過半年的運動中，除了激動人心的新式街頭抗爭外，有另一種行動路線冒起來，就是所謂「國際線」，即向西方政府要求制裁中國。這成為後來香港人挺川聲音出現的重要背景。嚴格來說，「國際線」很可能在2019年6月圍堵立法會之前便發展了。事實上，香港反對派往英美遊說，向中國政府施壓，並不始於此時。但是，「國際線」與過往的國際遊說工作有幾個重要區別。

首先，過去的遊說工作僅限於少數泛民政黨人士，並沒有廣泛的民眾或海外港人參與。第二，其目標只是期望西方國家對中共施壓，作出一定程度的制衡，例如人權問題、香港自治情況，而少有連結更大更根本的政治問題及策略。在2019年的反修例運動中，「國際線」中的「我要攬炒」（「同歸於盡」）便是一個鮮明例子。

這個行動先在LIHKG討論區中蘊釀，具有不同專業的網民參與，後來以一名自稱「攬炒巴」的網民為代表（「巴」是brother，即兄弟的網上俗稱）。運動開展後的7至8月，團隊發起眾籌在外國報章刊登廣告，指控中共鎮壓香港示威者，要求西方國家對中國及香港實施制裁，包括美國的《香港民主及人權法案》，並列出過百名的中港政府官員、政治人物的人名，指他們侵犯人權，要限制他們入境、凍結他們的資產等等。其實，這些訴求嚴格來說不是很激進，一些西方國家政府也願意作出制裁，例如美國，但直至今天也沒有對被制裁人士帶來很大的傷害，更沒有對中國政府有很明顯很大的壓力，以改變對港政策。但是，不少人已相信，這是「革命」的一部分，也是「革命的最後機會」，由此可以「光復」香港的「自由、人權、民主、資源自主及國際定位」，詳情可參閱〈攬炒巴宣言〉（2019.8.17）。

「國際線」在行動上是積極遊說西方政府，在輿論上造勢，是

實際工作，行動雖不激進[1]，但在想像上是「終極一戰」，一場在大國之間及國際社會上的「大戰」，讓參與者獲取到一種力量的感覺。從時間上，它可以說是「新冷戰」的香港版本，參與其中的人也想像自己就在其中。「國際線」是在一種政治無力感下出現的行動、論述及想像的空間，只有「國際線」成為運動的共識，支持川普的聲音才開始在香港出現。而且，當街頭政治在2020年1月後開始沉寂，運動取得極有限的成果之後，北京及特區政府開始大規模反擊，包括藉新冠肺炎疫情取消立法會選舉、取消更大量反對派政黨人士參選資格、推出港區國安法等等後，「國際線」變成幾乎唯一能維持運動生命力的實踐。

完美風暴

在2019年反修例運動中，曾出現一些支持及呼籲美國政府或川普支持香港的聲音，例如有示威者高舉美國國旗；在2020年美國出現新一波「黑人的命也是命」（Black Lives Matter）運動時，香港有網民認為不要支持，或不要批判川普政府。可是，這段時間還不算是大規模、聚焦及有系統的支持川普的聲音。

若以袁弓夷的冒起作案例，港區國安法立法是一個轉捩點，在香港出現強烈挺川聲音也大約在這個時候。2020年3月左右，當時香港的反修例運動已因疫情，以及之前的大規模衝突對抗而陷於疲憊，街頭抗爭已很少了；但就在此時，香港的親北京陣營紛紛指出，

---

1   有點諷刺的是，《港區維護國家安全法》實施後，「國際線」的工
     作極有可能已成「勾結外國或者境外勢力危害國家安全」罪行，執
     筆之時，已有多名人士因此被捕。

香港有制定國安法的迫切性，社會也隨即議論紛紛。5月6日，袁弓夷在Youtube上成立了他的頻道，議論時政，並解釋自己開頻道正是要回應香港國安法；5月18日，全國人大常委會會議聽取和審議了《國務院關於香港特別行政區維護國家安全情況的報告》（後來《港區維護國家安全法》於6月30日表決通過），並提出制定法律及執行機制，此消息震動香港。袁弓夷的頻道在開始的短短一個月，大概只有幾十段視頻，卻已有15萬左右的訂戶，每段視頻的觀看人數超過10萬，成為香港最受注意的網絡評論人。6月中，袁弓夷更稱要去美國救香港，並開始了他的越洋直播評論，至今他還在美國繼續開講。

　　袁弓夷今年70多歲，在香港的政界及媒體上卻是個新人。他此前是一位企業家，在香港、中國、美國、日本等地從事電子業等生意，商界以外的人不太認識他。可是，公眾卻很早認識他的女兒袁彌明，她2005年參選香港小姐，後來更加入政界，曾經參選立法會，擔任過反對黨人民力量的主席。她也曾是網絡紅人，現為一家上市公司主席。因此，袁弓夷進入公眾視野，也是經過他這位名人女兒。在2019年的反修例運動中，有不少長者參與，被稱為「銀髮族」，袁彌明與他同時出現在示威集會現場，接受訪問，開始受到關注，被暱稱為「袁爸爸」。而他最早的視頻也是在袁彌明陪同下出鏡。

　　最初，袁弓夷最受人關注的，是他提出了「完美風暴」（perfect storm）一詞，並一反當時因為國安法來臨時的社會悲觀情緒，指出現在是對香港的最好時刻，主因是新冠疫情。英語裡的「完美風暴」，原指不同因素罕有地聚合起來，造成激烈的震盪。他完全認同了美國部分右翼對中國的指控，認為新冠病毒來自中國，甚至是經過人為改造，造成全世界大量民眾感染，特別是美國，死亡人數當時已達十萬計。他形容，中美之間因此有「血海深仇」，川普不得不報復。而且，又正值總統選舉臨近，他必定出重手對付中共，以助他

競選連任。因此,川普的行動會很快,90日內會令「共產黨結構性改變」,即他的口號所謂「天滅中共」。而中共在港推行國安法,只多給川普一個理由,加速加強這場「完美風暴」。他相信,在這場風暴中,他可以完成三項使命:令川普救助因抗爭被拘捕的香港年輕人赴美就學;讓英國取回香港主權,並轉移交港人自決;最後,是美國宣布中國共產黨為犯罪集團和非法組織。

這種說法,即使是在當時,已有許多人(包括筆者)認為是異想天開。但是,這個論調卻得到不少人和應,也成為他起程去美國的理由。例如,壹傳媒老闆黎智英旗下的《蘋果日報》為袁弓夷做專訪,他自己則撰寫了一篇名為〈完美風暴中的奇蹟香港〉的評論,完全認同袁的看法,並認為「在今日國安法殺到的困惑中,我們唯有相信奇蹟,就是迷信也是種安慰」。比《蘋果日報》更支持他的媒體是跟法輪功有關的《大紀元時報》、《看中國》、新唐人電視台等等,它們後來更與他在美國有不少合作,例如,他多次出席新唐人電視台主持人、《大紀元時報》資深記者梁珍的網台節目;也許因為這個原因,他喊出了法輪功多年的「天滅中共」的口號,卻有自己一番不同的詮釋。他去美國後,也高調地與班農接觸,曾多次在他的網台節目War Room中對談,直至到了8月下旬,班農因涉嫌非法融資,他們才在互聯網上公開決裂。

充權幻象

「完美風暴」可以說是「攬炒」論中的「終局」(endgame)的新演繹,但這場風暴需要一位像川普這樣的強人來完成。雖然袁弓夷高舉自由、民主及法治,但他的論述裡沒有太多價值性或制度性的思辯。既然認定了川普是這些價值的化身,認定了他的能力及

決心,支持他便對了,因為他能幫助弱小的香港。例如,他在大選投票前指出,川普很可能不只會連任,共和黨還會拿下參眾兩院的大多數議席,他在任內也曾委任數以百計的司法人員法官等等。所以,他有點像中共一樣的「專政」能力,有力量毫障礙地施政。他重複及延伸川普的口號——「抽乾沼澤」(Drain the Swamp),即徹底抽乾華盛頓,以至香港的「污泥」,無論是腐敗、親中共的美國民主黨政客及官僚,還是香港的中國共產黨員及親共分子。他補充,川普的「專政」跟中共不同,因為他代表了人民。

事實上,比起不少能言善辯的香港網絡KOL(重要意見領袖),例如蕭若元、劉細良、黃毓民等,袁弓夷的口才不算突出。我認為袁弓夷的個人化修辭與姿態更起作用,當中尤以「幫助」與「力量」最為核心,比任何價值與原則更重要。不只川普被想像成一位強大的救助者(如果「救世主」一詞過於誇張),袁弓夷自己也是扮演相關的角色。他經常強調,自己是一位老人家,他不求甚麼,只想幫助香港,尤其是香港的年輕人,包括他在港的子女。他也經常強調自己像川普一樣,過去是一位企業家,是做實事的,言出必行,不像自利的政客那樣口惠而實不至。他標榜自己在世界各地包括美國住過幾十年,有生意來往,與政界深入打交道,他也經常展示自己與美國國務院顧問余茂春、班農、共和黨議員的合照,與他們商討如何救港。他在視頻中也經常這樣表現或表演,例如,他曾親身去國會山莊等地做直播,到現場支持川普。他甚至曾呼籲想尋求美國政治庇護的香港年輕人可以把自己的護照副本寄給他,他可以幫忙轉交給美國相關政府部門(結果遭不少人批評不切實際,製造私隱洩露風險);最近,他也在視頻教導年輕人或家長,如何簡易地去美國留學。

我沒有很系統地研究袁弓夷的粉絲群體,但在留言中我看到最

多的回應是「感激袁爸爸」，似乎符合他作為「爸爸」的關懷與幫忙的姿態。這些修辭及姿態，都與之前所說的消權過程有關。袁弓夷的論述及定位，為感到無能為力的人，提供了一種消權後充權的幻象。他曾說過：我們要相信及支持川普，因為，我們在2019年的運動中手無寸鐵對抗強權，已做盡了，不要再做下去了，現在「聲要大」，但不需要再行動。他說，現在是川普出手的時候了，他出手會比我們重得多。

挺川：一場不太光彩的賭博

由6月至今，袁弓夷除了表現出以上所說的關懷者形象外，就是以他自己所描繪的「完美風暴」引領香港觀眾進入美國選舉，並堅定地站在川普這一邊。他一直表示樂觀，甚至準備迎接勝利。他所分享的選舉資訊及觀點，基本上與大部分挺川的美國媒體沒有兩樣，因此，也不乏川普陣營的假新聞、陰謀論等等。例如，2019年6月，川普指拜登兒子當年利用他父親作為副總統的關係，從中共手上獲得一個15億美元的基金作管理，並從中賺取了上百萬美元；但經《華盛頓郵報》負責事實核查的記者調查過，發現這指控並無事實根據。而袁弓夷在2020年5月在頻道上開講時，便直指拜登與中共交好，「證據」之一便是川普提及的這件事，可是，他從無提及或反駁事實核查的結論。此外，去年總統選舉點票期間，他在社交媒體上轉載多張圖片，指密歇根州及威斯康星州民主黨得票突然大增，涉嫌舞弊，但媒體及事實核查機構已解釋當中緣由，與郵寄選票開票有關，但他拒絕相信這番解釋。事實上，雖然川普要求法院推翻選舉結果的訴訟全部失敗，但他也只解釋為民主黨的陰謀，控制司法機構，篡奪政權。

　　川普敗選，令袁弓夷的「完美風暴」大計失去了舵手，他自己也承認是「錯判」，並突然由標榜自己很懂美國政治，轉為解釋自己只是個生意人，對政治了解不深，並再次自比與川普類同：一位生意人低估了民主黨這個惡勢力。他甚至形容民主黨在美國搞中共式社會主義，操控全國。種種前後不一，他似乎並不太介懷，也沒有多費唇舌去辯解。我認為，主要原因是，他的論述正當性主要建立在他的救助者角色之上：幫流亡的香港青年到美國尋求庇護。至於制裁行動，他說會看拜登日後的對華政策如何再作打算，他說，他現在致力培植「網軍」。他挺川的半年，似乎只是他的不太光彩的一場賭博，正如「攬炒」一樣，這次不成功，可以伺機再來一次。

　　袁弓夷以至其他香港「川粉」日後如何，還需時日觀察。他們的論述與操作，比起大陸「川粉」少了思想綱領，不像他們那樣會出版像《川普主義：保守傳統價值重塑美利堅榮耀》這樣標誌性的作品，在政治光譜中定下自己的位置。袁弓夷等更講求出現的時機，以及「救港」的想像與工作。從袁弓夷身上，我反而看到一點川普代表的「後真相政治」的特徵。斯密指出[2]，「後真相政治」的運作核心不是謊言，而是「廢話」（bullshitting），前者要努力呈現及辯護，令人信以為真，但後者則不計較說出來的話是真是假，只要製造出預期的觸動便足夠了。我們無法了解多少2019年前袁弓夷的言論及政治信念，不過他一上場便全盤擁抱川普陣營幾乎所有語言、分析、消息，川普被認定是反共，而他的對手是「投共」的，幾乎沒有任何論證，但這種擁抱是「完美風暴」必不可少的元素。

　　「完美風暴」帶來了短暫的充權幻象，我認為主要問題不在幻

2　Smith, Justin. E. H. 2016. "Truth After Trump: Lies, Memes, and the Alt-right." *The Chronicle of Higher Education*. October 30.

象是騙人。在政治高壓下，人們的確是需要重新感受到力量，而這種感受也總是帶著一定的想像甚至虛幻。但是，關鍵的問題是，我們能否有一種想像建立在對現實、價值的不同詮釋及思辯之上？充權的想像能否對不同以至不同國度的被壓迫群體（階級、性別、種族等）有所體認，而不是依靠對政治強人的或真或假的擁抱？更根本的是，進步的價值是否能有更持久及能觸動人心的充權想像？我想，這些都是所謂「完美風暴」之後我們該思考的課題。

葉蔭聰，香港嶺南大學文化研究系任教，研究興趣包括香港政治文化及中國當代思想。

川普作為反抗運動意志的試煉

李敏剛

　　香港的輿論和知識界，甚至是在社交媒體上一般大眾的討論，對剛過去的美國大選的關注，也許說得上是史無前例。圍繞著川普的支持者，或所謂「川粉」而來的政見衝突，甚至在本應友好的群體中，也帶來了強烈的情感撕裂。為什麼人們會對川普在總統選舉的成敗有這麼大的反應？在這篇筆談裡，我想由一個重要的線索談起：只有在支持甚至參與到 2019 年的反對逃犯條例修訂的運動的人之中，才會有所謂的川粉；而駁斥批評川粉最力的，其實也是另一批來自反抗陣營的人。我在這裡想提出的是，要理解香港的川粉的政治視野和情感結構，不能抽空他們都是認同香港的反抗運動的這個大背景。爬梳下去的話，這次川普所帶來的爭論，或許可以理解為香港的反抗運動面對意識形態崩解和地緣政治衝突所帶來的難題——也可以說是試煉——的具象化。

政論網紅與川粉

　　香港的川粉們到底是誰？誠然，視乎時機和發言位置，不同人可以有不同的理由支持川普當美國總統，很難一概而論。但我想在這裡談的「川粉」並不是指所有的川普支持者。我指的川粉，是尤

其在這次美國大選的脈絡下，對川普有張烈情感上的認同，並不只是基於策略和工具性的考慮，支持川普的美國政府或外交政策的人。

川普在不同時空，都在香港反抗運動陣營中有不少策略性的支持者。在美國大選之前，尤其是在2019年下半年，香港的反抗運動正熾，美國國會討論並最終通過《香港人權與民主法》的時候，大約沒有太多反抗者不支持川普當總統。儘管事實上，川普發言支持反修例運動其實很少也來得很遲，一直聲援香港的大多是共和黨的議員，而《人權與民主法》的最大推手其實是民主黨的眾議院領袖佩洛西，並以兩黨共識通過，但川普也確實肯定並簽署了這條容許美國政府更靈活制裁中港官員的法案。對反抗者而言，川普願意為對抗中共提供助力，自然沒有不歡迎的理由，即使很多人大約不關心也不清楚他在美國內政上的言行。到了去年年初，新冠肺炎波及香港，大規模的街頭運動停頓，但反抗中共的情緒並沒有退減，甚至因為肺炎源頭來自武漢，中國政府被揭發瞞報疫情而加劇。這亦和川普同聲同氣：後來肺炎波及美國，川普把疫情失控的責任賴在中國政府身上，還稱之為「中國病毒」。再一次，既然有共同的敵人，反抗者們視川普為同路人，也不難理解。

我這裡想談的川粉，一開始可能也不過是川普的策略性支持者。但他們漸漸對川普有超出了純粹策略考慮上的認同：川粉們全面認可川普在美國國內外的所有政策甚至選舉策略，並且認為在任何一方面站在他的對立面的，就是邪惡的或愚昧的，甚至事實上就是中共的同路人。因此川普也就成為了香港反抗運動的希望。按這個思路，只有川普和他的支持者們在美國繼續掌權，香港才有望在中共的魔掌之下脫身。

值得留意的是，川粉對川普的全面認同，並不基於他們對川普乃至美國體制的整全認識。事實上，香港的川粉們接收政治資訊和

分析的主要渠道，既不是美國媒體的一手報道，也不是相關的學術研究，而是一群在去年反抗運動趨於沉寂後，興起的政論意見領袖（key opinion leaders, 即所謂的 "KOL"），或者說是「網紅」。這些政論網紅主要依賴 Youtube 影片分析時事，吸引了大量觀眾，而他們很大部份的「粉絲」，就是在 2019 年才開始認識和參與反抗運動，但因為國安法正式在香港實施和疫情打擊，街頭抗爭不再，政權反撲來臨，因此既憂心忡忡但又似乎無事可為的一群。《立場新聞》有一篇對川粉的特寫報導，很生動地描繪了這些川粉們的生活：

> 陳麗珍不僅參與部分遊行集會，還成為法庭「旁聽師」、到懲教所探望被捕的示威者。……「袁爸爸」是……71 歲的商人袁弓夷，他在今年 5 月於 YouTube 開設「袁爸爸 袁弓夷政經評論」頻道，評論美中港政經時事。6 月初，他離港赴華盛頓，以民間外交遊說者的身分，去信、會見政治人物。因為國安法，他決定留在海外。短短一個月，他的訂閱者超過10萬人，陳麗珍是其中之一。
>
> 「我真的很喜歡聽袁爸爸。」她臉上綻出了笑容，「……他帶出一個（國際線）路線圖，帶著我走。」之前感覺與自己有距離的社運青年，現在似乎沒那麼遙遠：「羅冠聰、張崑陽都有同袁爸爸聯繫……有了袁爸爸之後，我覺得之鋒年紀太小，是時代選中他，但仍需好多磨練。」
>
> 陳麗珍花更多時間在 YouTube 上。她每天早上到法庭聽審、下午探在囚者，夜晚七點左右回到家，就打開電話，接下來一整晚的時間，她都會沉浸在袁弓夷等時政 KOL 的影片裏，直到睡著。
>
> 透過袁弓夷的描述，陳麗珍獲得這樣的印象：「Trump 撐香港，

拜登撐中國。」至於具體的理據，她說特朗普發動貿易戰，證
明對華強硬，而拜登指會取消貿易戰對中國施加的關稅。』[1]

　　正如這篇訪問也提到，香港既有純粹的策略性的川普支持者，
也有很多是打心底認同共和黨的保守乃至極右價值觀的。但也的確
有很多是如訪問中的陳女士一類的川粉。而無論如何，我認為在香
港反抗運動的脈絡下出現的這種川粉，才是一種有更深刻意義的政
治現象。

陰謀論與反共、充權與頓挫

　　在香港反抗運動的脈絡下，川粉們面對的最大批評，是散播對
有關美國乃至國際政治的不實訊息和陰謀論。首先，尤其在社交媒
體的推波助瀾之下，「造謠動動嘴，闢謠跑斷腿」，澄清、核查假
新聞的網絡文章的標題和內容遠不及陰謀論吸引和聳人聽聞，傳播
速度和點擊率都遠遠追不上[2]，客觀的後果就是公共討論的劣化，也
令抗爭運動偏離對真相、理性與公義的堅持。其次，公共討論和平

1　立場新聞，〈【特寫】撐 Trump 者在香港：收看「袁爸爸」、策略
　　反共與反政治正確〉，2020年11月2日連結：https://www.thestand
　　news.com/politics/%E7%89%B9%E5%AF%AB-%E6%92%90-trump-
　　%E8%80%85%E5%9C%A8%E9%A6%99%E6%B8%AF-%E6%94%
　　B6%E7%9C%8B-%E8%A2%81%E7%88%B8%E7%88%B8-%E7%A
　　D%96%E7%95%A5%E5%8F%8D%E5%85%B1%E8%88%87%E5%
　　8F%8D%E6%94%BF%E6%B2%BB%E6%AD%A3%E7%A2%BA/。
2　方可成，〈謊言盛行，催生「事實核查」的歷史性時刻〉，《端傳
　　媒》，2016年10月25日連結：https://theinitium.com/article/20161025-
　　notes-trues-verify/。

台的劣化，也有損反抗陣營內部的團結，尤其對從事國際遊說的一翼，這些支持川普、妖魔化民主黨的不實訊息與陰謀論，往往對他們尋求美國兩黨共識對抗中共的策略作出挑戰，引發傷害互信的爭論[3]。

　　但同樣值得注意的是川粉們背後的情感動力。社交媒體和陰謀論固然是巨大的助燃劑，但也需要有相呼應的情感力量作為火花，川粉才會有撼動公共輿論的影響力。我認為，其中最強的一道情感動能，是街頭反抗運動頓挫之後失落的希望感和充權感。

　　2019 年的反修例運動，有香港反抗運動史上最大規模的動員，參與街頭抗爭的人數之多、歷時之長、地理上散佈之廣、形式之多樣、和政權衝突之激烈，都是史無前例，甚至比起近代群眾民主運動如上世紀的東歐變天有更大的聲勢。尤其對大量初次參與社會抗爭者而言，這帶來了巨大的希望：為政權帶來實質和根本改變的可能似乎觸手可及。街頭運動也讓欠缺民主機制左右政治的民眾得到了前所未有的充權感。他們的聲音終於被政權重視和回應（雖然是以暴力的方式），當權者難以收拾局面；而街頭上的抗爭，大家同心協力，平等相待（尤其因為以網絡社交平台作為動員手段，談不上有中央指揮），於是彷彿每一位參與者的一分力，都為反抗打開

3　莫哲暐新近的文章可算是反抗陣營中批評川粉的最有力的代表作，見他的〈嘲諷愚昧，鄙視謊言：應對Trump粉之道〉，《明報》，2021年1月27日連結：https://news.mingpao.com/pns/%E5%89%AF%E5%88%8A/article/20210117/s00005/1610820815506/%E5%91%A8%E6%97%A5%E8%A9%B1%E9%A1%8C-%E5%98%B2%E8%AB%B7%E6%84%9A%E6%98%A7-%E9%84%99%E8%A6%96%E8%AC%8A%E8%A8%80-%E6%87%89%E5%B0%8Dtrump%E7%B2%89%E4%B9%8B%E9%81%93。

多一分的可能性[4]。在疫情爆發前夕，街頭運動雖然已現疲態，但遠遠未至於結束。於是，後來運動戛然而止，就為這些反抗者們帶來了巨大的情感落差。

對這些反抗者來說，香港最大的敵人就是中共，而川普尤其在疫情爆發後的反共姿態，就令他成為人們寄予抵抗希望的人選。但和美國建制內的專業政客不同，川普「推特治國」，透過網絡平台吸收支持者，又在國內因施政和言論累次被輿論圍剿，大選選情不被看好。川粉就如在直播看真人秀，而在推特和不同的社交平台發言點讚轉發，又彷彿親身正在參與一場處下風者對抗強敵環伺的政治運動。川普的選戰，因此就成為了街頭運動的替代，承接了人們的徬徨與希望，給無處安放的充權渴望提供了寄託，紓解了無力感。

（新）自由主義統識的崩解

但川普所提供的反共希望，有多真實？如果真的如川粉後來所想像，川普在國內都已經充滿了位高權重的敵人，又如何寄望他有一天真的可以幫助香港打敗中共？這裡，很多的川粉就會有一個由策略支持轉到道德支持的滑轉：既然川普曾經至少在姿態上給予香港支持，在他的艱難時刻，我們就更不能「離棄」他。這個滑轉不能僅用情感投放來解釋：明明美國很多其他政客都揚言對中共強硬，甚至不少比川普更有宏觀戰略，為何川粉卻對他們總有深刻的

4　這個分析我參考了鄭煒一篇對香港社會運動的精彩研究，見 Edmund Cheng （2016）, "Street Politics in a Hybrid Regime: The Diffusion of Political Activism in Post-colonial Hong Kong," *China Quarterly* 226, pp. 383-340.

疑忌，不能像對川普般認同[5]？

　　我想，這其實透視了香港的反修例運動在反中共背後，一個更深的潛流：這其實也是一次對整個現存全球管治體制和它背後的意識形態的深深質疑。但反抗運動最艱難的試煉亦在這裡：既沒有意識形態指引，更沒有「轉型模版」，面對未知的未來，卻要和赤裸裸政權暴力裸命相搏，如果川普不是答案，那反抗到底可以如何走下去？

　　香港反抗運動的敵人是中共，但把中共養成龐然巨獸的，正是一直以來十分安於中共作為威權政府參與全球治理的美國乃至全球建制。在所謂的國際合作、和平與人權、自由貿易的說辭下，建制的政商複合體垂涎於中國的龐大市場，說穿了不過是為了生意和錢。錯綜複雜的經濟利益讓所謂的民主大國的精英們和威權中共的官員和商人合作愉快。由2014年的雨傘運動到2016年起中共對香港的本土派乃至泛民主派的全面攻擊、對香港僅有的民主自由不斷收緊、紅色資本全面「融合」香港，美國的建制精英們都不置一辭。全球治理體系的虛偽和實質上的崩潰，在2008年的金融海嘯開始，最終在去年應對新冠疫情的無力與慢板之下暴露出來：中國政府隱瞞早期疫情至今仍無從追究，相反台灣作為民主體制下最成功的抗疫地區之一，卻始終沒有被國際組織尤其世界衛生組織正式承認和合作。

　　無論川普背後所代表的是甚麼價值，他當選美國總統後，和由

5　強硬面對中共作為美國外交近年的大方向，甚至始於川普當選前。可參見孔誥烽，〈北京空想拜登勝出　美對華政策「撥亂反正」〉，《自由亞洲電台》，2020年11月4日連結：https://www.youtube.com/watch?v=tufFLRXxD4g&list=PLREP4w7CgoPSOoADllO7owhSXzzNetpLJ。

外交到國防到司法的整個官僚精英體系衝突不斷,並進而帶來整個
全球秩序的不穩定,正是打破這個愈來愈無說服力的全球治理體系
的契機[6]。在美國本土,反對川普的政治聯盟,是以「撥亂反正」作
為號召;但對香港很多的反抗者們來說,這就是回到從前那個容讓
中共鞏固管治、壯大經濟實力的全球秩序。他們憑甚麼相信,在2019
年以前打著民主與自由的旗號但對中共友好的精英們,會在2021年
之後打著相同的民主與自由的旗號堅決對抗中共?對川普的認同,
和對過往精英主導的全球治理秩序的幻想破滅,其實是一體兩面。

反抗意志的試煉

　　這是一個(新)自由主義統識崩解的危機。學理上,建構民主
政制、保障基本公民權利和自由、實踐公義的社會分配、尊重多元
認同等自由主義核心理念,固然和新自由主義所主張的全球法規整
合下的金融去監管、拆除貿易壁壘、社會政策市場化等有重要區別,
甚至是相互衝突。但現實卻是,在川普上台之前以美國政商精英為
首的全球治理體系,正是說著自由主義的一套理論,而行其新自由
主義的實質。沒有實踐參考的價值很難在人們心中生根。東歐共產
政權倒台,民主化過程順利,西方民主社會提供了一個現成的「正
常」實踐模板作為參考,是很重要的原因[7]。當人們自覺被新自由主
義的精英建制背叛,就一併把作為精英說辭的自由主義理念拋棄,

6　參見 Dylan Riley(2018), "Editorial: What is Trump?" *New Left Review*
　　114, pp. 5-31.
7　參見 Ivan Krastev & Stephen Holmes (2018), "Explaining Eastern
　　Europe: Imitation and Its Discontents," *Journal of Democracy* 29,
　　pp.117-128.

這卻讓香港的反抗運動陷入價值蹈空的危機。反抗運動要堅持下去，但要堅持的是甚麼？要推翻中共，又是為了甚麼？香港（人）作為反抗運動的認同符號，代表的是一套甚麼的價值、一種怎樣的文化、還是一個種族？

　　新冠疫情籠罩之下，全球的反中情緒強烈，中共也不惜大灑金錢建構國際軟硬實力，希望能和美國的政治經濟霸權爭一日長短。這是香港反抗運動面對的地緣政治格局。尤其香港的反抗運動仍希冀得到境外政治力量的幫助，於是，如何定位自身的目的與意義，就是關係到可以找到哪些盟友、得到哪種形式的幫忙的艱難論述選擇。這既使川粉由策略上進而在道德上認同川普，也引起對香港反抗變成「川普主義」運動的道德和策略上的憂慮。把川粉的陰謀論駁倒，並不代表反抗運動就能找到更好的認同基礎。這還需要更多有關歷史文化認同和共同價值建構的對話與反思。但川普倒下了，中共的打壓愈見野蠻，全球治理體系仍然危機不斷，香港的反抗運動，還能堅持多少時間，還剩下多少空間呢？面對暗淡的未來，找出既合乎政治現實但又不失價值理想的團結基礎，這是對香港反抗運動的意志，最為嚴酷的試煉。

　　李敏剛，中歐大學政治科學系博士，香港伍倫貢學院社會科學院助理教授。研究政治理論、社會主義與自由主義。曾發表論文有〈馬克思主義與社會自由——評Axel Honneth, *The Idea of Socialism*〉、〈匈牙利1956年革命的思想遺產：畢波的政治思想與自由社會主義〉等。

全盤保守主義與僭主政治
美國大選的思想觀察

趙 尋

　　沒有誰能設想這樣的結局，也沒有誰敢設想這樣的結局。1月4日，川普威脅喬治亞州州務卿「找出」他所需的一萬多張選票的電話，被媒體曝光，在「第二次水門事件」的一派譁然中，我本以為「百萬大遊行」將因此取消。但川普竟再次鋌而走險，在兩天後的集會中，繼續攻擊民主黨選票舞弊，激怒支持者前去國會山，阻止他們「偷走我們的勝利」，終於釀成了占領國會的暴亂。這是美國大選史上空前的悲劇，卻不是川普開創的唯一惡例：自去年在全民票選中失敗以來，川普不僅拒絕祝賀拜登勝選，更一再發起數十樁無根據的訴訟，拖延總統權力過渡，謀劃以緊急狀態翻盤。1月13日，川普已被國會第二次彈劾，注定將以被審判的奇恥大辱收場。但其淋漓盡致的僭主政治（tyranny）展演，將持久震驚世界——

　　為什麼，在具有得天獨厚的民主傳統的美國，也會產生川普這樣以合法總統之名，行一人統治之實（autocracy）的僭主？

　　兩個多月來，國、內外都出現了巨量的「華（人）川（普）粉（絲）」，並由此引發了對美國政治的空前論戰，這顯示全球思想市場（global marketplace of ideas）已在中文世界形成。但兩月來持續延燒的，卻仍是三十年前的保守主義議題：他們近乎一致地斷言，川普將「鐵定當選」；而在敗局已定之後，又拒不接受。

　　進入大選年以來，我一直期待，川普的慘敗本身可以使華人川粉從保守主義的氛圍中警醒。但現在看，川普的競選策略——將美國的全球化困境歸咎為外部敵人與巨型跨國公司的陰謀，民主黨左翼中的內部敵人對國家的出賣——及以脫鉤重回孤立時代的國際主張，都極易與保守主義對傳統榮光的誇誕心理和將現實挫折述諸重啟歷史的習慣，一拍即合——目下中文世界，已經出現了以《川普主義》為名並相號召的學術著作，保守主義與僭主政治膜拜的關係已昭然若揭。如果不能從國際思想史的角度，透視三十年中國保守主義思想形成的機制，我們也就浪費了這麼好的一次提前到來的危機。

一

　　作為甲午戰爭以來影響中國最大的國家和今日世界的樞紐，對美國大選事務的究心，無異於對自身命運的關懷：有再多的人參與預測或影響親友投票，都是正常的。但必須說，川普的敗選完全超出了中文社會的預期，更令自媒體集體站到了美國主流媒體的對立面：他們無視川普之敗，乃是歷史級別的慘敗——對方七百萬票是選舉史上的第三高負，而連任不成功也是近三十年的第一次！

　　我當然知道「敵人的敵人就是朋友」一類的政治常識。但敵人的敵人，卻仍然可能是敵人而非朋友，尤其在事關善惡、是非的問題上。2016年川普勝選，其對「MAG（N）A」（美國獨「大」）的一再宣稱，對政治就是「臭又硬的玩意兒」的無情標榜——"Politics is a nasty and tough thing！"（獲勝致辭），對撥弄民粹的喜好，無不震驚著所有關心世界政治前途的人士。

　　但在中國，這卻被視為美國從「公民—國家」回轉「帝國政治」

的標誌；其所流露的君主人格，更被旋風般地「人—神」化了：虔誠的福音會教徒、保守的商業世家子弟、堅定的安蘭德—尼采主義者，而且「養育了美麗的公主（未來總統）」！……如果說這一切，只是一個政治素人在登場之初難免引起的錯覺，四年來尤其是新冠瘟疫流行以來，其以連任為唯一目的的荒政、亂政——為保經濟增長，竟不進行危機關停，反而攻擊民主黨誇大死亡人數，無視民生，終致全國大規模感染……難道還不足以表明：這只是一個將政治作為棍子並隨時準備用它攻擊程序式合法性危薄之處的僭主？

　　所以，早在總統辯論期間，自媒體哄傳拜登「醜聞硬碟」之際，我就不信，四年前的故技重施可以再一次震驚民眾。10月底，已有8000多萬人提前投票的消息，支援了我的判斷；我預估，最終的投票數可能超過1億5000萬，而川普輸掉1000萬票，也都可能。我預料到，發佈這樣的預測會被視為挑釁；但仍沒預料到會出現那樣多真理在握的華川粉，尤其是他們中的「華（人）基（督）粉」——他們用正邪之戰、天選之子與魔鬼計畫等詞彙嘲笑「世俗之輩」的無知，對我主張進步主義（progressivism）在美國的回歸，尤其不能容忍——

　　「不就是民主黨左派那套？大政府、高稅收、干預主義、福利國家、理性至上、無神論、墮胎、同性婚姻麼？……」

　　哦，果然，連羅斯福新政也是要反對的！近三十年來，由於反激進主義當今，已經是「只有保守主義，才是真正的自由主義了」。但保守主義在美國，總還是自由主義的啊。如果模仿柯克（Russell Kirk）的濫調，連進步主義也在必須反對之列，這是要以基督教作標準，來鍛煉「真自由主義」的新門檻了！為什麼一個把歐洲傳統生搬到美國的二流思想家（詳第四節），也能使他們信心十足，無視政教合一的笑談，不顧把總統大選等同於教皇推舉的荒唐？

二

答案是「保守主義」。但這不是一般所言的「保守主義」。與
90年代初肇興的文化保守主義不同;這是一種要求在政治、經濟、
文化、宗教等各方面,採取系統性、進攻性立場的「全盤保守主義」
(wholesale conservatism):任何層面的不一致,都將被視為「半吊
子」。

而且,它還有一個秘而不宣的美國名稱:「亨廷頓主義」。

筆者無意冒瀆亨廷頓。但九十年代初,由余英時先生等發起的
對五四新文化激進主義性質的溯源、裁斷,及其與大革命(社會革
命)、文化大革命……劫難關聯 的思想史批判,雖然造成了新的風
氣,但充其量也只是學術領域內傳統文化的復興而已。《文明的衝
突?》一書所引發的,卻是朝野內外的地震。由他所論,冷戰結束
以後的國際關係,將由意識形態對抗,轉向文明衝突的預言,當即
便賦予了傳統文化無與倫比的未來內涵──據說,那是未來國家政
治力量的源頭活水。

到目前為止,以《文明的衝突和世界秩序的重建》(2002)的
引進為開端,亨氏所有的專著除一種外,都已有中譯[1]:《文化的重

---

[1] 亨廷頓著作在兩岸三地均有翻譯,為求簡明,此處以大陸出版情況
為限:《變動社會的政治秩序》(北京:生活‧讀‧新知三聯書店,
1989)、《第三波》(上海:上海三聯書店,1998)、《文明的衝
突和世界秩序的重建》(北京:新華出版社,2002)、《文化的重
要作用》(北京:新華出版社,2002)、《我們是誰?》(北京:
新華出版社,2005)、《美國政治》(北京:新華出版社,2017)、
《軍人與國家》(北京:中國政法大學出版社,2017)。

要作用》、《我們是誰？》、《美國政治》、《軍人與國家》，除最後一種，都為新華出版社出版。這是二戰結束以來，所有研究國際關係理論的大師包括坎南、布熱津斯基等人，從未有過的待遇。而實際上，它們大都不僅不是所謂國際關係理論的著作，且挑明了是美國「國家政治（national politics）」研究。所以，早在90年代就有人追問——亨廷頓對中國，究竟意味著什麼？

但這不是「真假亨廷頓與東西亨廷頓」的問題（秦暉）。《變動社會的政治秩序》、《第三波》，批評民主化對秩序和權威的衝擊，使人疑慮他本就薄弱的自由主義色彩。2004年，其生前最重要的著作《我們是誰？》出版後，「薩克遜清教徒」文明認同的「國族挑戰」，被迅速用於解釋「文明的衝突」，其自由主義的世界信念似乎再也不存在了。是的，如果「我們的文明」（the civilization of ours）只是白種盎格魯薩克遜清教徒（WASP）文明，由諸歷史文明（civilizations）自由競爭與發展的空間，就只是代表文明責任的我們文明，與其他歷史文明之間的衝突。

既然如此，為什麼他之前所論「文明的衝突」，不既是國際關係博弈的準則，也是國內政治的方向？既是宗教文化競爭的原理，也是國家經濟的戰略呢……？下面將證明，這只是一種情感邏輯。但在一些以國家精英或國師自居者看來，卻正是這一「邏輯」讓美國制霸世界成功的秘密，突然變得顯豁。最近，推動00年代第二次保守主義浪潮的核心人物劉小楓，就是以對這一秘密的突然解悟，來紀念他三十年來的學思歷程的。

在文章開頭，他罕見地承認，自己三十年前並未領會亨氏「文明衝突論」的精意；而近期翻譯出版的亨氏早期著作《軍人與國家》中一段對馬漢（Mahan）的評論，則使他豁然開朗——既然亨廷頓早就知道，馬漢闡述的不過是由美國來承擔的「西方基督教文明主

導整個地球,並支配其未來」的昭昭天命,那麼,只有將《文明的
衝突?》與馬漢的《展望20世紀》對讀才能算合格。而如此一來,
馬漢書中最關鍵的那個世界歷史哲學問題:「是東方文明還是西方
文明,將主導整個地球並支配其未來?」才是文明衝突論的本質。
原來,亨廷頓貌似國際政治理論的大師,兜售的卻無外乎馬基雅維
利式的、西方基督教文明對東方文明的冷酷毒計[2]。

　　文中他不斷提示,菲律賓就是馬漢等人設計好的、宰製東方的
跳板,「要從文明的高度進行審視」。而按他一貫的「西學研究」
原則,要嘴上說的是西方問題,心裡想的是中國問題,才算入流。
但他竟沒有在文中提出亨廷頓那樣的世界歷史哲學,難道揭示亨廷
頓文明衝突論的秘密毒計,就只需從「軍政」方面進行部署落實?
但他已無需明言。點出亨廷頓的「西方基督教文明」一語已然足夠:
亨廷頓不是早已在《我們是誰?》中講了嘛,「WASP」就是美國
文明成功的秘密嘛;中國成功與否的關鍵,就看能否掌握這一秘密,
創造出中國自己的WASP嘛。

　　從全球思想市場的角度,本應專門談及近二十年流行的新保守
主義。但其核心人物的心跡自述表明:亨廷頓仍是聚光燈下的A角。
只有回到亨廷頓,不,「亨廷頓主義」的「顯白的教誨」,他們從
雷根政府(1981-1989)以來的各界高官中挖掘出的施特勞斯學派的
秘聞,才更淪肌浹髓。至於,這是不是「黃漢儒教」一類的「中國
方案(道路、模式)」,下面再做評斷。但這才是他三十年後,重
新解讀「文明衝突論」的根本原因。

　　而按照這一西方基督教文明與其他文明衝突的「精微」理解,

2　劉小楓,《重評「文明衝突論」》,香港《二十一世紀》,2020年
　　9月號。

美國大選不就是奉行亨廷頓教旨的WASP，與被世俗主義、多元主義、進步主義、現代主義⋯⋯敗壞的「末人」（the last man）之間的「敵我」戰爭麼？難道，這不正是那些寄希望於川普用包括政變的方式翻盤者，所深信不疑的美國文明的底牌？他們不模仿據說是「美國保守主義之父」柯克的嚴厲口吻，不懷念孤立主義的「國父」時代⋯⋯不將正尋求連任的福音派總統川普，奉為「以保守主義的智慧／常識治國」的完美代表，豈不是更不正常嗎？

三

但這樣說不意味著筆者就同意，亨廷頓主義是對全球思想市場潮流的正確把握。或毋寧說，亨廷頓理論，即使一度是思想市場上最具競爭力的知識—方法，在佈局者從自身現實利益出發，擇其虛構了以它為頂點的思想金字塔三十年後，已成為類似「龐氏騙局」（Ponzi scheme）的裝置。真正重要的問題是，如何解釋亨廷頓主義形成的機制？它既是心理的，也是制度的；它不僅使後來者接受了這一佈局，只在其下層重複增擴，且日漸發展出全盤保守化的觀念氛圍和論戰風格。

一度同樣被視為保守主義大師的哈耶克，在其經典的〈為什麼我不是一個保守主義者？〉中，有一個關鍵論斷：保守主義只是一種「本質上是投機主義」的對現狀的態度，而並無真正的原則。我本不想列述那些被他稱為地道的保守主義態度：對變化的恐懼、對權力的偏愛、對秩序的敬畏、對傳統的懷舊和神秘化⋯⋯但即使在這一點上也可見出，哈耶克所欣賞的前瞻性的態度與之如何大相逕庭；而他真正主張的，卻是理性的原則——他因此確信，「創新乃是人類成就的本質所在」，由此自發產生的秩序，也才有真正的調

節能力。中國保守主義，卻將自發自生秩序理解為自然主義的經驗
之物，並與傳統格局混為一談，發展出「現實理性」的高論。事實
上，他們原始性的問題，也是根據他們對現狀的無限肯定而提出來
的──

「從目前的現實出發，我們究竟有什麼是可以conserve保守
的？」

而其答案，也無不是那些具有明顯現實優勢的新傳統。一位欲
通三千年傳統於一統（「通三統」）的新左派，就是如此設計其「社
會主義儒家共和國」的。當然，這下談的是「軟實力」：「要談中
國的軟實力，我們就得首先問自己，我們中國人有什麼自家的東西，
自家的傳統？……否定了中國的古典文明傳統，又否定了中國的社
會主義傳統，那中國還有什麼東西呢？還有什麼中國的軟實力可言
呢？否定了這兩個主要的傳統，那麼中國的大地上自然就只有美國
的軟實力、日本的……」[3]不是說好「三統」麼？「市場經濟信念和
對於自由的追求」的後三十年傳統，到哪裡去了？難道那不過是由
前兩個傳統直接延伸出來的，無需一談嗎？

我們當然清楚，被這一統不通之輩放在「憲法高度」上的，是
從西方新左派學舌而來的所謂「毛澤東的平等傳統」：與這一政治
性原則相較，所謂儒家傳統與共和國傳統，不過是文化上的保守主
義、經濟上的自由主義的代名詞，根本不具有與之平等的地位，而
且必將被「一統」到文革後期的毛澤東儒學和鄉鎮企業那裡去[4]。哈
耶克對由社會主義跳轉而來的保守主義不需要進行任何轉化的論

3　甘陽，〈社會主義、保守主義、自由主義：關於中國的軟實力〉，
　　《21世紀經濟報導》，2005年12月26日
4　參氏文〈中國道路：三十年與六十年〉。

斷,再一次顯示出其普遍性。

在這樣的背景下,能夠進入公開市場發表、閱讀的,當然也就只能是與之不違如愚的「德意志保守主義」了。曼海姆(Karl Mannheim)在名著《保守主義》中已經指出,德國思想中的保守主義傳統並非所謂「民族性」的表現,而是因為它的知識分子:他們雖都有過贊同法國大革命的時期,卻因德國社會不能養活他們而回到體制。他們「都是典型的辯護家、意識形態專家」,善於為自己效力的對象提供基礎和支援,「而不管它本身是什麼。」因而,作為他們最高成就的浪漫哲學,也無非是對即將消逝的舊歐洲這一現實的「非理性」肯定,從根本上看仍是反動的。

通過對德國早期保守主義的社會學溯源,這位韋伯的繼承人,也就找到了魏瑪德國(1918-1933)失敗的根源:保守主義將納粹看作是自己召喚出的力量,並期待用後者對付頑固的左翼。其中的代表性的人物,卻正好是近三十年來中文西學譯介的銷量明星:尼采、海德格爾、施米特、斯賓格勒、梅尼克(Friedrich Meinecke,或譯「邁內克」)、施特勞斯。近十年來,學界各門,不僅人人爭當「右派」,甚至已經到了離開「帝國、秩序、文明、傳統、成熟、敵我、常識、平衡」等幾個關鍵詞,無法說出自認為有思想學術感覺的話語的地步——由此,不正可見出亨廷頓主義形成的機理?

四

公正地說,在德國形而上學的長期誘惑之後,中國社會科學在90年代的重建,無論如何是值得歡迎的變化。但亨廷頓的主義化卻表明,這仍是那老調的重彈。

以無人不知的有關WASP文明論的渲染撺掇而言,《我們是

誰？》一書，只有第四章才是對盎格魯清教徒文化的論述——請注
意，只有「盎格魯」和「新教」——而且完全是在「新教倫理與資
本主義精神」典範之下的學術操作，看不到特殊主義的更不用說種
族主義的痕跡。理由也很簡單，那將與他回應「美利堅國族認同的
挑戰」的目標自相矛盾：如果被稱為「熔爐」的價值也都只是地方
主義的、歷史主義的，那他如何能在理論上克服這一挑戰？如果只
是為了尋求「政治」的解決，他為何不藏起這一「殖民主義的詭計」，
而將WASP置於現實的危險之中？——是的，在所有的城市地區，
他們都已不是人口多數——難道，亨廷頓原來並沒有讀懂馬基雅維
利的「狐狸」？

這當然不是在反對「亨廷頓是一個保守主義者」的說法。但即
使要將亨氏固定在保守主義的標本架上，他也絕不屬於他在〈作為
意識形態的保守主義〉中所嘲諷的「貴族式的」、「自主式的」保
守主義：巧合的是，在這篇因高度理論化而無人問津的文獻中，隨
處可見他對將歐洲傳統生搬到美國的「新保守主義」者，尤其是對
柯克的批評。

為將歐洲貴族制輸入布爾喬亞的美國，他們夢想一個更少民
主、更少平等也更少工業化的時代，一個精英統治而大眾安守
本分的時代。（但）對現存美國政治和社會體系的排斥，使他
們不可能成為真正的（truly）保守主義者。當代美國在拉塞爾・
柯克眼中再糟不過了，比如說：「瀕臨自殺」、「廉價」、「物
質主義」、「絕育的」，還有「標準化」。這是一個保守主義
者的語言？還是現實社會的中傷者的語言？在柯克的書中沒有
對美國憲政民主的強力捍衛，取而代之的滿是對已逝時代的做
作、感傷的、懷鄉病式的、古玩家的渴望。他和他的同伴與現

代美國，既沒趕不上調兒，也沒踩上點兒。[5]

　　我並不指望那些試圖用亨氏為柯克增重者，可以面對這些批評（及其中照出的自我形象）。但我們已不能不注意到，亨廷頓對保守主義的批評。實際上，在以伯克為判準的檢視中，亨廷頓否定了「貴族式」、「自主式」的保守主義詮釋的確當性：以伯克所喜好的社會組織而言，他只能是一個「自由派，輝格黨人，自由貿易論者。」這是對在政治制度、經濟模式、文化價值上都認同自由主義的、最典型的自由主義者的表達。只不過，為了強調意識形態的「應變」（situational）能力，他選擇了以捍衛自由制度為先務的立場：如果不望文生義，這不可能是為了保守主義自身——他否定之——而存在的立場，而只能是為了實存的自由的處境，所作的迎應。

　　在亨廷頓被全盤保守化為「亨廷頓主義」的過程中，這是被彎曲得最為厲害的所在。包括伯克在內的保守主義者，都被假定擁有一個保守主義的心靈（Conservative Mind），在任何情勢下，都採取內外一致、前後一貫的「邏輯」：向後看。所以，無論是馬漢、亨廷頓，還是警告中美「必有一戰」的艾力森（G. Allison），一切智深謀遠之士，都必定是永懷羅馬榮光的「真正的保守主義者」，都必定以源自帝國的傲慢與偏見，隨時佈設對其他文明的陷阱。

　　然而，這卻正是亨廷頓所批斥的保守主義的「反—動分子」、「激進分子」的特徵：他們以現存社會的否定者自居，臆想在將來重建他認為過去存在過的理想社會；他們拒絕在「向後的改變」和「向前的改變」之間作出區分，無視歷史中的倒退與重複；所以，最終，他們必定「支援回到一個事實上從來沒有存在過的、理想化

5　*American Political Science Review*, Vol. 51, No. 2, 1957, p. 471.

的『黃金時代』。」（前引亨氏文，頁460。）亨廷頓甚至給出了這
些反-動者的名字：梅斯特（J. de Maistre），科迪斯（Juan Donoso
Cortés）……這些在法國大革命的恐怖中進入歐洲保守主義的幽
靈。但本文的目的，只在於證成全盤保守主義的形成機制和扭曲程
度——即本文所指的「亨廷頓主義」化——而不包括對亨廷頓理論
本身的辯白。實際上，對伯克的過於偏愛，使亨氏對歐洲保守主義
中的德意志反—動派，如海德格、施米特、梅尼克等人幾乎毫無興
趣。

　　但伯克的法國大革命批判，有一個巨大的遺憾：由於不幸於1797
年故去，他並未及見拿破崙的稱帝（1804-1813），更無法對僭主政
治這一法國革命的大悲劇有所反思——將《法國革命論》中預言的
「軍事獨裁」等同於僭主政治，只是論者的一知半解。

　　親歷拿破崙統治的絕望，並將苦難轉化為思想遺產的是貢斯當
（Benjamin Constant）的《僭主政治》（1813）。一開始他就指出，
僭政（usurpation，tyranny）是與傳統的「君主統治」完全不同的、
新型的獨裁（autocracy），雖然它們在形式上都擁有一個君主。但
君主的合法性來自血緣、傳統、習俗，而僭主的合法性則自稱，來
自處於其暴力威脅之下的人民的「要求」，或國家迫切的「需要」。
所以，拿破崙們一方面模仿古代君王的統治，以使人民無償地獻出
更多的權利，一方面卻維持著其受人民擁戴的現代領袖的表象。

　　簡言之，僭主政治並不依靠純然的暴力或赤裸裸的邪惡意志，
反而經常採用「貌似合理的措施、工具性的計較、短視的馬基雅維
利主義或意識形態式乖謬」達成；其真正的危害，也不在於像雅各
賓主義那樣公開展示的殘忍和暴行，而在於在日常生活中人們所被
迫做出的讓步，在於它對「人類團結與尊嚴的緩慢腐蝕，在於犯罪

和陰謀的普遍化。」[6]

　　拿破崙崛起以來，以梅斯特為代表的保守主義者，卻旋即陷入對僭主政治的怨-羨之中：一方面羞憤作為「暴發戶」的僭主對教廷、皇室和自己所持的貴族階層的折辱，一方面卻很快就欣賞起了作為「強力政治人物」的僭主對「群氓」的鐵腕——據伯林（I. Berlin）研究——他甚至渴望能夠親見拿破崙，以奉上維持「絕對權力」的妙計，只因其恩主過於反對，才未成行；而拿破崙也在梅斯特的作品中「聽到了政治上的同情之聲」[7]。

　　本文沒有篇幅來證實，梅斯特未及面呈的「君主寶鑒」，是不是他在《論教皇》中提出的，「在國家主權和個人自由之間居間調停」那樣的超然權力？但下節的內容將顯示，那正是他的後輩們尤其是魏瑪時期的施米特之流，一直視若拱璧的。我們在此處只需指出，保守主義迷戀內在、完整，崇尚權威、強力，好古、弄神的傾向，不僅極易與僭主合作，且正是僭主政治最喜營造的民眾心理。

五

　　讓我們重新回到川普的敗選。

　　我並不像「川普主義」那樣認為，川普是（全盤）保守主義者，儘管他熟悉並喜歡它的氛圍。但正如公開談論過柯克對自己關鍵影響[8]的副總統彭斯，只不過是他所選擇的「無用的忠誠」的工具；宗

6　B. Fontana, Introduction to *Constant：Political Writings*, Cambridge University Press, 1988, pp. 35-36.

7　伯林，〈梅斯特與法西斯主義的起源〉，《扭曲的人性之材》（南京：譯林出版社，2008），頁149。

8　Pence's key influence: conservative thinker Russell Kirk（indystar.com）.

教、政治、憲法、國父、時賢、盟邦……於他，同樣只有一個目的：
勝選。他標榜追隨林肯，「為黑人做過很多」，卻一直「白人至上
主義」的訴訟不斷；他開口輒稱秩序與法律，卻一再對最高法院人
事進行黨派化安排——新任命的三個大法官都是共和黨，而對國會
的立法權力，更一再杯葛；「讓美國再次偉大」，該是他的旗幟了，
但他手毀盟邦如棄紙，枉顧羅馬、大不列顛、戰後美國等所有偉大
國家無不是世界性的國家，絕不孤立自存；至於宗教信仰，恐怕連
華基粉，也無法使他的言行看起來與一般的信眾水準「大概
齊」……。總之，對他來說，只有「無敵川普」才是無敵的。為此，
他可以嘲笑希拉蕊等一切弱者，是loser；而在翻盤一個個成為現實
後，他卻一再高叫：他是「陰謀的受害者」，他的勝利被「偷竊」
了；他必須使用手中的權力重新奪回。

　　所以，早在2016年川普勝選當天，我就寫下了對他作為「政治
僭主」的判辭：

　　那些沒有學過希臘，遂以為民主制度能抵禦一切病毒（木馬
　　呢？）的幼稚分子，看好了——讓現實的鞭子，教你仰望柏拉
　　圖。那些在七十多年依靠善意維持的國際關係中不知饜足，罵
　　罵咧咧的內外五毛們，聽好了——再也沒人敲門來叫，別打你
　　媽媽：因為，那純屬你家私事……

　　我沒想到，因川普而起的二十世紀的僭主政治研究，自此會成
為全球思想市場的新的潮流。斯奈德《論僭政：二十世紀的二十個
教訓》9在2017出版後，一舉成為迄今最受矚目的著作，並極為罕見

9　Timothy Snyder, *On Tyranny: Twenty Lessons from the Twentieth*

地擁有了兩種研究手冊。

　　這位執教耶魯的政治史名家，從歐洲極權主義的歷史中提煉出二十個最重要的教訓，警告美國：威權主義已經到來，沒有什麼可以「例外」地倖免於難的理由。這些教誨中最令人讚歎的，當然是他的為自由而戰的勇氣：「如果我們之中無人準備好為自由而死，那麼所有人都會在僭政之下死亡。」但他不是道德主義的良心論者。他清楚沒有制度和組織保護的良心，是如何在納粹德國隨風散盡的。所以，他警醒要 2. 捍衛組織；13. 建立私人私生活；14. 奉行實體（corporeal）政治。」事實上，斯奈德在僭政批判中提出的最值得珍視的教訓，竟然也是有關日常生活世界的抵抗的──「相信真實（10. Believe in truth）」。

> 放棄事實，就是放棄自由。如果沒有事情是真的，此後也就無人能夠批評權力，因為沒有可以支持那樣做的（事實上的）基礎了。如果沒有事情是真的，那麼所有一切就都是奇觀（spectacle），最大的錢包最能支付最亮「瞎眼」的焰火。

　　在一個所謂「後真相」的時代，這意味著什麼，斯奈德是深知其要的：

Post-truth is Pre-fascism. （後真相，就是前法西斯。）

　　所以，當川普在大眾投票中失敗卻揚言只有自己的選票合法，而民主黨與大數字公司合謀舞弊「偷走了自己的勝利」的危機時刻，

（續）────────────────

　　　Century, Tim Duggan Books, 2017.

他鼓舞自己站了出來,無畏地警告美國:那個毀滅德國魏瑪共和的
謠言——猶太人「背後捅刀(stab in the back)」——已在美國重現,
「川普的大選謊言把美國推向一人專制」

　　作為大屠殺的著名研究者,斯奈德當然清楚,「猶太人的背後
捅刀」不過是德國的保守主義者與軍事強人興登堡自我美化的謊
言。雖然借助了勝利國沒有實施國內占領、在國外的投降少有人知
的假象,但真正被利用的卻是民眾沉溺於帝國軍事光榮的懷舊心
理。他們不願接受德國在歐洲的二流地位,將責任推諉給接受凡爾
賽戰敗條約的共和國領導階層——那些企圖將德國從夢魘中拯救出
來的溫和的理性主義者、「見利忘義」的猶太人、社會主義者:他
們被稱為「11月罪人」。出賣國家的罪名使他們成為隨時待宰的羔
羊,在當時雖未被立即報復,卻為同樣深信這一神話的「下士」希
特勒,在攫取權力後反復敲詐利用:他把他們稱為德國「內部最危
險的敵人」,揚言只有從肉體上將他們消除,才能掃清帝國復興的
障礙。這就是「反猶主義」的根源。

　　而對川普來說,要為今日美國現實困境負責的,是那些主張社
會主義、高稅收、干預主義、福利國家⋯⋯的左翼民主黨,被全球
化利益驅動的、貪得無厭的大數位公司,被理性、科學欺騙的進步
主義者、無神論者⋯⋯他們聯手覆滅了這個偉大國家的希望,他們
是這個國家的「內部的敵人」,現在他們又偷走了他的勝利,使他
成了「內部敵人的受害者」,所以採取任何行動,都是正當的、防
衛性的。

　　這是一個危險的策略,斯奈德說。一個合法民選的總統,竟然
以「內部敵人的受害者」的說辭,使自己受託管理的國民成為可以
公開報復的「內部敵人」,這是在重蹈魏瑪僭主政治的覆轍。但川
普所說的偷竊,並不真實!為此,他也給出了這場真相之戰中最完

美的論證。

> 和總統選舉一起產生的議員們，他們的名字都寫在同一張選票
> 之上，為什麼他們中竟沒有一個人發現偷竊？——因為，這根
> 本就不存在。

我無法評估，斯奈德以一個職業歷史學家對學術倫理的堅守，為他自己和美國「（所）找出（的這個）事實」，對今次美國大選的意義。但他以極度的嚴肅，對僭主政治的抵抗，則一再令我想起，前述貢斯當的傑作《論僭主政治》。

我也由此注意到，由斯奈德推薦的另一部更直接地討論了保守主義在魏瑪共和隕落中的責任問題的著作：赫特的《民主之死》10。其所揭示的巴本與希特勒的致命合作，則刷新了我對魏瑪失敗的全部理解。

巴本這位靠支持老軍頭興登堡競選總統成功，從而成為總理的天主教黨叛徒，也正是力推希特勒上位的關鍵人物：他向垂暮的總統保證，自己可以控制他並擔任其內閣副職。但因在納粹一家獨大之前，對民主規範的表面尊重可以使希特勒獲得呼吸的空間，保守主義和他之間，以形式合法性兌換實力的交易才可以進行；但希特勒入閣之後，保守黨在內閣人數上的優勢已完全失去了意義。

只有在這時，巴本才能想起「人道主義與良心自由」的教誨，才能感到德國必須作為中歐諸民族中的一個，而不是自我孤立的極度迫切（1934年馬堡大學講演）。但為時已晚，魏瑪反對政黨之間長期的爾虞我詐，使他們中的一些人認為，即使「由一個希特勒那

10　Benjamin C. Hett, *The Death of Democracy*, Henry Holt and Co., 2018.

樣的人，來實施無法律的、野蠻的獨裁統治。」「也老大不願與他
們的對手進行妥協。」巴本既不能與右翼的反對派和解，也不能與
左翼的社會民主黨形成新的多數派，只能坐待「長刀之夜」的降臨。
雖然巴本在長刀清洗中被捕不久便被釋放，但德國從此再也沒有批
評納粹的聲音了。斯奈德意味深長地總結道——

> 這一歷史對今日的保守主義者的教訓，已極為明顯：不要反對
> 那些使共和國連接在一起的原則，因為總有一天需要秩序；不
> 要摧毀那些尊重規則的反對者，有一天你會懷念他們。」[11]

　　我想略加補充並發揮的是，巴本那位崇尚反動的保守主義革命
的師爺施米特此時的下落：他立即轉身跑向納粹，並隨即在8月出版
的《德意志法律新聞》上，為清洗者獻上辯護辭——《元首保護法
律》——禮贊那是希特勒「行政管制法的最高形式」[12]。不用說那
樣「崇高的決斷」，只有他所崇拜的梅斯特口中神聖的王者，才能
做出的。所以，這些年我不免總是想起，莎士比亞在《科利奧蘭納
斯》中為那位敵視庸眾的非凡人物在離開羅馬時，所創作的恨世疾
言——

> 雖然我隻身而去，像一條獨龍，但我也將使那些人在談起我時，
> 如見到它的沼澤，瞿然變色。

11　Timothy Snyder, "How did Nazis gain power in Germany?" *New York Review of Books*, 14/06, 2018.

12　Carl Schmitt, "Der Führer schützt das Recht," *Deutsche Juristen-Zeitung*, 15, 1934.

　　了不起的朱生豪用神來之筆,把劇名譯為《英雄叛國記》,則
使我從一開始就理解了:售惡者和僭主的心智和歸宿。

2020.11-2021.2,北京

　　趙尋,北京大學博士,香港大學前研究員,主要研究興趣為思想
史、文明史、政治哲學與文學研究,著有《階級的誕生》、《保守
主義之誤》、《重歸政治》等。

言論自由大旗之下，重思什麼是「審查」

方可成

在川普的支持者之間，一種流行的說法是，新聞媒體和社交網路平臺都在打壓川普及其支持者的言論自由。前者經常對川普的發言進行事實核查（fact-checking），將很多標記為「虛假資訊」，甚至有多家電視臺在2020年11月5日下午川普發表講話指控「大選舞弊」時，因為講話內容不實而直接掐斷了直播；網路平臺在2020年大選之後也將川普的很多發言標記為「有爭議」的資訊，刪除了不少來自川普支持者的帖子，各大平臺從1月6日開始還陸續封禁了川普本人的帳號。

將「推特封號」和「中國政府要求微博封號」的性質區別開來，並不困難，前者作為商業公司的行為也並未違反美國憲法第一修正案。不過，這一話題在中國引發的爭議，值得做更進一步的考察，因為它折射出中國知識界對言論自由與審查問題的理解與討論存在偏頗和盲點——而這又與過去數十年中國知識分子面臨的政治社會現狀息息相關。

內容審核不能一概而論

根據紐約大學商業與人權研究中心2020年6月發布的一則報

告，臉書雇傭了1.5萬名內容審核員（其中絕大多數是位於美國以外的外包崗位，薪酬待遇不高），每天要審核300萬條內容。

這組資料或許會讓不少中國線民感到意外。很多人都知道微博、微信、今日頭條等中國公司雇傭了龐大的內容審核隊伍，天津、濟南等城市成為「內容審核之都」。但其實，大規模的內容審核隊伍是任何一家大型社交媒體平臺的必備。

包括8chan、8kun、reddit在內很多的社交媒體案例已經表明，在由使用者生產內容（User-Generated Content）的平臺上，如果不設內容審核，一定會被少數蓄意破壞的用戶（bad actor）持續發布的兒童色情、恐怖主義、仇恨言論等佔領。曾有不止一次，大規模槍擊案的槍手作案前在這樣的無審核平臺上發表宣言，這也顯示出他們的思想可能受到了這種平臺言論的影響。

當然，中國互聯網平臺的內容審核有著自己的特點，那就是會有一塊重點關注「政治安全」，也即按照政府的旨意，刪除對政府不利的內容。

但是，如果為了反對這種政治審查，就籠統地認為社交媒體平臺上不應該有任何形式的內容審核，那就走進了一個誤區。這樣的誤區也非常容易被中國政府利用——推特封號的新聞，在中國的官方媒體上就被塑造成了「美國言論自由非常虛假」的證據。

學者Scott Wright曾經在《英國政治與國際關係雜誌》上提醒：我們需要在正當（legitimate）和不正當的言論審查之間劃上一條界線。在他看來，要判斷什麼樣的言論審查是正當的，就要看具體的語境。當一條資訊被刪除的原因是具體的、公開的、可討論的，並且規則是被各相關方討論之後認同的，那麼這樣的審查就可以被認為是正當的。而當規則不公開、未經討論，或者是規則在執行的過程中未被尊重，那麼這樣的審查就是不正當的。

　　過去二十年間，中國知識界在圍繞言論自由和內容審查的相關
討論中，並未將太多的注意力放在這樣的區分上面，而是習慣於將
各類刪帖和封號一概而論，或者用政治審查來指代一切內容審核行
為。這也導致在討論中容易陷入被動局面：為了堅持言論自由的立
場，有時甚至不得不為其他不正當的言論背書，否則就會被認為失
去了立場。甚至，當自由派知識分子在社交媒體上拉黑用戶之後，
都可能會有人舉起「言論自由」的大旗質問：你不是反對言論審查
嗎？

　　這些或真誠、或蓄意的質疑，體現出社會輿論只關注了言論審
查的表面，並未深入理解背後的權力關係問題。此次中國知識圈內
一些川普支持者對推特言論審查的抱怨，也或多或少反映了這一點。

正當的內容審核，保護而不是傷害言論自由

　　宣導言論自由、反對不正當的言論審查，其目的是為了反抗強
權的壓迫，保護個體的權利。但是，一個可能會反直覺的現象是：
如果拒絕任何形式的言論審查，反而會有利於某些強權的壓迫，不
利於個體權利的保護。

　　這是因為，言論審查的形式不僅僅只有刪除言論這一種。也就
是說，剝奪一個人說話的權利，不僅可以把他／她的嘴封上，還可
以用其他方法，比如，對他／她進行辱罵、騷擾和威脅，讓他／她
不敢發表真實看法。再比如發布大量垃圾資訊，也就是製造噪音，
將他／她的聲音淹沒，讓受眾無法發現他／她的言論。這兩種方法，
都無需動用刪帖的權力就可以做到。

　　美國學者Margaret Roberts在研究中國互聯網審查的專著
*Censored*中曾總結審查的三種形式：利用刪帖等手段製造恐懼、在

獲取某些資訊的過程中製造阻力、製造資訊洪流淹沒言論。這一框架也說明：言論審查絕不僅僅是刪帖、封號那樣簡單。

而要防止有人通過辱罵、威脅以及製造噪音來實現言論審查的目的，就必須制訂一定的內容審核規則，並認真執行。這也是為什麼西方社交媒體平臺普遍重視對仇恨言論和虛假資訊的打擊——仇恨言論正是對少數群體和弱勢群體的騷擾和威脅，而虛假資訊正是通過製造噪音來淹沒其他真實有用的資訊。

因此，這些正當的內容審核，目的恰恰是保障言論自由，而非侵犯言論自由。

美國國家傳播學會（NCA）出版的 *Communication Currents* 曾刊文討論內容審核與言論自由的關係，文中也提到：內容審核有利於言論的多樣性，因為網路上的一些群體可能會在無監管的情況下打擊另一些群體的發言權。

從這樣的邏輯更進一步，我們也就能看到：有時候，舉起「言論自由」大旗的人，或許才是真正的審查者，因為他們在這面旗幟的掩護之下，通過大規模製造侮辱性、仇恨性、誤導性的言論，來讓他們不喜歡、不認同的群體失去發言的權利，以及發言之後被聽到的權利。

因此，我們對誰是壓迫者、誰是被壓迫者的認識，不應等同於「誰的內容被刪除了」這個問題的答案。推特和臉書對不少極右翼帳號的封禁，正是基於這樣的原因：他們以自由之名，傷害了其他人的權利。

保護言論自由和個體權利，需要看到更複雜的內容審查圖景

如果我們希望更好地保護個體的言論自由和權利，那麼就需要看到社交媒體的內容審查之中的複雜性。除了上文所述的「刪除≠打壓」之外，中國的審查機制中還有另一個常常被忽略的現象，那就是：進行審查的主體，並不是只有政府。

各大互聯網平臺在執行刪帖操作的時候，雖然要嚴格遵循政府的指示，但同時也有著一定的自我發揮空間——這主要指的是，他們可以額外刪除更多的內容。這也就為這些平臺及平臺的編輯創造了尋租空間。此前就曾曝出新聞，有多家中國大型網站的編輯從企業收錢之後，刪除批評企業的文章。

可以說，商業利益導致的內容審查在中國一直存在，但往往容易被忽略，因為人們的目光更多聚焦在政治審查上。

在紙媒時代，商業審查就是並不罕見的現象。能夠讓一篇報導從報紙上消失的，不僅有宣傳部，還可能有某些給報紙投放了巨額廣告、或者對某地政府貢獻了高額稅收的企業。報社高層收錢之後壓下某些新聞的事情，也曾在某些媒體多次出現，它導致的結果和政治審查一樣，是對民眾知情權的傷害，以及對某些問題的掩蓋。

因此，我們在中國的語境下討論審查問題時，不僅要關注政府，也要關注那些具體執行刪除行為的媒體和網站。如果對它們不能給予足夠的監督，那麼言論空間和個體的權利同樣會受到巨大的傷害。

研究互聯網內容審核的學術著作 *Custodians of the Internet* 一書中提到，互聯網平臺往往不願意討論它們的內容審核工作，即便討

論，也往往是強調所謂的公開、公平、儘量不干預的原則，這其實是為了逃避自身的責任。很少有使用者知道平臺的內容審核是怎麼做的，因為平臺很少公開對用戶進行說明，媒體和知識界應該對平臺施以更大的壓力。

最終，我們想要看到的是更正當的、更有公信力的內容審查——基於公開的、可討論的規則，無論是政府還是科技平臺，都應遵循這樣的規則。從這個角度說，川普支持者對推特和臉書的憤怒亦有正當之處：它們的刪帖和封號規則確實是不明晰的、未經公共討論的、缺乏一致性的。

但憤怒之後，應該前進的方向，絕不是在「言論自由」大旗的掩護之下讓言論市場上的參與者進入弱肉強食的叢林狀態，而是要共同呼籲、共同參與，討論制定出正當、合理的內容審核規則，並監督科技平臺執行這些規則。

方可成，香港中文大學新聞與傳播學院助理教授，研究興趣包括政治傳播、新聞學和數字媒體，進入學界之前曾任《南方週末》報社記者。

美國的言論市場與川普總統的言論自由

劉宗坤

　　國會山暴亂成為川普總統生涯的滑鐵盧，不但引發共和黨高層眾叛親離，而且導致被社交媒體全面封殺，斷送了向支持者發聲的最有效管道。川普被推特和臉書封禁後，社交媒體時代的言論自由再度成為網上的熱門話題。一些人抱怨總統的言論自由權利受到損害，另一些人認為法律不應當保護煽動暴力和仇恨的言論。我們結合川普被社交媒體封禁事件，談一談美國有關言論自由的法律和美國獨特的「言論市場」生態。

　　對言論自由的限制跟對言論自由的保護一樣，都是民主政體的要素。不過，現代民主國家處理言論自由邊界的方式並不相同。比如，在西歐國家，政府發揮著積極的主導作用，法律對公開傳播的言論設立諸多規範。德國法律禁止宣傳納粹、煽動仇恨，違者可判處五年徒刑。法國、荷蘭、丹麥、挪威等西歐國家也有類似的禁止仇恨言論的法律。2017年，德國立法規範網絡言論，把在社交媒體上傳播仇恨刑事化，並要求社交媒體在一個星期內刪除非法言論，違者可處以高達5000萬歐元的罰款。在禁止仇恨言論方面，英國的做法大體跟西歐其他國家一致，法律把傳播仇恨言論入刑，違者可以被刑事起訴，如果罪名成立，可以被罰款、判監。在保護和限制言論自由方面，美國的做法跟西歐國家和英國的做法完全不同。

在美國，《憲法》第一修正案禁止立法限制言論自由，政府對
言論基本採取放任做法，法律並不為言論自由劃出清晰的界線。美
國最高法院在依據《憲法》第一修正案做出的判決中，不僅保護仇
恨言論，保護納粹宣傳。在法律的層面是這樣。不過，言論問題不
僅關係到法律，也關係到社會生活的方方面面。所以，在美國的言
論生態中，法律規範只是對言論規範的一種，在法律不加規範的巨
大言論空間，主要靠民間自我規範。如果把法律規範稱為「硬規範」，
民間的自我規範可以被稱為「軟規範」。比如，《憲法》第一修正
案保護仇恨言論，但仇恨言論畢竟與文明社會的公序良俗相悖，在
政府和法律「硬規範」缺席的情況下，限制傳播仇恨言論的使命就
落到民間，包括民間組織、私人公司和個體公民。美國社會中規範
言論自由的「政治正確」就是這麼來的——它是一種民間自發的對
言論的「軟規範」。美國法律中沒有「政治正確」的規定，也不禁
止「政治不正確」的言論，「政治正確」完全是民間靠自我約束為
言論自由設定邊界。美國的這種言論生態跟西歐國家靠政府立法約
束言論，把傳播仇恨言論刑事化的做法不一樣。川普總統是這種獨
特言論生態的產物，他在推特和臉書等社交媒體上風靡數年，最終
被封殺，都是這種獨特言論生態中的現象。

　　從法律層面講，美國政府劃定言論自由的邊界仍然依據最高法
院半個世紀前的一個判決。1969年，最高法院在「布蘭登堡訴俄亥
俄案」中明確判決：《憲法》第一修正案保護仇恨言論，甚至保護
宣揚暴力的言論。布蘭登堡是俄亥俄州三K黨組織的一個頭目，他
組織武裝集會，燒毀十字架之後發表演說，指責美國總統、國會和
最高法院壓迫白人，號召獨立日去華盛頓示威，向黑人和猶太人復
仇，把黑人趕回非洲，把猶太人趕到以色列。俄亥俄州以煽動暴力
罪起訴布蘭登堡，州法院將其定罪，罰款判刑。美國最高法院推翻

了州法院的判決，理由是布蘭登堡的言論受《憲法》第一修正案保護：「憲法保證言論自由和出版自由，不允許政府禁止或封禁宣揚使用暴力或鼓吹違法的言論，除非這種言論意在煽動或製造立即發生的非法行動，或很可能煽動或製造這種行動。」換言之，即便是有意煽動暴力的言論，如果不是立竿見影，馬上導致受眾實施暴力，也屬於言論自由的範圍，受《憲法》第一修正案保護。這個判決意味著，政府劃定言論自由的界線並不是按照言論本身的內容，而是按照言論造成的後果，或很可能造成的後果。

　　「布蘭登堡訴俄亥俄案」對第一修正案保護言論自由的解釋相當寬泛，接近於放任：除非宣揚暴力的言論會立即導致實際暴力，政府不能加以禁止或限制。「言論自由」是現代社會的產物，在法律上並不像財產權和人身自由權那樣古老，可以追溯上千年的法律實踐。美國在制訂《憲法》第一修正案時，沒有多少此前的法律和判例可以參照；訂立之後，最高法院按照不同時代出現的「言論自由」學說調整對第一修正案中「言論自由」條款的解釋。進入20世紀，最高法院逐漸採納「觀念市場」理論，即把言論看成一個市場，讓不同觀念在言論市場上競爭，優勝劣汰。

　　這種言論自由學說最早可以追溯到17世紀的約翰・密爾頓，在19世紀由約翰・穆勒發揚光大，成為自由市場理論的副產品。密爾頓生於一個缺少言論自由的時代，他設想，在自由、公開的辯論中，真理會戰勝謬誤。穆勒在名著《論自由》中專門討論了言論自由問題。他發現，很多過去被奉為真理的正統觀念，後來證明是錯誤的。所以，真理必須在跟謬誤的交鋒中，才有生命力；沒有了觀念的競爭，真理很快就變成僵死的教條。換言之，禁止言論自由流通肯定導致謬誤：如果被禁止的言論是正確的，人們就只剩下接受錯誤的機會；如果被禁止的言論是錯誤的，正確思想就失去了在與錯誤交

鋒中得到驗證的機會。這是「觀念市場」理論的原型。

　　基於這種「觀念市場」理論，最高法院對《憲法》第一修正案的「言論自由」條款做相當寬泛的解釋，禁止立法限制言論的內容，禁止政府懲罰鼓吹仇恨和宣揚暴力的言論。如前所述，法律留下的巨大空白為民間的自我規範提供了充分的空間。在美國這種獨特的言論自由生態中，幾乎任何言論都不至於因觸碰法律的紅線而受到政府懲罰，但歧視性和仇恨性言論卻因觸犯公序良俗的紅線而受到民間的懲罰。比如，種族歧視言論並不違反法律，但因為違反文明社會的準則，而成為公共言論場所的禁忌。所以，在美國的言論市場上，政府限制言論自由的成文法律很少，但民間為言論劃定可接受和不可接受邊界的不成文規範卻多如牛毛。違反這些不成文的規範，不會有政府施加的強制性司法後果，但會受到來自民間的處罰。比如，發表歧視性言論會被雇主開除，前途事業可能毀於一旦。

　　塔克・卡爾森是福斯電視右翼政論節目主持人。2020年9月，他的首席寫手在網上發表種族主義言論，說做眼科手術的話，打五折他也不會找黑人醫生做，免費也不會找亞裔醫生做。這位寫手被曝光後不得不辭職。福斯就此事件發表聲明，譴責他的不當言行，稱絕不容忍員工的歧視言論，並要求卡爾森在下一期節目把立場講清楚。這反映了美國言論市場的生態秩序。今年1月6日，川普總統煽動國會山暴亂，試圖推翻大選結果。暴亂期間，他繼續通過推特和臉書的帳號傳播謠言，火上澆油，被推特和臉書封禁。川普和支持者轉移到放任傳播謠言、鼓吹仇恨和暴力的社交媒體Parler。谷歌和蘋果宣布將Parler從手機應用中清除下架，稍後亞馬遜宣布終止為Parler提供主機服務。Parler找不到其他願意提供主機服務的商家，被迫從網絡上消失。這同樣反映了美國言論市場的生態秩序。具體講，這是民間言論市場的自我規範機制在發揮作用，它不屬於政府

禁止言論或懲罰某種言論的範圍，跟第一修正案保護言論自由沒有關係。有論者用「布蘭登堡訴俄亥俄案」的法律標準分析推特和臉書的做法，屬於張冠李戴——那個判決只適用於規範政府的行為，不適用於規範言論市場經營者的行為。從傳統媒體時代起，美國媒體都是以市場參與者的身分規範言論，從來不把捆綁政府手腳的第一修正案當成言論市場行業的規範標準。

「觀念市場」理論跟其他自由市場理論一樣，有一個前提性缺陷，即市場會失靈。美國最高法院在一些關鍵判決中把觀念作為一種產品，就像其他產品一樣，可以在自由、公開的言論市場上競爭，達到優勝劣汰，去偽存真的結果。按照這種解釋，劣質言論就像劣質產品一樣——生產劣質產品不違法，但會遭到市場排斥，比如會被亞馬遜、沃爾瑪等在乎產品質量的商家下架，只能拿到地攤賣。在傳統媒體時代，這種做法不乏道理，創造了很寬鬆的言論環境，在很大程度上促進了言論市場的繁榮。傳統媒體有傳統職業門檻，行業規範，也有編輯把關，能有效地把劣質言論和涉嫌違反公序良俗的言論過濾掉，在劣質言論、仇恨言論和受眾之間建立一道屏障。社交媒體興起後，與傳統媒體並駕齊驅，影響力甚至超過傳統媒體，湧現出前所未有的新問題，比如，發表言論沒了門檻，劣質言論以量取勝，淹沒優質言論。尤其引人注目的是，訴諸人性惡劣一面的仇恨言論和謠言可以在短時間內吸引大量受眾，通過社交媒體互動，滾雪球一樣地傳播。在新興媒體市場上，社交平臺靠流量賺錢，放任劣質言論、仇恨言論蔓延。美國最高法院基於「觀念市場」優勝劣汰理論為傳統媒體建立的言論自由標準，顯然有些過時。

川普的政治生涯是社交媒體的產物。他和他的支持者最大限度地利用了《憲法》第一修正案對言論的寬鬆保護和社交媒體對流量的追求。傳統上，謠言和仇恨言論一方面受第一修正案保護，不受

政府懲罰，另一方面則受公序良俗和行業規範的約束，進不了傳統的主流媒體，傳播途徑和傳播範圍都受到限制。但是，社交媒體興起後，為了追求流量，長期不顧公序良俗，放任川普和支持者傳播謠言和仇恨言論。1月6日被封禁前，川普在推特上有8877萬粉絲，帶來巨大流量。在社交平臺，流量意味著利潤。馬克‧吐溫說：「真相還忙著穿鞋的時候，謠言已經傳遍了半個世界。」傳統媒體時代，謠言主要是以小道消息的方式，口口相傳；社交媒體時代，謠言可以跟主流媒體的報導並駕齊驅。2016年大選，關於希拉蕊的大量謠言藉推特和臉書快速傳播，混亂的言論生態造就了川普的成功。今年大選，川普試圖複製2016年大選的謠言傳播模式，但推特、臉書等社交媒體逐漸吸取了經驗教訓，增加了對謠言傳播的限制，使川普的謠言攻勢效果大打折扣。

大選失敗後，川普加劇傳播選舉舞弊的謠言，最終演變成煽動國會山暴亂。1月6日，在川普的煽動下，大量暴民席捲國會山，國會認證選舉人票的程序被迫中止。川普在社交媒體傳播的謠言和煽動言論，跟暴民攻擊國會之間有著明顯的因果關系。正如參議院共和黨領袖米奇‧麥康納爾所指出的那樣，在國會山暴亂中，「暴民被灌輸謊言，被總統和其他權勢人物煽動起來。」眾議院共和黨第三號人物，美國前副總統切尼的女兒麗茲‧切尼也指出：「暴民攻擊美國國會，擾亂我們的民主程序，中斷總統選舉人票的唱票進程。這場叛亂造成了傷亡和對我們共和國最神聖之地的毀壞……下面數日和數周，更多真相會浮出水面，但我們已經掌握的情況已經足夠了。美國總統召集了暴民、組織了暴民、煽動了這場攻擊。後續的一切都是他的行為造成的。沒有總統煽動，這一切都不會發生。」而推特和臉書是川普總統召集、組織、煽動暴民的最有效管道。

國會山暴亂震驚了美國和世界。推特和臉書等社交媒體停止把

吸引流量放到第一位，封禁了川普和一些狂熱支持者的帳號，並清除大量仇恨言論。或許是出於對公序良俗的考量，或者是對川普煽動暴亂使局勢進一步動蕩的恐懼，或許是兼而有之，社交媒體終於邁出了早該邁出的一步。如上所述，美國最高法院對第一修正案保護言論自由的解釋滯後於社交媒體時代，它所採用的「觀念市場」理論放任不同觀念——包括宣揚仇恨和暴力的觀念——在言論市場上相互競爭，期望正確的獲勝，錯誤的被淘汰。但這種期望曾一度落空，造成嚴重後果。國會山暴亂之後，言論市場的自我約束開始告別失靈狀態，逐漸恢復效力。這種跡象表明，美國的社交媒體有望結束多年法律滯後和行業自律滯後造成的混亂言論生態，逐漸建立有效的行業規範。在可預見的將來，美國的言論市場或觀念市場的競爭秩序仍然主要靠市場參與者自己維持，社交媒體建立行業自律並逐漸形成行業慣例，將對互聯網時代的言論生態健康起到舉足輕重的作用。

　　綜上所述，推特和臉書封殺川普跟《憲法》第一修正案沒有關係，嚴格講不屬於法律中的「言論自由」問題。用日常語言通俗地講，美國《憲法》第一修正案要求政府必須放任言論，包括不能禁止或懲罰宣揚仇恨、暴力的言論。所以，第一修正案相當於捆綁政府手腳的一根法律繩索。這是美國特有的「言論自由」生態。在這種生態中，規範言論主要靠媒體自己。這是不是一種媒體「審查」？肯定是。問題在於，如果沒有這種媒體「審查」，或者說媒體的行業規範和自律，言論環境將無比惡劣，為了政治或經濟目的有組織地製造謠言、煽動民眾的情況就會失控。有人擔心，幾家社交媒體的壟斷會影響言論自由。但傳統媒體時代也是幾家全國性報刊和電視網壟斷言論市場，而且只有少數人能在上面發表言論，但美國社會仍然有言論自由。社交媒體時代，美國任何人都可以在社交媒體

上發聲，即便傳播謠言、宣揚仇恨和暴力都受《憲法》保護。在這種言論自由的生態中，如果行業規範和自律失靈，後果相當可怕。

　　最後需要強調的是，言論自由只有在民主和法治社會才能存在。在美國特殊的言論生態中，由於政府對煽動性言論採取放任態度，把言論和觀念作為市場現象，讓市場自我規範，市場參與者就必須肩負起自我規範的職責。如果在言論市場有著巨大影響力的推特和臉書放任仇恨言論和謠言的傳播，容忍煽動暴力推翻民主選舉結果，而且在已經造成美國史無前例的國會山暴亂的情況下，仍然容忍這種煽動，美國的民主將每隔四年處於被暴力推翻的危機中，甚至更加頻繁。民主選舉一旦被暴力推翻，言論自由將不復存在。這是個基本常識。任何法律和慣例，包括有關言論自由的法律和慣例，都是基於常識才能運轉；離開基本常識，所有法律和慣例都會失靈，言論自由或其他任何自由，都無從談起。

　　劉宗坤，美國德克薩斯州執業律師、獨立撰稿人，主要興趣包括追蹤聯邦法院判例和觀察社會思潮變遷，著有《原罪與正義》等。

羅爾斯遠去後的不服從運動
重思民主社會的政治抗爭與公民責任

孫金昱

從朋友「割席」頻發的日常生活，到黨派立場分明的公共場域，價值撕裂正成為時代關鍵的背景元素。一位「反常」的總統，兩次爭議巨大的美國大選，若干次訴諸暴力的抗議與騷亂，新問題出現在燈塔黯淡的新時代：公民抗命是民主社會包容不服從的上限嗎？支持黑人同命運動但抨擊川普支持者佔領國會山是在道德判斷上的雙重標準嗎？民主社會應當怎樣應對政治騷亂，民主社會的公民又應當如何看待政治騷亂？

「撕裂」，是川普任期內美國政治繞不開的關鍵字，並在可以預見的未來還會繼續伴隨著美國政治。不同群體價值觀撕裂的直觀體現是美國作為民主自由燈塔的黯淡。燈塔的失範可能是自由派與保守派之間、川普支持者與反對者之間為數不多的共識。

這裡的「失範」，有兩層含義。第一，失範指價值失範。對於不同立場的人而言，美國的價值失範具有不同的含義。自由派傾向認為，川普上任以來，在種族問題、性別問題、移民問題、環境問題等多個領域，美國出現倒退；保守派則幾乎持有完全相反的想法，無論是建邊境牆、「美國優先」，還是退出應對氣候變化的國際合作等，都如川普的競選口號所說的那樣，是讓美國再次偉大。而川

普遭遇的巨大阻力和尖銳批評，才是真正的倒退的標誌。失範的第
二層含義，則是制度失範，它指向美國民主制度在提供秩序上的失
能。美國的民主難以黏合價值觀撕裂的雙方，在面對激烈的矛盾衝
突時，既有的規則和機制難以提供和平有序的解決方法。近年來頻
繁爆發的暴力抗議乃至政治騷亂——無論它們屬於黑人同命（Black
Lives Matter）運動的一部分，還是陰謀論和假新聞驅動下的佔領國
會山運動，在直觀上都或多或少動搖了人們對民主制度的信心。非
文明不服從（uncivil disobedience），尤其是暴力抗議和政治騷亂，
是秩序的反面，是民主的隱憂，難以和一個健康的民主社會共存。

　　政治騷亂的參與者已經不局限於自由派關注較多的弱勢少數群
體。由於強烈的被剝奪感，一些在過去沉默的「特權」群體也會參
與政治騷亂。1月6日的佔領國會山騷亂便是其中一例。對於這種情
況，有三種較為普遍的反應。一是對黑人同命等社會運動範疇內的
政治騷亂懷有更多的同情理解，在認同非裔美國人承受長期的、系
統性的、滲透社會生活方方面面的種族主義傷害的前提下，接受政
治騷亂具有一定的正當性。而保守派白人參加的政治騷亂，從動因
到手段完全沒有正當性可言。二是一視同仁地譴責暴力行為，無論
參與者的動機、立場、目標，手段本身足以否定行動的正當性。第
三種反應則是對國會山騷亂懷有有限度的同情，但仍不認同這一佔
領行動具有正當性；同時，強調第一種反應是一種赤裸裸的雙重標
準，這種雙重標準的普遍存在，也正證明了美國過於「左」、「政
治正確」過於囂張、政府對左派太過軟弱、非裔美國人等少數群體
所要的平等本質上不過是特權。

　　本文對政治騷亂的規範性分析從第一種反應入手。佛洛伊德之
死引發政治騷亂後，脫口秀主持人特雷弗・諾亞（中文網路昵稱他
為「崔娃」）曾以社會契約論解釋非裔美國人暴力示威和打砸。簡

單來說，非裔美國人面對的是一紙被撕毀的社會契約。他們是生活在更危險的社區中，日常面對員警以雙重標準執法，並且，很多白人居民與他們發生衝突時也知曉並善於利用這種雙重標準進行要脅，員警過度執法即使造成死亡，受到的懲處也普遍很輕，甚至於可以脫罪。在這種生存境遇下，憑什麼指望非裔美國人去遵守契約呢？人們憎惡打砸和暴力行為，但是在沒有鏡頭關注的地方，在佛洛伊德之死引發的抗議與騷亂層層升級之前，非裔美國人的生活已經不斷地遭遇掠奪和破壞，卻並沒有激起水花。

契約論至少為這起騷亂爆發的情感動因提供了一種解釋，但理解了政治騷亂的情感動機不足以理解它的全部。一個民主社會和其公民對政治騷亂的回應僅限於動因理解也是不夠的。一方撕毀契約，另一方回以毀約，但一拍兩散只是一種構建的假想，而不是現實。騷亂的參與者仍要接受法律（也就是所謂的契約）審判，那麼他們應該被當作普通罪犯看待，還是情有可原，抑或是罪加一等呢？

既然撕毀契約沒有讓社會一拍兩散，那麼毀約還應當存在其他層面的含義。自我防衛，就是其中一種可能。而伴隨政治騷亂的人身財產方面的損失，則屬於防衛性傷害（defensive harm）。防衛性傷害的概念被普遍應用於考量戰爭的正義性：一場戰爭是正義還是非正義，取決於戰爭發起方是否以防衛為目的、防衛是否必要，以及防衛是否在必要限度之內。儘管政治騷亂在很多方面仍不同於戰爭，但與戰爭相似，政治騷亂包含政治性的動因、波及公私財產和普通人人身安全，並且有意識地使用暴力。人們普遍厭惡戰爭，但是無限度避免戰爭並非最優選項。類似的，政治騷亂帶來的動盪和失序也是人們普遍不想看到的，但是不惜一切代價避免它的發生，也是一種懶惰。

政治性動因，是政治騷亂值得作為一個特殊類別來討論的重要

原因。在對參與者的動機和境遇有充分理解之前，旁觀的公眾往往
視參與者為瘋狂的、自私自利的趁火打劫者，這種印象也通過眾多
的燒毀、劫掠公共財產和私人商鋪的影像進一步固化。但政治騷亂
之所以被冠以「政治」這個首碼，是因為它包含公開的對社會不公
的控訴。如同諾亞給出的撕毀契約的解釋那樣，政治騷亂往往是社
會少數群體抗議自身遭受的長期的、系統性的不公正對待和壓迫
時，訴諸的最後手段。在這些壓迫之下，參與者缺乏政治參與的途
徑，缺乏政治上的有效代表，缺乏教育、經濟等多種資源，缺乏有
效的發聲管道，以至於自發的集體暴力抗議，成為他們唯一掌握的
力量，以此來表達不平、引起公眾的注意。因此，政治騷亂並不是
單純的暴力，它與其他普通集體性犯罪的重要區分在於，它仍然包
含交流的目的。當我們觀察政治騷亂並嘗試去理解它的時候，需要
同時懷有集體與個體的視角。我們需要看到個體的打砸等行為確實
發生了，這種行為不因為個體的淒慘困窘而獲得正當理由，也不能
將對這種行為的寬容視作對過去發生的不公正的補償，但是我們仍
要看到個體的暴力行為發生在什麼樣的社會背景和結構之中。

　　將政治騷亂的動因，以及參與者的集體生存境遇納入考量，恐
怕會被認為是為騷亂參與者開脫。相對於此，上述第二種反應那樣，
一視同仁地反對暴力是一種更為普遍的、更為直覺的態度。因為被
壓迫而去抗議是可以的，因為缺少社會資源所以反抗時不借助正規
的政治參與管道也是可以的，但是拒絕暴力應該是絕對的義務，公
民不服從（civil disobedience）應該是反抗的底線，少數群體應該以
馬丁·路德·金恩這樣的運動領袖為榜樣去抗爭。然而，這種對政
治抗爭的想像存在三個問題。一，它難以被現實回應；二，它建立
在對不服從運動的歷史的誤解之上；三，這種想像還停留在一種過
時的公共哲學的基礎上。

　　從當代政治抗爭的現實來說，隨著不服從運動組織形式的扁平化，富有犧牲精神、品格高尚、具有道德感召力、能夠有效約束參與者的運動領袖將越來越難以出現。也許從馬丁・路德・金恩式的運動領袖那裡，我們被一種高尚的精神所觸動，但這種高尚不能抹殺其他「不高尚」的手段在爭取社會正義過程中的必要性。一些少數群體會走入退無可退的境地，不得不以我們審美上、道德情感上、切身利益上感到不適的方式進行自我防衛，首先應當審視的是將他們逼入如此境地的力量。無論是決策者還是普通公眾，不問緣故、不考察背後機制，僅僅發出嚴苛的道德禁令，是一種倉促而且粗糙的做法。

　　此外，儘管今日我們給予了金恩這樣的運動領袖足夠的讚美和尊重，但在他自己的時代，他的觀念與行動仍被視為過於激進過界、不合時宜、擴大對立，並且不具有建設性。這幾乎是任何議題上的行動者都熟悉不過的指責模式。我們今日對金恩的印象，已經被蒙上了時光濾鏡。公民不服從的歷史被主流話語劫持和改寫，不服從運動進行的過程中，常常伴有暴力、騷亂等諸多陰暗面，但是主流話語更強調公民不服從的「文明」（civility）的一面，而不是「不服從」的一面。這種敘事方式隱藏了陰暗面，也一併隱藏了更為激進的、衝擊當時社會多數價值觀念的抗爭手段的正面意義，並進一步成為了對後來異議者的新規訓。

　　最後，羅爾斯式的公民不服從概念，仍是對一般公眾影響最多、也最為大多數人接納的概念。長久以來，不服從被視為一種民主政治的例外狀態，需要額外的辯護。民主制度對公民的基本自由和權利加以保護，可以在相當程度上包容異見者和反對者；民主社會的法律和規則，為這些異見和反對提供了表達通道，而對於這些正式表達管道之外的不服從，大多數人最大膽的想像也不過是羅爾斯式

的公民不服從。作為例外狀態的公民不服從發揮著正義補丁的作
用，在正式民主制度顧及不到的空隙裡，讓權利受到侵害、遭遇不
正義的社會少數群體，可以有限度地越過法律，與多數群體溝通，
改變自身的境遇和不合理的法律政策，從而推動民主社會進一步完
善。

　　但羅爾斯的公民不服從理論已經很難回應當下的政治現實。雖
然近年來學術界不斷出現對羅爾斯的批評，從公民不服從概念的討
論語境過於狹窄（羅爾斯僅討論在現實中幾乎難以存在的「近乎正
義的社會」）到對抗爭方式「文明」的嚴苛標準，這些批評不斷呼
籲結合新的社會現實思考不服從運動，論證為何我們對不服從運動
給公眾帶來的不適、不便、以及傷害要更加寬容，但卻依然很難突
破學術領域，進入公共哲學，促進公眾進一步思考如何回應不服從
者。輿論的主流仍然是，公民不服從作為一種例外狀態被接納的重
要原因，在於不服從運動採用了文明的抗爭方式。

　　以上原因解釋了為什麼第二種大眾反應——反對一切形式的暴
力抗爭，並因此將政治騷亂一概視為毫無正當性的抗爭行為——既
臉譜化了政治騷亂參與者，也過度簡單化了現實。走筆至此，仍有
疑問的是，若我們要去考慮政治騷亂背後的結構性動因、考慮騷亂
參與者的社會處境與困境，這是不是意味著在道德層面上，政治騷
亂普遍都是可以允許的？如果佛洛伊德死後的政治騷亂是非裔美國
人不得不使用的抗爭方式，那麼同樣，1月6日國會山騷亂，能否也
算作川普支持者——作為某種意義上弱勢群體——迫不得已的抗爭
呢？支持佛洛伊德之死引發的政治騷亂，但堅定譴責國會山騷亂，
是不是刻意明顯的雙重標準呢？

　　人們對兩場騷亂的直覺判斷難免帶入自己的既定立場。對很多
保守派而言，雙重標準顯然存在：「佔領」國會山的參與者雖然絕

大多數都是白人，並非社會正義理論和公共討論中頻頻被提及的遭遇長期壓迫與不公的少數群體，但這正是問題所在。在不少保守派的觀念中，恰恰因為「政治正確」保護、獨厚特定的少數群體，使傳統鄉村地區和工業地帶成長生活的白人漸漸失語，多元社會既沒有讓他們的權益得到提升，也沒有賦予他們為自己發聲的話語。川普挑戰「政治正確」，他的支持者追隨他，這也是一種在美國即將變得不再美國時候的緊急「糾偏」。

　　確實，對國會山騷亂的分析更為困難和複雜。事實上，將川普支持者一概視為瘋子或偏執狂也是一種對現實的極端簡化，一些心理學者也指出這種刻板印象是對精神疾病患者的一種傷害和偏見。美國社會學家阿莉・拉塞爾・霍赫希爾德在她書中為這些川普支持者繪製的群像或者更為準確：他們是「故土上的陌生人」。如果我們還不想在價值「撕裂」的道路上越走越遠，陌生人的故事仍值得一聽。在霍赫希爾德收錄的若干對美國保守派普通選民的訪談中，這些人同樣被氣候變化、環境污染、大企業霸凌等社會公正問題困擾，並且，他們並非毫無善心或毫不關心公義。

　　打破價值撕裂的兩個陣營之間的隔閡是重要的，但是，這也並不代表我們為複雜的國會山騷亂問題找到了一個簡明清晰的答案。「故土上的陌生人」有他們的「憤怒與哀痛」，但是國會山政治騷亂也如許多媒體評論指出的那樣，本身也生動地展現了白人特權的一個側面。對比之下，當白人參與騷亂、使用暴力時，他們顯然遭到警方更為克制、溫和的對待。驅動他們的僅僅是「憤怒與哀痛」嗎？將這些深信大選舞弊的川普支持者困在回音室裡的陰謀論製造機制，又起到了怎樣的作用、應當承擔怎樣的責任？權力逐漸膨脹的社交媒體平臺又應當如何介入和干預？

　　這些問題尚沒有明確的答案，也是民主社會公民需要面對的新

問題。也許意識到新問題已經出現、舊答案已經行不通，正是面對撕裂社會的第一步。在一個價值撕裂的時代，我們幾乎可以肯定越來越多的反對意見的表達，會以更為激進的方式進行，甚至訴諸暴力。這樣的局面自然不為公眾樂見，也不是民主社會有能力承載的解決爭端與異見的方式。然而，與其強調非暴力的道德紅線，不如從更為根源的社會結構入手，讓政治騷亂不再是不得不使用的最後抗爭手段。如果社會不公，長期缺乏給人希望的解決機制，不同社會群體的被剝奪感持續增強，政治騷亂所帶來的暴力不服從運動，也只能成為全體社會成員不得不共同承擔的代價。

孫金昱，倫敦大學政治理論博士，現在大學任教，從事政治義務、集體責任方面的研究。

致讀者

2020年的美國大選高潮迭起,選舉結束之後餘波仍然蕩漾,甚至於引發憤怒的支持者攻進國會,震驚世界。最後川普雖然離開白宮,拜登就任美國第46任總統,政權在驚險中完成了移轉,不過川普並不是過氣的下野總統。以他為象徵的「川普主義」已經超越了他的勝敗,儼然成為一種有模有樣的意識形態,在美國國內與世界某些地方繼續發酵。川普主義究竟會如何蛻變,值得注意。本期《思想》使用了大量篇幅,解讀美國大選與川普現象的衝擊。

選舉結束不久,臺灣大學高等研究院舉辦論壇,邀請了五位台灣學者,從政治、國際關係、經濟、疫情治理,以及美國文化的內在糾結等方面,分析這次大選所顯示的趨勢與遺留下來的問題。他們的發言在會後整理為專文交給本刊發表,組成本期的第一個專輯「解讀美國大選」。

但是這次美國大選還有一個意想不到的後果,那就是在中文知識界造成了大分裂。特別是在所謂「自由派」的圈子裡,支持與反對川普的人分成兩個陣營,在多個問題上針鋒相對。川普主義的支持者與反對者爭論不休,表面上像是自由主義的家族內訌,但是觀察雙方的分歧,從種族平權、社會福利、移民的限制、槍枝的管理,進一步到文化的多元、宗教的衝突、選舉制度的公平、生態環境的保護,再抽離到美國的立國精神、自由主義的左與右、保守主義與自由主義的關係、「西方文明」的精髓與危機,乃至於民主制度下的一次選舉是不是能上綱到「文明的保衛戰」──在幾乎每一個問

題上，這些自由派的知識人都涇渭分明，各執其是。無論怎麼看，「白左」與「川粉」之間已經找不到多少家族的相似性。他們之間唯一的共同點，大概就是對當前的中共體制保持批判的態度。除此之外，他們分屬兩套價值觀，兩套歷史觀，兩套政治哲學。

　　自由主義與川普主義是不是能夠調和，各方會繼續爭論。不過一個有趣的對比是，中國大陸出身的自由派似乎有較高的比例支持川普，香港次之，台灣則比較少見到旗幟鮮明的川普支持者。港台偏向川普，在很大程度上是一種現實主義的選擇，認為川普敢批中共的逆鱗，對香港以及台灣有利；港台知識圈很少有人認為川普可以代表自由主義的各項價值。但是大陸出身的自由派若是認同川普主義，則往往是在基本價值與原則的層次上認同，相信川普主義恢復了古典自由主義的純正面貌，也就是某種清除了啟蒙運動污染的保守主義。中港台三地之間的這種差異不容易解釋，但是三地人民的政治經驗與公共生活狀況的不同，應該有一定的關係。

　　在美國大選之外，我們要特別推薦本期汪宏倫先生重新檢視轉型正義的長文。轉型正義大家耳熟能詳，民間早有「真相與和解促進會」，官方也在2018年設立了「促進轉型正義委員會」，國內國外的相關論述可謂汗牛充棟。但是汪宏倫認為，這個概念本身並非全無問題與爭議；它或許指向一個善意的理想，但愈是如此，就愈需要審慎的思考，特別是能夠配合在地脈絡的歷史思考與倫理思考。這種冷靜的反思，正是《思想》這份刊物追求的理想。

　　　　　　　　　　　　　　　　　　　　　　　　編者
　　　　　　　　　　　　　　　　　　　　　　2021年3月

思想42
解讀川普現象

2021年4月初版　　　　　　　　　　　　　　定價：新臺幣380元

編　　　著	思 想 編 委 會
叢書主編	沙　淑　芬
校　　對	劉　佳　奇
封面設計	蔡　婕　岑

出　版　者	聯經出版事業股份有限公司
地　　　址	新北市汐止區大同路一段369號1樓
叢書主編電話	(02)86925588轉5310
台北聯經書房	台北市新生南路三段94號
電　　　話	(02)23620308
台中分公司	台中市北區崇德路一段198號
暨門市電話	(04)22312023
台中電子信箱	e-mail：linking2@ms42.hinet.net
郵政劃撥帳戶	第0100559-3號
郵撥電話	(02)23620308
印　刷　者	世和印製企業有限公司
總　經　銷	聯合發行股份有限公司
發　行　所	新北市新店區寶橋路235巷6弄6號2樓
電　　　話	(02)29178022

副總編輯	陳　逸　華
總　編　輯	涂　豐　恩
總　經　理	陳　芝　宇
社　　長	羅　國　俊
發　行　人	林　載　爵

行政院新聞局出版事業登記證局版臺業字第0130號

國家圖書館出版品預行編目資料

解讀川普現象/思想編委會編著 . 初版 . 新北市 .
聯經 . 2021年4月 . 360面 . 14.8×21公分（思想：42）
ISBN　978-957-08-5741-2（平裝）

1.川普（Trump, Donald, 1946-　） 　2.元首　3.政黨政治
4.美國政府

752.27　　　　　　　　　　　　　　　　110003309